敬獻給

──────吃盡千辛萬苦養育我長大和教導我奮發向上的

外婆、母親在天之靈

中國中古地域觀念之轉變

余英時題

金發根 著

蘭臺出版社

Abstract of monograph entitled "Regionalism in Early Medieval China (206 B.C.-589 A.D.): Patterns, Changes and Their Influence Upon Politics and Economics."

In ancient China, there were only regional concepts denoting "the east" and "the west". With the rise of the power of Ch'in, there emerged the concepts of "shan-tung" and "shan-si" (or "kuan-tung" and "kuan-si") in the middle of the Warring States Period. At that time, Shan-tung was the most developed area in China, famed for its convention sites, commercial, industrial and urban centres, and for the numerous scholars it bred.

The Monograph first surveys the relationship and development of these two regions during the Westem Han (206 B.C. − 8 A.D) Their natural resources and political beliefs differed vastly. Shan-si depended on Shan-tung for food. Densely-populated, Shan-tung had intensively developed agriculture and the largest number of industries, such as salt-extracting, iron-smelting, textile and mining. Regionalism was reflected in the popular saying that "Prime ministers came from Shan-tung, and Generals came from Shan-si." Furthermore, Shan-tung and Shan-si were devidend politically over the choice of the imperial capital and on their views about national defense. Most Shan-sians, but only a few of the Shan-tungians, favoured aggression against Hsiung-nu. Especially during the early years of Western Han, there had been political discrimination against talented individuals from Shan-si. Later, the central government tried to repair the cleavage between the East and the West.

The conflict between Shan-tung and Shan-shi escalated during the Eastern Han (25-220 A.D.). The capital was moved to Shan-tung, and this was followed by a concentration of power of the hands of the great families and landlords in the east. After the rebellion of the Ch'iang, scholars from Shan-tung and Shan-si espoused policies entirely contrary to each other. Shan-si declined with the rise of the Ch'iang rebels and warlords, whereas Shan-tung was plagued by civil wars, causing destruction of irrigation works and a general declined of the region.

Because of political upheaval during the last years of Wang Mang, people emigrated into the south in massive numbers. Thus many high officials and scholars came from the south. Furthermore, the south prospered with the spreading of the technique of ox-ploughing and the cultivation of wet-rice.

During the Three Kingdoms period (220-264 A.D.), the concept of "North vs. South" replaced its "East vs West" counterpart. The Sun family allowed southern natives to participaten in politics in the State of Wu, which was southernized in many ways. Three decades later, the Eastern Chin also established its empire in the middle and lower Yangze valley, strengthening the regional concept of "South." Later, regionalism deepened due to the constant warfare between the north and south and because there was no hope of regaining control of the north by the south during the Southern and Northere Dynasties (420-587 A.D.). The southerners maintained their independence, developing styles of literature and philosophy some different from those in the north.

The Yangtze valley prospered as governments of the Southern Dynasties made conscientious efforts to develop the south. During the Sui Dynasty (581-618 A.D.) canals were built so that resources and products from the south could reach and benefit the north.

中國中古地域觀念之轉變

目　錄

圖表目錄

壹、前言

　　拙著原名「兩漢魏晉南北朝時期（206B.C.—589A.D）中國地域觀念之轉變及其對政治之影響」，因其太長而改成今名，惟所論則完全不變。地域觀念之轉變對政治、社會、經濟之影響，尤為拙著措意所在。我作此研究完全是受傅斯年先生夷夏東西說一文的啟發。傅先生說：

> 自東漢以來的中國史，常常分南北，或者是政治的分裂，或者由於北方為外族所統治。但這個現象不能倒安在古代史上。到東漢，長江流域纔大發達，到孫吳時，長江流域纔有獨立的政治組織。在三代時及三代以前，政治的演進，由部落到帝國，是以河、濟、淮流域為地盤的。在這一大片大地中，地理的形勢只有東西之分，並無南北之限。[1]

　　後來在台灣大學歷史學研究所讀書時，業師勞貞一先生為孫同勛、陳文石和我三人講授「漢魏六朝史研究」，論及「山東」、「山西」的問題，使我得到更多的啟迪。所以從 1957 年以來，不管在台灣大學歷史研究所、中央研究院歷史語言研究所、哈佛大學、香港大學和劍橋大學做研究或教書時，我都一直留意這個問題。1973 年夏天我在法國巴黎第 29 屆國際東方學會議宣讀的論文，就是關於這方面的一個小節。[2] 1977年的秋天，我正式開始作此題的研究。

　　這真是一個非常深邃的題目，幾乎是可以終生事之的。而我對自己所懸的鵠的太高，要求太嚴，所以進度緩慢。又由於這三十多年來考古的發掘，諸如城背溪文化、大溪文化、屈家嶺文化、石家河文化、西樵

---

[1]　傅斯年：「夷夏東西說」，中央研究院歷史語言研究所集刊外編第一種下冊，1933。

[2]　Frank Fa-ken CHIN，"The Elements of Regionalism in Medieval China：Observations on the Foundation of the Eastern Chin"，XXIXᵉ Congres International des Orientalistes，Paris，Juillet，1973.

山文化、青蓮崗文化、良渚文化、湖熟文化、金沙江遺址…一系列的發現，近年考古學界遂有人認為：中國文化不是僅僅發源於黃河流域一地，而是黃河流域、長江流域、珠江流域和遼河流域四區互相影響，互相融合、演進而成的。雖然這新穎的說法尚未得到中國歷史學界普遍的公認，但對我的研究卻有非常重要的影響。我開始作此研究時，是以傳統的說法，中國文化起源於黃河流域作基礎的。所以這時期地域觀念的轉變，實質上是一個文化傳播的問題。[3]這使我有很長的一段時間非常躊躇。最後，我終於徹悟，不管長江、珠江、遼河三流域史前有多高的文化，但從中國進入信史時代，黃河流域的中原區域（河、濟、淮流域為中心）確實已演進為全國文化最發達的地區，並由此而向四周傳播。所以上述考古學界新穎的說法並不與我的假設衝突。

　　其次，自 1971 年我來香港大學後，始終以教學、指導和鼓勵學生讀書、研究為首要。所以雖然任課繁重，一度授課五門之多，我也甘之如飴。這自然影響到自己研究的進度。例如 1986 年我原擬利用港大休假回到中研院史語所做研究一年，以完成此書的撰述；然後再去哈佛短期研究。港大並已准許給我 Study Leave 一年和旅費的補助。後來卻因為有位同事為修橋鋪路，利用休假去台灣講學一年，他留下的一名 M.Phil.學生，全系沒有一個同事願意接手指導她修改碩士論文——該文幾乎是要重新全部寫過的。我犧牲自己的撰述計畫，用大量的時間來指導該生，最後她終於通過校內外碩士的論文審查和口試。另外，我在港大中文系中國歷史組任教期間所受種種不可思議的困擾，也無時不阻礙和中斷我研究的進程。

　　今天拙著終於能夠出版。我要衷心感謝 Prof.L.K.Young 不斷的鼓勵，勞貞一、王叔岷、和楊蓮生三位恩師對我的期許，不時的來信鼓勵和指導，全漢昇、嚴歸田兩教授的厚愛。許多摯友：孫同勛、謝文孫、王業鍵、陶晉生、張春樹、張存武、余英時、劉翠溶、周成竹、施敏、劉震慰、陳三井、P.D.Reynolds、M.G.Spooner、陳耀南、古紹璋、唐煥

3　勞貞一先生來信提示。

星、葉永恆……他們都鼓勵我、協助我，在我稍有鬆懈時，陳耀南教授以「為山九仞，功虧一簣」督責我。我謹在此向他們敬致衷心的謝忱。我更要特別感謝賢妻袁萬蒂女士節衣縮食克勤克儉，獨力挑起全部家務和撫育三個孩子的重任，（孩子們也個個努力，成器成材。），讓我可以全力講學和研究，完成此書的撰述。感謝台北市蘭臺出版社盧瑞琴小姐慨允出版拙書；郭鎧銘先生、林育雯小姐辛勤的編排和校稿。感謝中學階段長期培植我的五叔金福民先生，感謝周紹德伯父母視我如親子女，對我一家的愛護和照顧幾乎無微不至。最後衷心感謝邢義田教授，得知拙書在香港大學圖書館網上可以找到時，立即全文下載閱讀，當印就初校稿後，又在百忙中惠允再次審閱，盛情永誌難忘。惟全書所有錯誤仍是筆者之責。敬祈海內外專家學者不吝指正，俾稍後修訂增益，冀對中國學術有些微的貢獻。

　　承余英時教授題簽，允為此書增色，謹此特致謝忱。

貳、緒論

一、中國東西地域觀念之由來

　　中國遠古文化的核心區域是黃土高原的中南和東南部，即今日的陝西 渭河流域、山西 汾河流域和河南的西部。我國最早的農業發源於這一區域。[1]三代的都邑也大多分佈於這一帶。[2]周初後來分陝而治，是中國歷史上最早的政治性的東西分劃。[3]

　　史記載：

> 其在成王時，召公為三公，自陝以西，召公主之；自陝以東，周公主之。[4]

後來演進的結果：兗、冀、青、豫、徐五州成為我國古代文化特別發達的地區。春秋時期的方國大多集中在東區。[5]春秋時期的會盟經書載會一百零一次，盟十九次，同盟十六次，共二百零六次。[6]會盟的所在都在東區。由史記 貨殖列傳所記古代的經濟都會也大多分佈在東區。我國儒、墨、道、名、法、陰陽各家思想也都產生於東區。春秋 戰國時期之學術中心和學術人才的分布大都在這區。嚴歸田先生說：

---

[1] 何炳棣：黃土與中國農業的起源（香港中文大學，1969 年），P.11。

[2] 丁山：「由三代都邑論其民族文化」，中央研究院歷史語言研究所集刊，5 本（1935 年），PP.89-129。

[3] 勞榦：「關於『關東』及『關西』的討論」，食貨，13 卷，3、4 期（1983 年 7 月）又李玄伯先生曾在台大講授「中國古代社會專題研究」提出「這是中國古代兩半部制的遺留。」

[4] 史記 34/1549 燕世家。

[5] 陳槃：中國歷史地理，「春秋篇」，PP.32-33。

[6] 劉伯驥：春秋會盟政治，P.216，劉氏原註二云：左傳另載會十二次，盟七十次，同盟二次。先儒依傳解經，有盟而不書會者，有筆削不書者，考其實數，凡會九十二，盟一百一十二，同盟十六。

先秦學術興盛，大抵在大河中游（三門峽）之南北，河 淮平原中北
部，東北踰泰山至海濱一帶，此三晉核心地帶與宋 陳 魯 齊地區也；
長江流域蓋惟荊楚核心之較小地區而已。…學術人才之外，其他各方
面人才之國籍，…包括學者言之，大抵太行東南河 濟南北之三晉核
心及周衛地區之宋及陳 楚次之，兩區合計，土地面積約當七國總面
積五分之一，而人才居四分之三。[7]

這自然是由於此區為平原，農業發達，水利事業眾多的緣故。中國的水
利灌溉即在此處濫觴。[8]魏文侯時鄴令西門豹引漳水溉鄴。司馬遷說：

西門豹引漳水溉鄴，以富魏之河內。[9]

後來褚少孫在補史記時曾加以引申，更詳細地說明西門豹開鑿十二渠的
經過。他說：

西門豹即發民鑿十二渠，引河水灌民田，田皆溉。…至今皆得水利，
民以給足富。十二渠經絕馳道，到漢之立，而長吏以為十二渠橋絕馳
道，相比近，不可。欲合渠水，且至馳道合三渠為一橋。鄴民人父老
不肯聽長吏，以為西門君所為也，賢君之法式不可更也。長吏終聽置
之。[10]

東漢 安帝時尚修理過西門豹所分漳水的支渠。但呂氏春秋 樂成篇則說
此一水利工程是魏襄王時鄴令史起所建。班固撰漢書 溝洫志時，可能
即以此為據。班氏說：

（魏文侯曾孫襄王時）史起進曰：「魏氏之行田也以百畝，鄴獨二百
畝，是田惡也。漳水在其傍，西門豹不知用，是不智也。…」於是以
史起為鄴令，遂引漳水溉鄴，以富魏之河內。民歌之曰：「鄴有賢令

---

[7] 嚴耕望：「戰國學術地理與人才分布」，新亞書院學術年刊，18 期（1976 年），P18。

[8] 徐中舒：「古代灌溉工程原起考」，中央研究院歷史語言研究所集刊，5 本（1935 年），
PP.255~270。

[9] 司馬遷：史記 29/1408 河渠書。

[10] 褚少孫：史記 126/3213 補滑稽列傳。

今為史公，決漳水兮灌鄴傍，終古為烏鹵兮生稻粱。」[11]

也有調和兩說的，即西門豹創修，史起繼其後，如史記張守節正義引括地志和魏都賦云：

按：橫渠首接漳水，蓋西門豹、史起所鑿之渠也。…左思魏都賦云：「西門溉其前，史起濯其後也。」

北魏酈道元水經注也據此說：

魏文侯以西門豹為鄴令也，引漳以溉鄴，民賴其用。復至魏襄王以史起為鄴令，又堰漳水以灌鄴田，咸成沃壤，百姓歌之。[12]

此後，開鑿運河作為運輸和水利灌溉的事業越來越發達。史記 29/1407，河渠書載：

自是之後，滎陽下引河東南為鴻溝，以通宋、鄭、陳、蔡、曹、衛，與濟、汝、淮、泗會。于楚，西方則通漢水、雲夢之野，東方則通（鴻）溝江、淮之間。於吳，則通渠三江、五湖。於齊則通菑、濟之間。於蜀，蜀守冰鑿離碓，辟沫水之害，穿二江成都之中。此渠皆可行舟，有餘則用溉浸，百姓饗其利。至於所過，往往引其水益用溉田疇之渠，以萬億計，然莫足數也。[13]

東區由於地勢平坦，水利事業的發達，是春秋 戰國時期最大的農業區。（說詳第三章第一節。）

綜上所述，山東是春秋 戰國時期都邑與大城市諸侯的會盟，學術中心和學術人才的分佈地，當時的東區實為全國精華的所在。

西區就是函谷關和太行山以西的地域，（說詳下節），這也是中國古代著名的農業區之一。書 禹貢稱「厥田惟上上。」太史公引申說：

---

[11]　班固：漢書 29/1677 溝洫志。

[12]　酈道元：水經注，卷 10，濁漳水條，P.134-135。

[13]　史記 河渠書此句原作「東方則通鴻溝 江、淮之間。」中華書局史記標點本從漢書 溝洫志省「鴻」字甚是。

關中自汧、雍以東至河、華，膏壤沃野千里，自虞 夏之貢以為上田。[14]

　　周的祖先幾經遷徙，最後在這裏落腳。公劉適邠，太王、王季遷岐。周人就是在這裏興起的，他們歌頌這裏是「周原膴膴，菫荼如飴。」「藝之荏菽，荏菽旆旆，來稼穟穟，麻麥幪幪。」[15]周人很早就注意到水利農田的陰陽面，即日照的問題。[16]

　　傅樂成先生說：

> 「關東 關西這兩個地區，從商、周時期起，在種族及文化上即截然不同。…大體說來，關東文化代表諸夏文化，而關西則代表戎 狄文化。諸夏文化在殷商時已進入農業社會，諸夏國家已有城郭宮室的建設，並有一套相當完整的政治制度。戎 狄文化不盡是游牧社會，也有部份農業，但大部猶未脫離漁獵或畜牧的生活方式。」[17]

　　如第一節所述，這兩個地區種族和文化上的差異確實是存在的，但是若說截然不同，卻是值得商榷的。即使在早先確有截然的不同，至遲在商朝或西周的時期，也已日漸在消弭和融合之中。尤其以農業社會與游牧社會來界定兩區的特徵則更是太概括了。關西地區的人是因為接近邊疆和游牧民族，所以富於草原的氣息和具有勇敢、剽悍和進取的邊疆精神。東西兩區顯著的差異就是前者保守，後者進取；前者尚文，後者尚武。這是歷史與環境長久演變互相影響而成的。

　　秦遠處西陲，至襄公因緣際會而起，稍後雖據有宗周故地，但其文化仍遠較東方為落後。如秦國的文字即比東方國為保守。[18]所謂東方文

[14] 史記 129/2161 貨殖列傳。
[15] 詩經 大雅 緜，卷6，P.122 又大雅 生民。
[16] 史念海：「古代的關中」，P.48。史氏引詩 大雅 公劉和緜分析周人對土地的利用和規劃。其說甚精。
[17] 傅樂成：「漢代的山東與山西」，食貨6：9（1976年12月），PP.1-2。
[18] 王國維：「戰國時秦用籀文又六國用古文說」，觀堂集林，卷7，PP.305~306。

化之西漸，[19]主要即為三晉文化，齊、魯諸國文化不預焉。東方六國視其為夷狄，如春秋「僖公三十三年夏四月辛巳，晉人及姜戎敗秦。公羊：「其謂之秦何？夷狄之也。」[20]馬王堆 漢墓出土帛書戰國策釋文十六曰：

> 謂魏王曰：秦與戎翟同俗，有□□[之]心，貪戾好利，無親，不試(識)禮義德行。筍(苟)有利焉，不顧親戚弟兄，若禽守(獸)耳。此天下所試(識)也。

史記秦本紀亦載：

> （孝公元年）秦僻在雍州，不與中國諸侯之會盟，夷翟遇之。[21]

古今中外，國際之間的交往都是以實力為後盾的，東方六國對秦的影響、排斥，（秦）不得與春秋盟會當指此前，景公時期而言。到秦孝公七年以後就完全改觀了。茲據秦會要所記，繪表如下[22]：

秦與列國盟會表

年月	史事	史料來源
穆公 15 年 (645 B.C.)	與晉君夷吾盟 陰飴甥會秦伯，盟於王城	史記秦本紀 左傳僖公 15 年
穆公 24 年 (636 B.C.)	與晉人盟於郇	左傳僖公 24 年
穆公 28 年 (632 B.C.)	會晉侯、魯侯、齊侯、宋公、蔡侯、 鄭伯、陳子、莒子、邾婁子于溫	秦秋僖公 28 年。 元注曰：按年表在是年

---

[19]　錢穆：秦漢史，第二章秦人一統之局，第二節文化之西漸，PP.4-6。

[20]　春秋僖公三十三年。

[21]　史記 5/202 秦本紀。

[22]　孫楷著，施之勉、徐復補訂：秦會要，PP.59-62。

年月	史事	史料來源
穆公 29 年 夏六月 (631 B.C.)	會王人、晉人、魯人、宋人、陳人、蔡人盟于翟泉。左傳：夏，公會王子虎、晉狐偃、宋公孫固、齊國歸父、陳轅濤塗、秦小子憖，盟于翟泉。尋踐土之盟，且謀伐鄭也。	春秋僖公 29 年。 公羊傳僖公 29 年，翟作狄
穆公 30 年 (630 B.C.)	與晉圍鄭、鄭使燭之武說秦公，公說，與鄭人盟。	左傳僖公 30 年
桓公 15 年 十有一月，丙申 (590 B.C.)	及魯人、楚人、陳人、衛人、鄭人、曹人、邾婁人、薛人、鄫人盟于蜀	春秋成公 2 年，據年表係秦桓公 15 年
桓公 24 年 (581 B.C.)	與晉侯夾河盟，歸而背之。 左傳成公 11 年，秦晉為成，將會於令狐，晉侯先至焉，秦伯不肯涉河，次於王城，使史顆盟晉侯于河東。晉郤犨盟秦伯于河西…。秦伯歸而背晉成。	秦本紀，年表
景公 27 年 (550 B.C.)	公如晉與平公盟，已而背之。	秦本紀
景公 29 年 (548 B.C.)	如晉盟，不結。 （補：史記秦本紀孝公元年，秦僻在雍州不得與中國之會盟，夷狄遇之。又華陽國志三，有周之世，限以秦、巴，雖秦王職，不得與春秋盟會，當指景公之後言。左傳襄公 25 年，會於夷儀之歲，其五月，秦、晉為成。晉韓起如秦蒞盟，秦伯車如晉蒞盟，成而不結。）	
孝公 7 年 (355 B.C.)	與魏王會杜平	秦本紀、魏世家、六國表
孝公 12 年 (350 B.C.)	與魏遇彤	魏世家、六國表

年月	史事	史料來源
孝公 20 年 (342 B.C.)	會諸侯於逢澤，朝天子	秦本紀
惠文王 9 年 (329 B.C.)	與魏王會應	秦本紀、魏世家、六國表
惠文王 12 年 (326 B.C.)	會龍門	六國表
惠文王後元 2 年 (323B.C.)	使張儀與齊、楚、魏大會齧桑	秦本紀、楚世家、六國表
惠文王後元 12 年 (313B.C.)	與梁王會臨晉	秦本紀、魏世家、六國表
武王元年 (310 B.C.)	與魏惠王會臨晉 （補：案紀年秦武王元年，魏惠王卒十已九年矣。此當為魏襄王。又案：世本惠王生襄王，而無哀王。六國表作哀王，亦為襄王之誤，下同）。	同上，元注：六國表作哀王。
武王 3 年 (308 B.C.)	與魏襄王會應。（法根按。襄原作研，從施徐補訂說改。）與韓襄王會臨晉外。	魏世家、六國表 秦本紀、韓世家、六國表
昭襄王 3 年 (304 B.C.)	與楚王會黃棘	秦本紀、魏世家、六國表
昭襄王 5 年 (302 B.C.)	與魏及韓太子嬰會臨晉	魏世家、六國表
昭襄王 22 年 (275 B.C.)	與楚王會宛，與趙王會中陽。	秦本紀、楚世家、趙世家、六國表
昭襄王 23 年 (274 B.C.)	與魏王會宜陽。與韓王會新城。	秦本紀、魏世家、韓世家 元注曰：六國表作會西周。

年月	史事	史料來源
昭襄王 24 年 (273 B.C.)	與楚王會鄢，秋，與楚、趙會穰。	秦本紀、魏世家、六國表
昭襄王 25 年 (272 B.C.)	與韓王會新城。	秦本紀、魏世家 元注曰：六國表作西周間。
昭襄王 28 年 (269 B.C.)	與魏王會新明邑。 與趙王會澠池。	秦本紀 六國表
昭襄王 29 年 (268 B.C.)	與楚王會襄陵。	秦本紀
昭襄王時	與巴夷盟，盟曰：秦犯夷，輸黃龍一雙，夷犯秦，輸清酒一鐘，夷人安之。	華陽國志一

　　秦不得與東方六國會盟，是指景公以後一個短時期而言的。秦孝公七年以後就完全改觀了。

二、山東山西兩詞的產生與演進

（一）敘論

　　誠如前引勞貞一先生所說，中國最早的東西劃分，當從西周初年的周召分陝算起。但是山東 山西兩詞的出現卻在戰國中期，秦國強大，據有函 殽之後。自此東方六國受到秦之威脅，遂有合從活動之興起，秦國為突破此一國際外交，遣說客展開相應的連橫活動。於是「山東」一詞在戰國策中不斷出現。如

> 趙二：蘇秦從燕之趙始合從。…（蘇秦說趙王曰：）故竊為大王計，莫如一韓、魏、齊、楚、燕、趙六國從親，以儐畔秦。…秦必不敢出

兵於函谷關以害山東矣。…[23]

又齊一：秦伐魏，陳軫合三晉而東謂齊（宣）王曰：「……今齊、楚、燕、趙、韓、梁六國之遞甚也，…適足以強秦而自弱也，非山東之上計也。能危山東者，強秦也，不憂強秦，而遞相罷弱，而兩歸其國於秦，此臣之所以為山東之患。…何秦之智而山東之愚耶？[24]

又燕二：或獻書燕王…今山東之相與也，如同舟而濟，秦之兵至，不能相救助如一，智又不如胡越之人矣。……臣竊為王計，不如以兵南合三晉，約戍韓、梁之西邊。山東不能堅為此，必皆亡。[25]

又秦三：（范睢至秦）范睢曰：「大王之國，北有甘泉、谷口，南帶涇渭，右隴、蜀，左關、阪，（元注：鮑本阪作坂，函谷關、隴坂。）戰車千乘，奮擊百萬。…今反閉而不敢窺兵於山東者，（元注：李善引下有關字，鮑本閉下有關字。）是穰侯為國謀不忠，而大王之計有所失也。[26]

又秦四：頓弱曰「山東戰國有六，威不掩於山東而掩於母，臣竊為大王不取也。」秦王曰：「山東之建國可兼與？」（元注鮑本建作戰。）[27]

又韓一：張儀為秦連橫說韓王曰：「…秦帶甲百餘萬，車千乘，騎萬匹，虎摯之士，……不可勝計也。秦馬之良，戎兵之眾，……夫秦卒之與山東之卒也，猶孟賁之與怯夫也，以重力相壓，猶烏獲之與嬰兒也。……故為大王計，莫如事秦。」[28]

上引各條所說的山東都是指東方六國，與山東相對言的是秦國，但戰國

[23]　戰國策，19/636，趙二。
[24]　戰國策，8/332，齊一。
[25]　戰國策，30/1110，燕二。
[26]　戰國策，5/189，秦三。
[27]　戰國策，6/239，秦四。
[28]　戰國策，26/二葉下-三葉上（四部備要本），韓一。

策中沒有以「山西」稱秦的。這可能是山西是後起之詞，尚未定型，因為秦國正在不斷擴大之中。據邢義田先生的統計：「關東」、「關西」、「山東」、「山西」這些名詞在詩、書、易、春秋及三傳、三禮、國語、論語、孟子、荀子、墨子、老子、莊子和呂氏春秋中都沒有，「山東」在管子和商君書中都只一見，惟這兩篇都是戰國時的作品。[29]不過揚雄的方言則山東、山西、關東、關西各詞都有。方言一書中有古代周 秦之史料是無可置疑的。東漢 應劭風俗通義序說：

> 周、秦常以歲八月遣輶軒之使，采異代方言，還奏籍之，藏于秘室。及嬴氏之亡，遺脫漏棄，無見之者。蜀人嚴君平有千餘言，林閭翁孺才有梗概之法，揚雄好之，天下孝廉、衛卒交會，周章質問，以次注讀。二十七年，爾乃治正，凡九千字。[30]

羅常培先生認為應劭之說是對的。（周祖謨方言校箋）。嚴歸田先生也認為其列述各地方言，基本上仍以春秋末年，戰國時代國別語言為主。[31]

（二）各家山東山西說

歷來對關東一詞係指函谷關以東和東方六國，均無異義。但對山東山西究以何為界？則從唐代 李賢後漢書注起，即有不同的說法：

1.主陝山說：唐 李賢

後漢書卷 36/1217 鄭興傳：更始諸將皆山東人，咸勸留洛陽。興說更始曰：「陛下起自荊楚，權政未施，一朝建號，而山西雄傑爭誅王莽開關郊迎者，何也？（章懷註：山西謂陝山以西也。）

2.主華山說：唐 張守節

史記 40/173 楚世家：山東、河內可得而一也。（正義曰：謂華山之

---

[29] 邢義田：「試釋漢代的關東關西與山東山西」，食貨月刊，13 卷 1、2 期（1983 年 5 月）P.17B。

[30] 應劭：風俗通義，「序」，p11。

[31] 嚴耕望：「揚雄所記先秦方言地理區」，新亞書院學術年刊，17 期（1975 年 9 月），P.37。

東，懷州 河內之郡）

又（130/3312）太史公自序：蕭何填撫山西。（正義：謂華山之西也。）

3.主太行山說：宋 王應麟

秦漢之間稱山北、山南、山東、山西者，皆指太行、太行在漢屬河內郡，樊王、山陽之間，在今屬懷州，在天下之中，故指此山以表地勢焉。（王應麟資治通鑑地理通釋 2/15B-16a）

4.主太行山、又主華山：明 顧炎武

日知錄卷 31「河東山西」條，顧氏引上述王應麟 太行分東西，並謂史記正義以為華山，非也，但又於同卷「山東河內」條曰：「古所謂山東者，華山以東。…蓋自函谷關以東，總謂之山東。（元註：唐人則以太行山之東為山東。）

5.主太行說：清 王鳴盛

十七史商榷：河北之山，莫大於太行，故謂太行以東為山東。後漢鄧禹傳…光武使使節拜禹大司徒，策曰：「前將軍禹…斬將破軍，平定山西云云」，是謂河東為山西也。漢 河東、太原、上黨諸郡皆在太行之西。…近儒乃謂惟河東一郡在山西，殊非。

6.主太行，亦主華山說：

錢穆先生的說法最為岐異，甚至認為「山東」係專指齊言。史記地名考 PP.56-57，所釋山東、山西各條或引正義主華山以東，或又謂太行山之東，或又疑專指齊言，殊不一致。如晉世家 文公四年冬十二月條，錢氏曰：此言太行山東也。而楚世家二條、蘇秦傳、范雎傳、張儀傳、李斯傳、高祖本紀、黥布傳、劉敬傳、梁孝王世家、封禪書、五宗世家、河渠書（二條）、平準書（二條），各處山東錢氏又引正義謂華山之東（楚世家）。又山東謂河南之東，山南之東及南、江 淮南（河渠書）。錢氏於蘇秦傳「齊必入朝秦，秦欲已得手山東則必舉兵而嚮趙矣。今山東之建國莫彊於趙。」案曰：既曰秦欲已得乎山東則必舉兵嚮趙，似山東專指齊言。又曰山東建國莫如趙，則山東仍指華山以東言之。要之，山東乃大名，而所指容有異。山西：錢氏於太史公自序、貨殖列傳兩條引正

義謂華山之西也。

7.主殽山、太行山說：勞貞一先生

函谷關位於殽山，而殽山為太行山之餘脈。（勞貞一先生於1957-58，台灣大學歷史研究所授「漢魏六朝史研究」課語。）

8.主太行山說：嚴歸田先生

「關東關西」就函谷關而言，「山東山西」就太行山而言，其實際範圍相同，故古人得任意而言之。如漢書 趙充國傳：「秦 漢以來，山東出相，山西出將。」而後漢書 虞詡傳作關西出將，關東出相。此即其強證。大抵自太行山迤南至殽、函為界，中分中國為東西兩部也。（揚雄所記先秦方言地理區，《新亞書院學術年刊》第17期，PP.37-56，1975.9）

9.主殽山說：史念海先生

山東是指燕、趙等六國，山西僅指的是秦國。……關東、關西自是指函谷關來說的。函谷關設在殽山之上，所以山東、山西應該是指殽山而言的。（史念海：春秋時代農工業的發展及其地區的分佈。，P.105 注一，河山集 1963

10.主華山說：傅樂成先生

漢代的「山東」「山西」，又稱「關東」「關西」，乃是指華山和函谷關東西之地。山東主要包括今河北、河南、山東、山西、江蘇、安徽以及湖南、湖北諸省；山西主要包括今陝西、甘肅、四川三省。（漢代的山東山西食貨月刊復刊第六卷第9期，PP.1-8，1976.12）

11.主殽山、太行山（西漢）、殽山（東漢）：邢義田先生

（山東一詞最早）應指華山以東。隨著秦國的橫張，秦以函谷關、崤山與六國對峙，「山東」指崤山以東的用法開治通行。……王莽末，劉秀起兵河北，在特定的條件之下，曾一度有以太行山為山東、山西分界的說法。天下大定以後，由於東漢 關中和關東兩地分立的基本型勢無異於西漢或秦，因此，東漢時人仍以函谷關和崤山劃分山東、山西。（試釋漢代的關東關西與山東山西、食貨月刊復刊第13卷1、2期1983.5.1）

原以為漢代以太行山分山東、山西只是劉秀在河北，一時一地的特

殊用法。現在發現這個問題並不如此單純。關鍵在於漢武帝於元鼎三年
徙函谷關於新安，關中的東界可能就擴展到了太行山。……武帝擴展關
中，改變了關中和關東的分界。……東漢政府是不是仍然以太行山為關
東、關西的分界呢？我們的答案是否定的。……（東漢不再都長安，而
都洛陽。）……關中的東界可能在這個時候又回復原來的關、崤一線。
（試釋漢代的關東關西與山東山西補遺食貨月刊復刊第 13 卷 3、4 期，
1983.7.1）

　　上引各家，除顧炎武、錢穆二人自己有很大的岐異，此處不予討論。
其餘各家約可分為四類，即主陝山、華山、殽山、太行山。各家之所以
有這樣大的差異，主要原因是：（一）戰國中期後，秦國的國土不斷的
擴張，分界之山關隨之變動。（二）漢代對「山東」「山西」與「關東」
「關西」的用詞並不十分嚴格。（三）漢武時期函谷關的遷徙。（四）東
漢建都洛陽。末年潼關之建置。以下就此四項因素逐一分析，然後綜合
前賢舊論及師友之說，然後提出新的界說。

（三）戰國中期後秦國國土的擴充

　　茲分關中與函 殽兩方面來討論，關中在早先原為秦、晉所共有，
秦與東方分界之關、山是隨其國土之擴張而變動的。初則華山尚不屬
秦。如史記 5/182 秦本紀曰：武公元年（697 B.C）伐彭戲氏，至于華山
下。秦穆公時發展至河。其後秦中衰，河西、上郡復為晉有。晉三分後，
其地為魏所有，魏惠王築長城以備秦及西戎。漢書 94 上/3747 匈奴傳載：

> 後百有餘年，趙襄子踰句注而破之，幷代以臨胡貉。後與韓、魏共滅
> 知伯，分晉地而有之，則趙有代、句注以北，而魏有西河、上郡，以
> 與戎界邊。

史記 44/1845 魏世家載：（魏）惠王十九年（351 B.C），築長城，塞固陽。

> 又秦本紀 5/202 正義曰：魏西界與秦相接，南自華州鄭縣，西北過渭
> 水，濱洛水東岸，向北有上郡 鄜州之地，皆築長城以界秦境。

此段魏長城近年已經發現。（見史念海：河山集二集，PP.436-444，三聯，

1981）秦孝公即位時（361 B.C.）的形勢是：

> 河山以東彊國六，與齊威、楚宣、魏惠、燕悼、韓哀、趙成侯並。淮
> 泗之間小國十餘。楚、魏與秦接界，魏築長城，自鄭濱洛以北，有上
> 郡。[32]

秦孝公於是下令求賢，史記 5/202 秦本紀載：

> 孝公於是布惠，振孤寡，招戰士，明功賞。下令國中曰：昔我繆公自
> 岐 雍之間，修德行武，東平晉亂，以河為界。西霸戎 翟，廣地千里。……
> 會往者厲、躁、簡公、出子之不寧，國家內憂，未遑外事，三晉攻奪
> 我先君河西地，……獻公即位，鎮撫邊境，徙治櫟陽，且欲東伐，復
> 繆公故地。……賓客群臣有能出奇計彊秦者，吾且尊官，與之分土。

至於殽 函地區，原屬周室。漢書 28 下/1650 地理志：

> 初雒邑與宗周通封畿，東西長而南北短，短長相覆為千里。至襄王以
> 河內賜晉文公，又為諸侯所侵，故其分墮小。

陳槃先生引申說：

> （東周）王城洛邑，畿內方六百里，從今河南 嵩縣，直接陝西 華陰
> 縣，皆其封城。…跨黃河南北，有虢國 桃林之隘（元注今河南 閺鄉
> 縣西，接陝西 潼關縣界。）以呼吸兩京。……又名山大澤不以封，
> 虎牢、崤、函俱在王略。…蓋邊未遠，西畿之地猶未為秦 晉所奪也。
> 自晉滅虢，而畿內始迫狹，而東西都隔絕。[33]

晉之據有函 殽始自景公，陳槃先生繼云：

> 景公時翦滅眾狄…南自今西平陸縣渡河，有今河南之陝、閺鄉、靈寶、
> 洛寧 偃師與鐵門之舊澠池縣境，後又得嵩縣 陸渾地與周接壤。其西
> 自今山西 永濟縣渡河，有陝西之朝邑、韓城、登城、白水、華陰五

---

[32]　史記 5/202 秦本紀。

[33]　陳槃，中國歷史地理，「春秋篇」，P.2。

縣。[34]

所以左傳載「文公十三年春，晉侯使詹嘉處瑕，以守桃林之塞（注云：以備秦。）」又「僖公三十二年，晉敗秦師於殽。」王應麟地理通釋卷八、殽 函條元注云：殽有二陵，杜預曰：殽在澠池縣西北，道在二殽之間，南谷中谷口曲，兩山相嶔，故可以辟風雨，古道由此。

其西則以華山為秦 晉之分，以華山作秦 晉分界即此一時期。史記69/2246 蘇秦傳 正義引華山記云：

此山分秦 晉之境，晉之西鄙則曰陰晉，秦之東邑則曰寧秦。

這也是後來信陵君勸諫魏王欲親秦伐韓時所說：

異日者，秦在河西，晉國去梁千里，有河山以闌之，有周 韓以間之。從林鄉軍以至于今，秦七攻魏。…所亡於秦者，山南山北，河外河內，大縣數十，名都數百。（張守節正義曰：山，華山也。華山之東南，七國時鄧州屬韓，汝州屬魏。華山之北，同、華、銀、綏並魏地也。…河外謂華州以東至虢、陝，河內謂蒲州以東至懷、衛也。）[35]

張守節此時以華山釋山南、山北是對的。

秦自孝公用商鞅變法後，國勢陡強。商鞅向孝公建議用積極之東進政策。史記68/2232 商君列傳載：

其明年，衛鞅說孝公曰：「秦之與魏，譬若人之有腹心疾。非魏并秦，秦即并魏，何者？魏居嶺阨之西，都安邑，與秦界河，而獨擅山東之利。利則西侵秦，病則東收地。今以君之賢聖，國賴以盛，而魏往年大破於齊。…可因此時伐魏，魏不支秦，必東徙。秦據河山之固，東鄉以制諸侯，此帝王之業也。」

孝公以為然。遂使衛鞅將而伐魏，展開一系列的戰爭，結果是「魏惠王兵數破於齊、秦，國內空，日以削。恐，乃使使割河西之地獻於秦以和，

---

[34]　陳槃，中國歷史地理，「春秋篇」，P.4。

[35]　史記 44/1860 魏世家。

而魏遂去安邑，遷都大梁。」[36]實際上秦真正的據有河山之固是秦惠王六年到後十年（332 B.C-314 B.C），才完成的。秦惠王六年（332 B.C），「魏納陰晉，陰晉更名寧秦。…八年（330 B.C）魏納河西地。九年（329 B.C），渡河，取汾陰、皮氏。…圍焦，降之。十年（328 B.C）…魏納上郡十五縣。…十一年（327 B.C）歸魏焦、曲沃。…十三年（325 B.C）使張儀伐取陝，出其人與魏。」[37]自寧秦（案：即晉之陰晉，今之華陰）至陝即殽函之道。秦發展至此，已以陝或陝山分山東　山西了。前引後漢書　鄭興傳章懷注：「山西謂陝山以西。」是合乎此時之史實的。秦惠王即在其時或稍後在弘農建函谷關以禦東方，所以此後秦與山東六國多次之攻防戰即在此展開。史記 40/1723 楚世家載：

> （楚懷王）十一年（318 B.C　秦惠王後六年）蘇秦約從山東六國共攻秦，楚懷王為從長。至函谷關，秦出兵擊六國，六國兵皆引而歸，齊獨後。

戰國策第 6/227　秦四：

> 三國攻秦入函谷。秦王謂樓緩曰：「三國之兵深矣；寡人欲割河東而講。」……王召公子池而問焉。對曰：「…王不講，三國入函谷，咸陽必危。…」…卒使公子池以三城與三國，三國之兵乃退。（校記曰：按三城者，武遂與韓，封凌與魏，齊城與齊。武遂、封凌在河東，齊城無考。事在年表秦昭王九年（287 B.C）根按：史記 秦本紀作昭王十一年（285 B.C），齊、韓、魏、趙、宋、中山五國共攻秦，至鹽氏而還。秦與韓、魏 河北及封凌以和。（又正義引年表云：「秦與魏 封凌與韓 武遂以和。」按：河外陝、虢、曲沃等地。封凌在古蒲阪縣西南河曲之中。武遂，近平陽地也。）

---

[36] 史記 商君列傳，又魏世家亦載：「（惠王）三十一年，…秦用商君，東地至河。而齊、趙數破我，安邑近秦，於是徙治大梁。」

[37] 史記 5/205 秦本紀。漢書 94 上 3747 匈奴傳亦云：「（秦）惠王伐魏，魏盡入西河及上郡于秦。」

又史記 79/2402 范睢傳：

> 秦昭王使謁者王稽於魏，…王稽辭魏去，過載范睢入秦。至湖望見車
> 騎從西來。…有頃，穰侯果至，勞王稽，因立車而語曰：「關東有何
> 變？」曰：「無有。」

又如史記 72/2329 穰侯列傳所載之出「關」：

> 昭王三十六年（271 B.C），相國穰侯言客卿竈欲伐齊，取剛、壽，以
> 廣其陶邑（根按：魏井封於穰，復益封陶。司馬貞索隱：陶，即定陶
> 也。）於是魏人范睢自謂張祿先生，譏穰侯之伐齊也，乃越三晉以攻齊
> 也，以此時奸說秦昭王……於是秦昭王悟，乃免相國，令涇陽之屬皆
> 出關，就封邑。穰侯出關，輜車千乘有餘。

張守節史記正義 楚世家頃襄王十八年（281 B.C）「山東河內可得而一
也。」仍以華山之東釋「山東」就錯了。

　　秦惠王時雖已據有陝，在弘農構築函谷關，但完全擁有兩殽則仍在
其後。如武王時誓志要通車三川，史記 5/209 秦本紀載：

> （武王元年，310 B.C），武王謂甘茂曰：「寡人欲容車通三川、窺周
> 室，死不恨矣。」其秋，使甘茂、庶長封伐宜陽。（正義曰：此韓之
> 大郡，伐取之，三川路乃通也。）……四年，拔宜陽。

秦昭王時賡續向河東擴張，雖一度略受挫折，（見上頁引戰國策）但終
則大有所獲。到莊襄王三年（247 B.C），秦國已完全據有太原、上黨、
河內、河東，已以太行山與東方六國作分界了，史記 26/223 秦始皇本
紀載：

> 當是之時，（秦王政元年）秦地已并巴、蜀、漢中，越宛有郢，置南
> 郡矣；北收上郡以東，有河東、太原、上黨郡；東至滎陽，滅二周，
> 置三川郡。

至戰國初期，三晉雖然分立，但力量仍在，秦被迫退到華山之西。…（魏
築長城以備秦與西戎。）華山是包括在（魏）長城之內的。周禮一書成

書較早，應當成書在這個時代，所以把華山當作豫州的山，而雍州的山即不是華山而是嶽山。[38]以華山為山東　山西的分界是指此時而說的，後來經秦孝公、惠王之努力，得復有全部關中及河西之地，並發展到陝，秦惠王時在弘農建函谷關以備東方。再經秦武王、昭王、莊襄王，終於通車三川，全部擁有函　殽及太原、上黨、河東，即從前晉國　汾河流域之地，至此，已以「天下之脊」太行山、函谷關與山東分界了。

秦晉爭奪河西函殽表

年月	史事經過	備註
德公元年（677 B.C）	卜居雍。後子孫飲馬於河（正義：卜居雍之後，國益廣大，後代子孫得東飲馬於龍門之河。	史記 秦本紀 5/184
宣公四年（672 B.C）	與晉戰河陽，勝之。	又 5/185
繆公五年（655 B.C）	秋，繆公自將伐晉，戰於河曲。（正義：河曲在華陰縣界也。集解引服虔曰：河曲，晉地。杜預曰：河曲在蒲阪南。）	又 5/186
	晉獻公卒。…夷吾使人請秦，求入晉。…夷吾謂曰：「誠得立，請割晉之河西八城與秦。」及至，已立，而使丕鄭謝秦，背約不與河西城。	又 5/187
又十五年十一月（645 B.C）	歸晉君夷吾，夷吾獻其河西地，…是時秦地東至河。（正義：晉 河西八城入秦，秦東境至河，即龍門河也。）	又 5/189

38　勞榦：同注 3，P.43。

年月	史事經過	備註
三十三年 （627 B.C）	秦兵遂東，…晉文公喪尚未葬，太子襄公怒曰：…遂墨衰絰，發兵遮秦兵於殽，擊之，大破秦軍，無一人得脫者，虜秦三將以歸。（正義引春秋云：魯僖公 33 年，晉人及姜戎敗秦師于殽。括地志云：三殽山又名嶔岑山，在洛州 永寧縣西北 20 里，即古之殽道也。）	又 5/191-192
三十六年 （624 B.C）	繆公復益厚孟明等，使將兵伐晉，渡河焚船，大敗晉人，取王官及鄗，以報殽之役。（正義引括地志云：王官故城在同州 澄城縣西北 90 里。…上文云：「秦地東至河」，蓋猗氏 王官是也。）	又 5/193
康公元年 （620 B.C）	（晉襄公卒，弟雍，秦出也，在秦。）晉 趙盾欲立之，使隨會來迎雍，秦以兵送至令狐。（集解引杜預云：在河東。）晉立襄公子而反擊秦師，秦師敗。	又 5/195
二年 （619 B.C）	秦伐晉，取武城報令狐之役。（正義引括地志云：故武城一名武平城，在華州 鄭縣東北十三里也。）	又 5/195
四年 （617 B.C）	晉伐秦，取少梁。（正義：前入秦，後歸晉，今秦又取之。）	又 5/195
六年 （615 B.C）	秦伐晉，取羈馬。戰於河曲，大敗晉軍。（集解引服虔曰：晉邑也。）	又 5/195
桓公十年 （594 B.C）	北敗晉兵於河上。	又 5/196
二十四年 （580 B.C）	晉厲公初立，與秦桓公夾河而盟。歸而秦倍盟，與翟合謀擊晉。	又 5/196
屬共公十六年	塹河旁，以兵二萬伐大荔，取其王城。（集解引徐廣曰：今之臨晉也，臨晉有王城。）	又 5/199

年月	史事經過	備註
靈公六年	晉城少梁，秦擊之。	又 5/200
出子二年	秦以往者數易君，君臣乖亂，故晉復彊，奪秦河西地。（正義：奪前所述八城也。） 魏築長城，自鄭濱洛以北，有上郡。（正義：魏西界與秦相接，南自華州鄭縣，西北過渭水，濱洛水東岸，向北有上郡 鄜州之地，築長城以界秦境。洛即漆沮水也。）	又 5/200
獻公二十三年 （362 B.C）	與魏晉戰少梁，虜其將公孫痤。	又 5/201
孝公八年 （354 B.C）	與魏戰元里，有功。（正義：在同州 澄城縣。）	又 5/203
十年 （352 B.C）	衛鞅為大良造，將兵圍魏 安邑，降之。（集解引地理志曰：河東有安邑縣）	又 5/203
惠文君六年 （332 B.C）	魏納陰晉，陰晉更名寧秦。（集解引徐廣曰：今之華陰也。）	又 5/205
八年 （330 B.C）	魏納河西地	又 5/206
九年 （329 B.C）	渡河，取汾陰、皮氏（集解引地理志曰：二縣屬河東。）（正義：渡河東取之。）…圍焦，降之。（正義引括地志云：焦城在陝州城內東北百步。因焦水為名。…杜預云：八國皆為晉所滅。）	又 5/206
十年 （328 B.C）	魏納上郡十五縣。（正義：今鄜、綏等州也。魏前納陰晉，次納同、丹二州，今納上郡，而盡河西濱洛之地矣。）	又 5/206

年月	史事經過	備註
十一年 （327 B.C）	歸魏焦、曲沃	又 5/206
十三年四月戊午 （325 B.C）	使張儀伐取陝，出其人與魏。	又 5/206
惠文君後九年 （316 B.C）	伐取趙中都、西陽。（集解：地理志太原有中都縣。正義引地理志云：西都、中陽屬西河郡。）	又 5/207
後十年 （315 B.C）	伐取韓 石章。	又 5/207
武王三年 （308 B.C）	武王謂（右丞相）甘茂曰：「寡人欲容車通三川，窺周室，死不恨矣。」其秋，使甘茂、庶長封伐宜陽（正義：…此韓之大郡，伐取之，三川路乃通也。）	又 5/209
四年 （307 B.C）	拔宜陽……涉河，城武遂。	又 5/209

（四）函谷關的遷徙

武帝 元鼎三年東遷函谷關到新安東界。漢書 6/183 武帝記載：

> （元鼎）三年（114 B.C）冬，徙函谷關於新安，以故關為弘農縣。（顏注引應劭曰：時樓船將軍楊僕數有大功，恥為關外民，上書乞徙東關，以家財給其用度，武帝意亦好廣闊，於是徙關於新安，去弘農三百里。王先謙補注引何焯曰：五年南越反，楊僕始拜樓船將軍，事在徙關以後，以武帝之雄，豈展拓都畿費出臣下之家財乎？應注出於流傳，非實事也。）

應劭的話是否可信？已無從求證。惟續漢書郡國志劉昭注、元和郡縣志卷五河南道一、新安縣志、通典、讀史方輿紀要均引應說。宜陽也確由河南郡而改屬弘農郡，如漢書 90/3659 酷吏傳載：

> 楊僕，宜陽人也。以千夫為吏。河南守舉為御史，使督盜賊關東，治放尹齊，以敢擊行。

漢武徙關新安後，宜陽就列入弘農郡了。宜陽是非常著名的大縣。漢書 28 上/681（藝文本）王先謙補注引史記 甘茂傳曰：

> 宜陽，大縣也。名曰縣，其實郡也。

何焯以南越反在元鼎五年（112 B.C），其時楊僕始拜樓船將軍，以證應劭說之誤卻不是強有力的證據，史書上以後來的官名追記當事人的生平事蹟的例子太習見了，又漢書 47/2211 文三王傳載：

> 元鼎中，漢廣關，以常山為阻。（顏注云：依山以為關。根案：史記 58/2081「阻」作「限」，兩字同義。）

元鼎三年（114 B.C）東徙函谷關三百里於新安的動機，不是僅僅漢武意好廣闊所能解釋的。上列漢書 文三王傳，「漢廣關，以常山為限。」語是值得我們特別注意的。新關於新安東界二里的崤山上，隔河即為濟源縣，亦即太行山之起點。常山亦屬太行山系。[39] 秦據有函 殽後，山西區域已從華山擴充到太行山，但函谷關位於弘農則仍未與太行山相銜接。漢武將關東徙三百里至新安 崤山，過河就與太行山相接，黃河南岸小浪底淹沒區出土一座西漢建築遺址。北京歷史博物館館長俞偉超教授就遺址發表談話：「從遺址地層推斷建造與使用年代為西漢中晚期，並確認這個遺址應是西漢 函谷關防禦體系的重要組成部份。」[40] 北邊並延伸至常山為界。置左右輔。史記 30/1435 平準書載：

---

[39] 中國古今地名大辭典，P.141，太行山條：「今地學家以汾河以東，碣石以西，長城黃河之間諸山為太行山脈。」據此則常山亦屬太行山脈。

[40] 1999 年 8 月 5 日北美世界日報載。法根曾於 2013 年 4 月 12 日去函北京該館俞教授查詢，惜俞教授已去世。

> 益廣關，置左右輔。

這是完整的山西區域分割的完成。漢書 10/132A（藝文本）成紀陽朔二年（23 B.C）載：

> 秋，關東大水，流民欲入函谷、天井、壺口、五阮關者，勿苛留。（顏注引應劭曰：「天井在上黨 高都。壺口在壺關，五阮在代郡。

王先謙補注引齊召南曰：案地理志代郡無五阮關，有五原關。疑五阮即五原，音之轉耳。沈欽韓曰：淮南 氾論北至飛狐 陽原。原注或曰：陽原、代郡 廣昌東五阮關是也，後漢書 烏桓傳伏波將軍馬援將二千騎出五阮關，掩擊烏桓。方輿紀要：天井關在澤州南四十五里，當太行絕頂，其南即羊腸阪 道。壺關山在潞安府東南十三里，紫荊關在保定府 易州西八十里，代州 廣昌縣東北百里，或曰即故之五阮關。愚謂五阮蓋在飛狐 倒馬間，非紫荊關也。

由上引成帝詔書，可證函谷、天井、壺口、五阮關所在的太行山為關東 關西之分界。武帝因其時關東大水，特下詔許關東人民可由四關進入關中。

自今潼關以東至崤山，通稱函谷，亦即春秋時代的桃林之塞。王應麟戰國策釋地卷上/3a 函谷條曰：

> 函谷故關在今靈寶縣南十里，新關在今新安縣東十里。自今潼關以東，通稱函谷，古桃林之塞也。

續漢書 19/3393 郡國志劉昭注引西征紀曰：

> 函谷左右絕岸十丈，中容車而已。

崤有二，故稱二崤，亦稱三崤。元和志曰：

> 三崤山又名嶔崟山，自東崤至西崤長三十五里。東崤長阪數里，峻阜絕澗，車不得方軌。西崤全是石阪十二里，險絕不異東崤。

至此，漢武帝將函 殽險要之形勢全部納入關中。史記 8/369 高祖本紀曰：

> 二年（205 B.C.），漢王東略地，塞王欣、翟王 翳、河南王 申陽皆降。

> 韓王 昌不聽，使韓信擊破之。於是置隴西、北地、上郡、渭南（徐廣曰：後曰京兆）、河上、中地郡；關外置河南郡。

渭南、河上、中地三郡本秦 內史地，三郡漢初名稱凡三變。據漢書28上/1543~47載：

> 京兆尹，故秦 內史，……（高帝）二年更為渭南郡，九年（198 B.C.）罷，復為內史。武帝 建元六年（135 B.C.）分為右內史，太初元年（104 B.C.）更為京兆尹。

> 左馮翊，故秦 內史，……（高帝）二年更名河上郡。九年罷，復為內史。武帝 建元六年分為左內史，太初元年更名左馮翊。

> 右扶風，故秦 內史，……（高帝）二年更為中地郡。九年罷，復為內史。武帝 建元六年分為右內史，太初元年更名主爵都尉為右扶風。（顏注曰：主爵都尉，本秦之主爵中尉，掌列侯，至太初元年更名右扶風，而治於內史右地。故此志追書建元六年分為右內史，又云更名主爵都尉為右扶風。）

　　秦 函谷關屬內史，在內史與三川郡交界處，為京師之門戶。所以漢高祖於關外置河南郡。（即秦 三川郡地。）漢武帝於元鼎三年冬徙函谷關於新安，以故關為弘農縣，並將三輔區域重新規劃，於次年（元鼎四年 113 B.C.）增設弘農郡。漢書 28 上/680a（藝文本）地理志弘農郡條：

> 王先謙補注引全祖望曰：「故屬京兆尹，武帝分置。」錢坫曰：「武紀元鼎三年冬徙函谷關於新安，以故關為弘農縣，然則置郡亦當在三年，四字疑誤。」

　　根案：全說未浹，京兆尹 元鼎四年仍名右內史，太初元年（104 B.C.）始更名。弘農郡領縣十一，亦非全由右內史分出。而是「分別來自右內史、河南、南陽三郡。其弘農、上雒、商縣等三縣在函谷關與武關一線以西，本右內史地。……弘農郡之析縣、丹水二縣在武關以東南，……秦時應屬南陽，漢初因之。……其餘陝縣、黽池、新安、宜陽、陸渾、

盧氏六縣地在新舊函谷關之間，……屬漢初之河南郡。」[41]錢說則太鑿，建遷函谷關在元鼎三年冬，於四年重新規劃行政區，增置弘農郡，於理正合。「四」字不誤。水經丹水注云：

> 丹水自商縣東南流注，歷少習，出武關。應劭曰：秦之南關也，通南陽郡。

武關亦為秦 咸陽之門戶，漢高祖入關中即由武關進入。漢時其重要性不變。漢初先屬於渭南、後屬內史，繼而屬右內史。現亦歸屬弘農，弘農郡都尉為武關都尉。函谷 武關在弘農東南兩側，該郡地位之重要可知。

　　漢武帝遷函谷關於新安，將函 殽險要之形勢全部納入，置左右輔。（王先謙後漢書集解曰：「都亭，在河南府宜陽縣東北，漢 函谷關新關之南塞也。[42]越河與太行山相聯接，完整的山西區域之劃分於焉完成。

（五）東漢定都洛陽、（末年）潼關之建置

　　新關地在新安 穀城間，西漢屬弘農新安，東漢屬河南 穀城縣。[43]這可能是東漢定都洛陽，其改屬河南尹 穀城為便於控禦的緣故。建武二年（26 A.D.）陰識為關都尉。後漢書 32/1130 陰識傳載：

> （建武）二年，以征伐軍功增封，識叩頭讓曰：……帝甚美之，以為關都尉，鎮函谷。

建武六年，王霸屯新安。八年屯函谷關。擊滎陽、中牟賊，皆平之。[44]建武九年（33 A.D.）省關都尉，十九年（43 A.D.）復置函谷關都尉（後漢書 1 下/55、72）。明帝時，李恂曾徙居新安關下。後漢書 51/1684 載：

---

[41]　周振鶴：西漢政區地理，P.132。

[42]　藝文本後漢書 8/138B。

[43]　續漢書 郡國志，P.3390。

[44]　後漢書 20/737 王霸傳。「屯」字下，中華書局標點本增一田字，從百衲本刪。

（恂）遷武威太守，後坐事免，步歸鄉里。潛居山澤，獨與諸生織席自給。（恂、安定臨涇人）。……徙居新安關下，拾橡實以自資。

元和郡縣志亦言關在新安，似未注意續漢書 郡國志之記載，王先謙後漢書集解亦引元和志說。（見後引）西漢 關東人士入關例須持有符傳。後漢書 27/940 郭丹傳載：

郭丹，…南陽 穰人也。…丹七歲而孤，…後母哀憐之，為鬻衣裝，買產業。後從師長安，買符入函谷關，乃慨然嘆曰：「丹不乘使者車，終不出關。」…

此係西漢末至更始時事。東漢都洛後，入關是否仍須憑符傳？史籍闕載，無從查考。

靈帝 中平元年（184 A.D.）黃巾亂起，設函谷等八關都尉官。後漢書 8/138/B（藝文本）靈帝紀載：

（中平元年）三月戊申，以河南尹 何進為大將軍，將兵屯都亭，置八關都尉。（章懷注：都亭在洛陽。八關謂函谷、廣成、伊闕、大谷、轘轅、旋門、小平津、孟津也。王先謙集解曰：在今河南府 宜陽東北，漢 函谷關新關之南塞也。水經注惠水流逕關城北二十里，其城西走塞垣東抗惠水，八關都尉治此。

函谷關之位置自東漢初至桓 靈時期均未變動。獻帝 建安十六年，關中韓遂 馬超等屯潼關抗曹軍。三國志 1/34 載：

（建安）十六年（211 A.D.）張魯據漢中。三月，遣鍾繇討之，公使（夏侯）淵等出河東與繇會。是時關中諸將疑欲自襲，馬超遂與韓遂、楊秋、李堪、成宜等叛。…公敕諸將：「關西兵精悍，堅壁勿與戰。」秋七月，公西征，與超等夾關而軍。

元和志與通典均據此謂：關在新安，漢 初平 建安中所徙。實則建安中無徙關事，省函谷在魏明帝世。王先謙後漢書集解志 19/1227B 引鍾英曰：

> 通典載（魏）明帝景初二年（238 A.D.），河南尹 盧誕上言：成皋、
> 函谷二里六十步，宜卻函谷於崤下。弘農太守杜恕議：以為東徙潼關
> 著郡下，省函谷關。是省函谷關在明帝世，而議卻函谷於崤下尤可證。
> 建安中無徙關事。

王先謙說甚是。若建都關中，欲御宇內則必須據有函 殺；如若力有不逮，以退守關中為務，則扼守潼關一線猶勝新安 函谷關，因敵方進犯關中，先須通過函 殺之險，所以韓遂等據潼關為守。實則，函谷關仍在原地。當蜀漢 建興七年（229 A.D.吳 黃龍元年）與孫吳恢復聯盟，議定分割天下，司州之土即以函谷關為界。（詳後）惟此後潼關漸為兵家所注意。如三國志 40/1003 魏延傳曰：

> （魏）延每隨亮出，輒欲請兵萬人，與亮異道會于潼關，如韓信故事。
> 亮制而不許。

南朝 劉宋北伐時，在函谷關與潼關均曾進駐。宋書77/1982-1984 柳元景傳曰：

> 及朝廷大舉北討，使諸鎮各出軍。（文帝元嘉）二十七年（450 A.D.）
> 八月…加（柳）元景建威將軍，總統群帥。……元景引軍度熊耳山，
> （建武將軍薛）安都頓軍弘農，（略陽太守龐）法起進據潼關。…初，
> 元景令將魯元保守函谷關，賊眾既盛，元保不能自固，乃率所領作函
> 箱陣，多列旗幟，緣險而還。

北周 武帝 保定五年（565 A.D.）冬十月辛亥，改函谷關城為通洛防。[45]
元和志 2/35 華州 華陰條曰：

> 長城：在縣西，春秋時秦、晉分界處。
>
> 太華山：在縣南八里。
>
> 潼關：在縣東北三十九里，古桃林塞也。

---

[45]　周書 5/72 武帝紀上。

春秋時晉侯使詹嘉處瑕以守桃林之塞是也。關西一里有潼水，因以名關。

潼關，隋時曾遷徙，唐 武后時更北徙近河為路。[46]元和志所云潼關即此。昔秦漢函谷關之重要性遂完全由潼關所取代。且唐代「郵傳所馳，出於南路。」[47]嚴歸田先世疑此「南路」乃指陝 洛間之南道而言，非謂新安道不經故關也。

（六）本文山東山西（關東、關西）之界說

戰國中期後，秦國國土不斷擴張，山東 山西分界之山關隨之變動。秦孝公、惠王相繼擊敗魏國，收復關中及河西之地，並發展至陝；在惠王時建函谷關於弘農。再經武王、昭王之賡續努力，終於通車三川。至此，秦已擁有全部函 殽及太原、上黨、河東，即從前晉國 汾河流域之地。其時已以函谷關、太行山與山東分界。惟秦之函谷關位於內史 弘農縣，尚未與太行山相接而已。

漢武帝 元鼎三年，東徙函谷關三百里於河南郡 新安縣東，並置左右輔，今河南 宜陽縣東北之都亭即新關之南塞，過河即濟源縣，太行山之起點。漢武帝於徙關之次年（元鼎四年）將三輔之行政區域重新規劃。從右內史分出弘農、上雒、商縣，從南陽郡分出析縣、丹水縣，從河南郡分出陝縣、黽池、新安、宜陽、陸渾、盧氏，合此十一縣以置弘農郡。函谷關在郡之最東端，武關在郡之南側，同掌京師之門戶。至此，函谷關與太行山相接，完整之山西區域於焉完成。前引漢書 10/132A（藝文本）成帝紀陽朔二年（23 B.C.）詔曰：

秋，關東大水，流民欲入函谷、天井、壺口、五阮關者，勿苛留。

太行山之天井、壺口、五阮關與函谷關聯成一線，為關東 關西（山

46　嚴耕望：唐代交通圖考，第一卷，P.35。

47　元和郡縣志 2/35~36，華州 華陰。嚴歸田先生疑此「南路」乃指陝 洛間之南道而言。

東　山西）之界。漢人以太行山區分山東　山西，太史公之說即為最佳之
證。史記 129/3253、69 貨殖列傳曰：

> 夫山西饒材、竹、穀、纑、旄、玉石；山東多魚、鹽、漆、絲、聲色。…
> 山東食海鹽，山西食鹽鹵。

惟漢人對於地理名詞之用法，並不十分嚴格。如班固漢書 28 下
/1640-41 曰：

> 成帝時劉向略言其域分，丞相張禹使屬潁川 朱贛條其風俗，猶未宣
> 究，故輯而論之，終其本末著於篇。秦地，於天官東井、輿鬼之分壄
> 也。其界自弘農故關以西，京兆、扶風、馮翊、北地、上郡、西河、
> 安定、天水、隴西，南有巴、蜀、廣漢、犍為、武都，西有金城、武
> 威、張掖、酒泉、敦煌，又西南有牂柯、越巂、益州，皆宜屬焉。…

秦惠王時得到巴　蜀，（秦對巴蜀之經營詳第伍篇）廣漢郡係漢高祖分
巴、蜀兩郡地而成，以之歸入秦地，猶有可說。其餘如犍為、武都、武
威、張掖、酒泉、牂柯、越巂、益州、敦煌建郡均在武帝時始置，金城
郡之置且晚至漢昭帝時，班固竟然均將之納入秦地。其用詞之不嚴格，
此實為最顯之例。漢人對山東　山西（關東、關西）兩詞之用法顯然有
廣義狹義兩種用法。勞貞一先生在「兩漢戶籍與地理之關係」（史語所
集刊第五本第二分）中指出此點。廣義的山東，如附圖「西漢山東山西
圖」（見頁 36），自上谷　代郡間沿太行山、長江之巫山到湖南之雪峰山
再迤邐向西南，此線之東側均屬之。如史記 6/269-73 秦始皇本記附二世
皇帝元年七月條：

> 戍卒陳勝等反故荊地，為「張楚」。勝自立為楚王，居陳，遣諸將徇
> 地。山東郡縣少年苦秦吏，皆殺其守尉令丞反，以應陳涉，相立為侯
> 王，合從西鄉，名為伐秦，不可勝數也。……高前數言「關東盜毋能
> 為也」，及項羽虜秦將王離等鉅鹿下而前，章邯等軍數卻，上書請益
> 助，燕、趙、齊、楚、韓、魏皆立為王，自關以東，大氐盡畔秦吏應
> 諸侯，諸侯咸率其眾西鄉。

又 27/1348 天官書曰：

> 項羽救鉅鹿，枉矢西流，山東遂合從諸侯，西坑秦人，誅屠咸陽。

又 91/2604 黥布傳曰：

> 上迺召見，問薛公，薛公對曰：「布反不足怪也。使布出於上計，山東非漢之有也。……」上曰：「何謂上計？」令尹對曰：「東取吳，西取楚，并齊取魯，傳檄燕、趙，固守其所，山東非漢之有也。……」

又如西漢晚期的鄭朋籍隸會稽，亦自稱關東人。漢書 78/3284-86 蕭望之傳曰：

> 望之，（周）堪數薦名儒、茂材 以備諫官。會稽 鄭朋陰欲附之，上疏言車騎將軍高遣客為姦利郡國，及言許、史子弟罪過。……朋，楚士，怨恨，更求入許、史。推所言許、史事曰：「皆周堪、劉更生教我，我關東人，何以知此？」

前引史記 貨殖列傳亦是就廣義立說的。該條後半「山東食海鹽，山西食鹽鹵」，更充分說明兩區鹽產之特質。自黃土高原汾河流域之山西至四川盆地，即產池鹽、井鹽。

　　廣義之山西或關西區域。漢書顏注所言：「關以西，總名關西或關中」。即太行山、函谷關以西均屬之。包含黃土高原、漢中盆地、四川盆地、雲貴高原和河西四郡。如項羽藉口巴 蜀亦關中地，而王劉邦於巴 蜀 漢 中。史記 7/316 曰：

> 項王、范增疑沛公之有天下，業已講解，又惡負約，恐諸侯叛之，乃陰謀曰：……乃曰：「巴、蜀亦關中地也。」故立沛公為漢王，王巴、蜀、漢中，都南鄭。

唐人李賢以隴西、巴、蜀注解山西，亦屬此。後漢書 18/697 吳漢等傳論曰：「至於山西既定，威臨天下。（章懷注曰：謂誅隗囂、公孫述也。）」

　　狹義之山東或關東，即太行山 函谷關以東。但「北邊除去燕 代舊

疆，南邊除去荊 揚兩部」。[48]惟本文將荊部之南陽郡劃入山東區域。勞
貞一先生引漢書下述兩條以證之。如：6/178 武帝紀：

> 元狩四年冬，有司言關東貧民徙隴西、北地、西河、上郡、會稽凡七
> 十二萬五千口。

又 72/3076 貢禹傳：

> 諸官奴婢十萬餘人，戲遊亡事。……宜免為庶人，廩食代關東戍卒，
> 乘北邊亭塞候望。

同類之例證，如漢書 24 下/1172 食貨志載：

> 是時山東被河災，及歲不登數年，人或相食，方二三千里。天子憐之，
> 令飢民得流就食江 淮間，欲留，留處。

司隸部之河南郡 河內郡屬山東。河南郡正在函谷關之東，毋須舉證。
河內屬山東，如漢書 66/2898 蔡義傳曰：

> 蔡義，河內 溫人也。……義上疏曰：「臣山東草萊之人，……」

　　狹義之山西區域則僅指太行山以西之河東、上黨、弘農、三輔、西
河、隴西、安定、北地、上郡與天水等郡之地，即昔日秦之舊疆與晉之
汾河流域地。如漢書 24 上/1141 食貨志載宣帝 五鳳中大司農中丞耿壽
昌上言曰：

> 故事，歲漕關東穀四百萬斛以給京師，用卒六萬人，宜糴三輔、弘農、
> 河東、上黨、太原郡穀，足供京師，可以省關東漕卒過半。

河東郡屬山西，見於後漢書 16/601-602 鄧禹傳所載光武帝之策：

> 建武元年，禹自箕關將入河東，……遂定河東。承制拜李文為河東太
> 守，悉更置屬縣令長以鎮撫之。是月，光武即位於鄗，使使者持節拜
> 禹為大司徒，策曰：「……斬將破軍，平定山西，功效尤著。……」

48　勞榦：「兩漢戶籍與地理之關係」，P.183。

如隴西、安定均稱關西，後漢書 81/2686 獨行 繆肜傳曰：

> 太守隴西 梁湛召為決曹史，安帝初，湛病卒官，（汝南 召陵人）肜送
> 喪還隴西。始葬，會西羌反叛，湛妻子避亂它郡，肜獨留不去，為起
> 墳冢，乃潛穿井旁以為窟室，晝則隱竄，夜則負土，及賊平而墳已立。
> 其妻子意肜已死，還見大驚。關西咸稱傳之，共給車馬衣資，肜不受
> 而歸鄉裡。

又 65/2130 皇甫規傳：

> 沖 質之間，梁太后臨朝，規舉賢良方正，對策曰：「……臣在關西，
> 竊聽風聲，未聞國家有所先後。……」

此狹義之山西 山東區域，與春秋末年、戰國及漢代之方言亦正合。嚴
歸田先生引證揚雄方言 12 例，證明「關東 關西為兩大方言區」：

> 關西以秦 晉為主，關東以周、韓、趙、魏、宋、陳等國為主。東方
> 之齊與南方之楚各自成一區。……關西區：「關西」十，「自關而西」
> 卅六，「自山而西」「秦 晉 西夏」各一，共凡四十八見；是以函谷 太
> 行以西為一極強固區（A 級）。其範圍包括秦 晉與隴西地區。秦 晉區：
> 「自關而西秦 晉之間」廿九，謂關西之秦 晉也。又「秦 晉」二十七，
> 「秦 晉之間」二十五，「秦 晉之郊」三，共凡八十四見。具知關西之
> 秦 晉兩國在語言上為一個極強固方言區（A 級）……關東區：「自關
> 而東」二十八，自山而東二，共三十見。故亦為一強固區（B 級）。……
> （關東區）當以河、淮間大平原為核心地帶。」[49]

林語堂先生前漢方音區域考分西漢方言為十六區，亦列秦 晉為一區：

> 方言引秦共 106 次，而此中 89 次係與東鄰之晉並引，方言單言秦 晉
> 曰某者 82 次。在南一面秦 梁並舉僅六次，秦 西楚並舉僅二次。周 秦
> 雖為比鄰，而中間函谷，故並稱者僅二次，周 秦顯然為二種不同方
> 音甚明。方言每言關而東曰某，關而西曰某，似子雲心目中早認識關

49　同註 31，PP.37-40。

為方言畛域。計言「關而西」,「自關以西」……者四七次,(「自關而西秦 晉」尚不在此數)言「自關而東」,「關而東」……者三二次,而每次以關西,關東相對,即係兩方所用之字大有區別。然方言言「關之東西」者十次,似係指關之近地。……晉(亦稱汾 唐)。晉之見於書中共 108 次,其中最要者為與秦並舉 89 次。惟晉與秦不同之點,即晉與周 鄭等中州之地較有關係。計與趙並舉者三,魏四、衛五、宋二、鄭二、陳二。方言書中既言晉,又分趙 魏,則子雲所言係指晉之故都及汾河流域,自河東 河陰,北至汾 谷。[50]

方言所言之秦 晉,即秦舊地與晉之汾河流域。此亦可以從文化上證之。將晉之故都與汾河流域納入山西區域是非常有意義的。秦 晉在春秋時世為婚姻,彼此的文化當然也有甚深的共同點。誠如勞貞一先生所說:「試看秦國的詛楚文和晉國的呂相絕秦文,口氣上完全相類,便可知彼此關係之深。到了商鞅改革秦法,以峻急刻深為治,秦由是而興,亦由此而敗,但也是從晉法術之學移來。」[51]

　　本文此後各篇所言之山東 山西(關東 關西)均係就上述勞貞一先生狹義之山東 山西立論。

---

[50]　林語堂:「前漢方音區域考」,語言學論叢,PP.16-44。
[51]　勞榦:秦漢史,P.24。

西漢山東山西圖

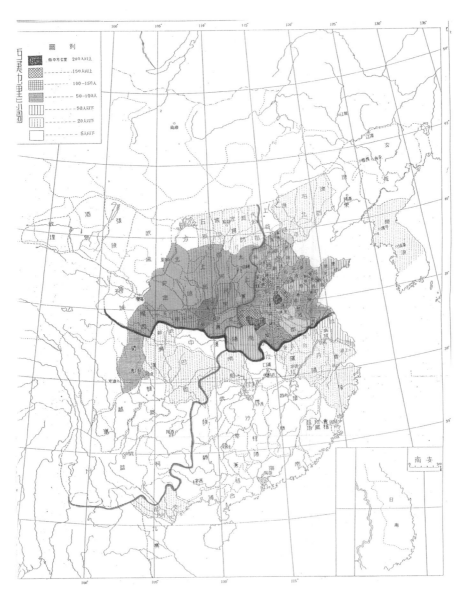

此圖影印自<u>勞榦</u>：「兩漢郡國面積之估計及口數增減之推測」，中央
研究院<u>歷史</u>語言研究所集刊，第五本第二分（1935 年 12 月）。此圖之
影印已徵得<u>勞榦</u>先生同意。

揚　雄　所　記　先　秦　方　言　地　理　區

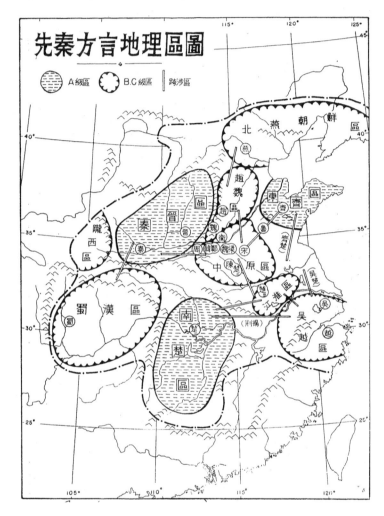

　　此圖引自嚴歸田：「揚雄所記先秦方言地理區」，P.38。此圖之印行，
已徵得嚴歸田先生之同意。

三、中國古代北方與南方的交通

　　本節論述的是秦嶺、淮陽山脈及淮河以南的區域，惟巴 蜀與漢中將於另篇詳述，此章僅討論長江中下游的地區。中國古代的南疆究竟到現在甚麼地方，是個非常難於探究的問題。根據史記 1/3-11 五帝本紀的記載，黃帝曾南至於江，登熊、湘，顓頊南至於交阯。

> 天下有不順者，黃帝從而征之，平者去之，……東至于海，登丸山及岱宗。西至于空桐，登雞頭。南至于江，登熊、湘。北逐葷粥，合符釜山，而邑于涿鹿之阿。……帝顓頊 高陽者，黃帝之孫而昌意之子也。……北至于幽陵，南至于交阯，西至于流沙，東至于蟠木。

帝堯曾分命羲仲等居郁夷等地。史記 1/16-17 五帝本紀載：

> （堯）分命羲仲，居郁夷，曰暘谷。敬道日出，便程東作。……申命羲叔，居南交。便程南為，敬至日永、星火，以正中夏。……申命和仲，居西土，曰昧谷。敬道日入，便程西成。……申命和叔，居北方，曰幽都。便在伏物。

帝堯的時期，三苗在江、淮、荊州數為亂。史記 1/28 五帝本紀載：

> 三苗在江、淮、荊州數為亂。於是舜歸而言於帝，請流共工於幽陵，以變北狄；放驩兜於崇山，以變南蠻；遷三苗於三危，以變西戎；殛鯀於羽山，以變東夷；四辠而天下咸服。

帝舜曾南撫交阯、北發。史記 1/43 五帝本紀載：

> 南撫交阯、北發、西戎、析枝、渠廋、氐、羌，北山戎、發、息慎，東長、鳥夷，四海之內，咸戴帝舜之功。

帝禹的聲教東邊至海，西邊到流沙。國土據史記 1/77 夏本紀載：

> 東漸于海，西被于流沙，朔，南暨，聲教訖于四海。

蕭璠認為「其時的勢力所及幾乎與其後世的漢、唐帝國所差無幾了。但後世殷 周的勢力大致不逾江南，而晚周時成書的地理經典著作禹貢也

沒有述及交阯。顯然司馬遷的這些記載不甚可靠。」[52]雖然太史公曾說：「學者多稱五帝，尚矣。然尚書獨載堯以來，而百家言黃帝，其文不雅馴，薦紳先生難言之。」但他也說：「余嘗西至空桐，北過涿鹿，東漸於海，南浮江淮矣，至長老皆各往往稱黃帝、堯、舜之處，風教固殊焉，總之不離古文者近是。」所以太史公寫五帝本紀的方法是「予觀春秋、國語，其發明五帝德，帝繫姓章矣，…其所表見皆不虛。書缺有間矣，其軼乃時時見於他說。…余并論次，擇其言尤雅者，故著為本紀書首。」[53]所以我認為史記所載當必有據，否則以太史公的謹慎、多聞闕疑，斷不會自黃帝寫起，因此黃帝、堯、禹南方的疆域不可輕輕的一筆予以抹殺。西漢元帝時的賈捐之倒是深信太史公的說法的。（見叄.P.85.捐之賈誼曾孫。）董作賓先生曾據殷墟出土的遺物，推測其時中國與南方的交通與殷商的南境，他說：

> 從殷墟出土的遺物，也可以知道殷代的交通情形，殷墟出土的青銅器裏面是含有百分之二十的錫，今知銅礦多散布於滇、黔、川及兩湖，錫產於雲南、兩廣、江西、湖南各地，都不在長江以北；…殷代的貨幣是貝，貝是南海的產品，占卜的龜甲大部份來自南方，禹貢說「九江納錫大龜」，卜辭也有「來自南摯龜」的記載，竹書紀年周厲王元年楚人來獻「龜貝」，詩魯頌：憬彼淮夷，來獻其琛，元龜象齒，大賂南金。龜貝歷來是由南方貢入，有記載可證。武丁時代惟一的一塊大龜，腹甲長四十四公分，寬三十五公分，據專家考定，此種龜今產於馬來半島。[54]

> 殷代王室所統治的地域，現在不太清楚。…大體上可以說殷代以商丘為中土，稱為「中商」，或「大邑商」，（前此均誤以洹邑為大邑商。）其餘稱「東土」、「南土」、「西土」、「北土」，合為四方，…從淮、若、齊、周、犬、羌、蜀、洹、井、商亳、鄭等地看起來，所謂中商有商

52　蕭璠：春秋至兩漢時期中國向南方的發展（1973 年），第一章緒言，PP.1-2。

53　史記 1/46 五帝本紀。

54　董作賓：「中國古代文化的認識」，大陸雜誌，3 卷 7 期（1951 年）。

亳 鄭，當指中原地帶，東土有齊，可至於海；西土有犬候、周、羌、蜀，可及今之陝西一帶，周人嘗自稱「西土之人；北方接土方、舌方，有井洹，可能到河北、山西兩省；南方有淮、若，可能到長江。[55]

董作賓先生的推論自然是非常謹慎的和保守的。顧頡剛史林雜識「牧誓八國」條曰：

楚國北部有庸、盧、彭，其西有濮、四國都在漢水流域；羌、微、髳在渭水及河水流域，武王伐紂，率領這八國之師乃是周人勢力向南擴張的結果。

又周南 樛木「南有樛木」傳南土也，…箋南土謂荊 揚之域。又周南漢廣 序：「文王之道被於南國，美化行乎江 漢之域」。又小雅 四月：「滔滔江 漢，南國之紀」。傳斯年先生認為「周南、召南都是南國的詩，至於江、漢之域。」[56]胡適之先生認為中庸中的「南方之強與後世不同，不是指吳、楚而言」，他說：

中庸雖是晚出的書，其中有子路問強一節。子路問強。子曰：「南方之強歟？北方之強歟？寬柔以教，不報無道，南方之強也，君子居之。衽金革，死而不厭，北方之強也，而強者居之。」當時所謂「南人」與後世所謂「南人」不同，春秋時代的楚、吳雖然更南了，但他們在北方人的眼裏還都是「南蠻」，夠不上柔的文化。古人所謂「南人」似乎都是指大河以南的宋國、魯國，其人多是殷商的遺民，傳染了儒柔的風氣，文化高了，世故也深了，所以有這重寬柔的，「不報道的

---

[55] 同上。董先生的推論是非常謹慎和保守的。現在從湖南 寧鄉「殷人方面鼎」（文物10/1960，又考古 12/1963）及石門 皁市殷式陶器骨器（考古 3/1962）的出土，都證明殷商的文化已越過長江；此外，從漢口北面黃陂 盤龍城 商代遺址的發掘和大量器物的出土。（「1963 年湖北 黃陂 盤龍城 商代遺址的發掘」文物 1/1975；楊鴻勛「盤龍城 商代宮殿遺址談中國宮庭建築發展的幾個問題」文物 2/1976；「盤龍城一九七四年度田野考古報告」，同前）也證明商代統治的區域確已越過長江。

[56] 傳斯年：古代文學史講義本集冊二，頁九十二。此係轉引自陳槃：「史記 吳太伯世家補注」，中央研究院歷史語言研究所集刊，52 本（1981 年）。

教義」。[57]

吳 越和楚人怎樣在南方蓽路藍縷艱辛地締造國家以及他們的南方化不是本文所要探討的，本節主要著眼點在他們和北方文化的接觸和南方的開拓。分佈在今日長江中下游東南沿海和兩廣的區域的族群有淮水下游的東夷，從長江下游到今日的兩廣有荊蠻和百越（或稱揚越）。自交阯至會稽七八千里，百越雜處。[58]蕭璠教授根據楊樹達的「王孫遺者鐘跋」（積微居金文說 1/38-39）和「徐王糧鼎再跋」（同書 5/146），推測春秋時代的淮夷大概已經高度地華化了，譬如緊靠淮水北岸的徐國似乎已經完全地採用了諸夏的語言文字。

吳王 夫差為向中原發展，曾兩次開鑿運河，左傳哀公九年（486 B.C）LV III/17a

> 秋，吳城邗，溝通江、淮。杜解：於邗江築城，穿溝，東北通射陽湖，西北至末口入淮。通糧道也。今廣陵 韓江是。

日人竹添光鴻說：「吳人此舉，江、淮相通，為千古運河之始。廣陵今為江蘇 揚州府。邗江亦曰漕河，起揚州府城東南二里，歷邵伯湖、高郵湖、寶應湖，北至黃浦，接淮安府界，為山陽瀆。其合淮處曰末口，在府北五里。自江達淮，南北長三百餘里。[59]吳國開鑿邗溝的第三年，在艾陵之戰擊敗齊國。吳王 夫差第十四年（482 B.C.，魯哀公十三年，周敬王元年），開鑿第二條運河，目的是自淮通濟。國語 吳語 19/56：

> 吳王夫差……乃起師北征，闕為深溝，通於商 魯之間，（韋解：商，

---

[57] 胡適：「說儒」，中央研究院歷史語言研究所集刊，4 本 3 分。

[58] 蕭璠前揭書：第二章第二節史前至西周時期文化的南播，PP.21-38。惟蕭君所云「長江下游有『荊蠻』與『百越』」不確。按所謂長江下游通常指武漢以下而言，本文亦取此義。但今江蘇南部、浙、贛、閩、兩粵沿海地區古代的非漢人通稱為百越，亦可泛稱為「蠻」，但不能稱為「荊蠻」。長江中游南邊稱「荊蠻」。（此係嚴歸田先生提示）。

[59] 竹添光鴻：左氏會箋第 15 冊，哀上，P.346。此係轉引自陳槃先生「春秋列國的交通」，P.471。

宋也。）北屬之沂（解：沂，水名，出泰山。蓋南至下邳入泗。），西屬之濟，（解：濟，宋水。）以會晉公　午於黃池。

不過吳國進入以華夏諸邦為主的國際社會尚在此之前。西元前 576 年，吳國第一次出現在中原的國際政治舞臺上，與晉、齊、魯、宋、衛、鄭相會於鍾離。以後在西元前 568、563、559、489、488，…都曾與諸夏或盟或會。[60]蕭璠氏根據越絕書 2/9 及「吳西野鹿陂者，吳王田也」及 8/39「富中大塘者，勾踐治以為義田，為肥饒謂之富中。」謂吳　越兩國在春秋末曾經大力從事農墾並採用了水利灌溉。[61]徐中舒先生曾推測中國的水利灌溉事業或起於吳　越。[62]

　　楚人的勢力怎樣拓土至漢水下游？向西南發動對漢人的戰爭，以後又向東發展，吞併了江、淮、汝、漢流域的許多國家。蕭璠先生前揭書第三章第二節 PP.73-76 有極為清昕的圖表，此處茲不贅述。蕭璠先生指出楚國領土的擴張，主要是由西向東的，並根據顧棟高春秋大事表四列國疆域表及春秋時楚地不到湖南論，認為春秋時期楚國除湖北和江西的一部份以外，大部份都在長江以北，但在戰國時楚在江南已有黔中、長沙、蒼梧等地。[63]

　　戰國策楚一，14/6：楚地西有黔中、巫郡，…南有洞庭、蒼梧。

由蕭璠先生所作為楚國所征服吞併諸國表、春秋楚國會盟表、楚王室（含羅）與外國聯婚表、春秋楚與外國通使表、春秋奔楚或留楚外國人表、春秋楚與外國多戰表，可以發現從西元前八世紀起，楚人與華夏開始了日漸頻繁的接觸…楚人學習到更多的中原文化，也加深了他們華化的程

---

[60] 蕭璠前揭書：P.64。

[61] 蕭璠前揭書：P.70。

[62] 徐中舒：「古代灌溉工程起源考」，中央研究院歷史語言研究所集刊，第五本第二分，1935。

[63] 蕭璠所引顧氏春秋時楚地不到湖南論近乎默證，雖無資料可以駁正，但我們從長沙文物對於楚文化的重要性，不應當是突然形成的。只是文獻未見記載罷了。我對其說表示保留。

度。[64]江漢平原的楚人可能很早就開治種植水稻,晚近考古的發掘在遺址中發現大量的紅燒土塊上印有密集的粳稻痕跡。[65]水利灌溉在楚地也甚早。如東漢時盧江郡仍有楚相孫敖所修水利之遺跡。後漢書 76/881 B. 循吏 王景傳載:

> (王景)遷盧江太守,…郡界有楚相孫敖所起芍陂稻田。(集解 王先謙:日官本作孫叔敖。)

不過長江中游也和下游一樣,戰國中晚期寫成的禹貢評定該地田的等第是很低的(說詳後)。廣大的長江中下游地區的開發程度,雖然遠遠不及太行山以東的華北大平原,但在若干小區域中農業已漸露頭角。如荊州的長沙。史記 41/1749 越王句踐世家曰:

> 蠻(根案:讎作蠻,邑名,從索隱引劉氏說改。)、龐、長沙,楚之粟也。(集解引徐廣曰:龐一作寵。正義曰:…楚之四邑:龐、長沙、竟陵澤也。龐、長沙,出粟之地,竟陵澤出材木之地,此邑近長沙、潭、衡之境,越若窺兵西通無假之關,則四邑不得北上貢於楚之郢都矣。)竟澤陵,楚之材也。越窺兵通無假之關(集解引徐廣曰:無,一作西。)此四邑者不上貢事於郢矣。…

這雖然是齊威王所遣使臣對越王的說辭,但必與當時實況相去不遠。否則以越王 無彊之智怎會釋齊而伐楚呢?另外,吳也是較發達的地方。

太行山以東的華北大平原在春秋 戰國時代已是重要的農業區,可以說是面的開發,長江中下游則是點或若干小區域的開發。

---

[64] 蕭璠,前揭書 P.73-92。

[65] 丁穎:「江漢平原新石器時代紅燒土中的稻殼調查」,考古學報,1959 年第四期。

叄、西漢時期 (206 B.C. ~ 8A.D.) 之山東山西

一、兩區之發展及相關性之分析

　　本篇所論述的山東、山西是狹義的，即上篇所言的，山東是指太行山、函谷關以東，淮河以北的區域（惟包括南陽郡），但不包括東北、北面及朝鮮的郡縣；山西是指太行山、函谷關以西，秦嶺以北的區域，但不包括西北的邊郡。

（一）兩區農業、水利及工商業之發展

　　這兩區自古以來是中國農業最發達的地方。[1]詩經中有許多篇章是歌頌山西區域的農業的。（見上篇第一章稱引。）山西 山東在禹貢中的評價是極高的。茲據顧頡剛先生的注釋，繪表如下：[2]

禹貢所載雍、冀、兗、青、徐、豫六州土壤、賦、田畝表

州別	土壤	賦	田	解釋
雍州	厥土黃壤	中下	上上	賦第六等，田第一等。
冀州	厥土惟白壤	上上錯	中中	賦在第一等和第二等之間，田第五等。
兗州	厥土黑墳	貞	中下	田第六等，賦下下，第九，以此為正。
青州	厥土白墳	中上	上下	賦第四等，田第三等。

---

[1] 史念海：「春秋 戰國時代農工業的發展及其他區的分布」，PP.82-109；又「古代的關中」，PP26-66，河山集，三聯，1978。
[2] 顧頡剛禹貢注釋，中國地理名著選讀；又漢書28 上/1524-32 地理志。

徐州	厥土赤埴墳	中中	上中	田第二等，賦第五等。
豫州	厥土惟壤， 下土墳壚	錯上中	中上	田第四等，錯上中，賦第二等，又雜出第一等。

在漢代人的心目中，山西區域是「膏壤沃野千里」的。如太史公說：

> 關中自汧雍以東至河華，膏壤沃野千里。自虞夏之貢，以為上田。[3]

東方朔、班固都稱關中為「陸海」，東方朔說：

> 其地從汧隴以東，商雒以西，厥壤肥饒。漢興，去三河之地，止霸產以西，都涇渭之南。此所謂天下陸海之地。秦之所以虜西戎兼山東者也。[4]

漢書 28 下/1642 地理志云：

> 故豳詩言農桑衣食之本甚備。有鄠、杜竹林，南山檀柘，號稱陸海，為九州膏腴。

班固又在兩都賦歌頌關中的農業是：

> 厥土千里，連躒諸夏，兼其所有。其陽則崇山隱天，幽林穹谷，陸海珍藏，藍田美玉，商洛緣其隈，鄠杜濱其足。源泉灌注，陂池交屬，竹林樂園，芳草甘木，郊野之富，號為近蜀。……下有鄭白之沃，衣食之源。……決渠成雨，荷臿成雲，五穀垂穎，桑麻鋪棻。東郊則有通溝大漕，潰渭洞河，汎舟山東，控引淮湖，與海通波。西郊則有上囿禁苑，林麓藪澤，陂池連乎蜀漢。[5]

古代的山東山西和今日的面貌是完全不同的，當時兩區的藪澤陂池是很多的。水經注所載有水和無水的舊陂，也大部是在關東。[6]周禮職方

3　史記 129/3261 貨殖列傳。

4　漢書 65/2849 東方朔傳。

5　班固：兩都賦，全後漢文 24/602b-603a。

6　勞榦：「兩漢戶籍與地理之關係」P.182，中央研究院歷史語言研究所集刊，第五本，1935 年 12 月。

以弦蒲為雍州的大澤，與大野、圃田並列。[7]史念海先生考訂職方所載冀州的澤藪揚紆是在關中。[8]涇水附近有焦穫，長安城西南有彪池和鎬池。[9]這些澤藪湖泊未乾枯時和涇、渭、洛三大川分流灌注，使關中的黃土平原更加肥沃。[10]鄭國渠的開鑿，使秦國的農產大增。史記 29/1408 河渠書載：

> （韓）乃使水工鄭國間說秦，令鑿涇水自中山西邸瓠口為渠，並北山東注洛三百餘里，欲以溉田。……渠就，用注填閼之水，溉澤鹵之地四萬餘頃，收皆畝一鐘。於是關中為沃野，無凶年，秦以富強，卒并諸侯。[11]

　　西漢的水利建設極大多數是分布在山西和山東兩區，而又以山西區域為最。因自秦 漢建都咸陽和長安後，三輔的人口邊增，糧食須仰賴關東和巴 蜀供給（詳下），所以西漢對關中的水利設施特別注重，主要是為增加本區的糧產，以減少關東的漕運。如史記 29/1409～1412 河渠書載：

> （武帝時）鄭當時為大司農，言曰：「異時關東漕粟從渭中上，度六月而罷，而漕水道九百餘里，時有難處。引渭穿渠起長安，並南山下，至河三百餘里，徑，易漕，度可令三月罷；而渠下民田萬餘頃，又可得以溉田；此損漕省卒，而益肥關中之地，得穀。」天子以為然，令齊人水工徐伯表，悉發卒數萬人穿漕渠，三歲而通。通，以漕，大便利。其後漕稍多，而渠下之民頗得以溉田矣。
>
> 其後河東守番係言：「漕從山東西，歲百餘萬石，更砥柱之限，敗亡

---

[7]　同註 1，P.32。不過史氏認為論諸實際(弘蒲)恐難(與大野、圃田)互相比擬。

[8]　同上，PP.32-33。

[9]　焦穫之名始見於詩經 小雅 六月，繼見於爾雅 釋地，的確是關中的一個澤藪。「澎池見於詩經 小雅 白華……鎬池的記載見於史記六秦始皇本紀。」(史念海，同上文，P.33)

[10]　同上，P.33。

[11]　史記 29/1408 河渠書。

甚多，而亦煩費。穿渠引汾溉皮氏、汾陰下，引河溉汾陰、蒲坂下，度可得五千頃。五千頃故盡河壖弃地，民茭牧其中耳，今溉田之，度可得穀二百萬石以上。穀從渭上，與關中無異，而砥柱之東可無復漕。」天子以為然，發卒數萬人作渠田。數歲，河移徙，渠不利，則田者不能償種。久之，河東渠田廢，予越人，令少府以為稍入。

其後人有上書欲通褒斜道及漕事，下御史大夫張湯。湯問其事，因言：「抵蜀從故道，故道多阪，回遠。今穿褒斜道，少阪，近四百里；而褒水通沔，斜水通渭，皆可以行船漕。漕從南陽上沔入褒，褒之絕水至斜，間百餘里，以車轉，從斜下下渭。如此，漢中之穀可致，山東從沔無限，便於砥柱之漕，且褒斜材木竹箭之饒，擬於巴蜀。」天子以為然，拜湯子卬為漢中守，發數萬人作褒斜道五百餘里。道果便近，而水湍石，不可漕，其後莊熊羆言：「臨晉民願穿洛以溉重泉以東萬餘頃故鹵地。誠得水，可令畝十石。」於是為發卒萬餘人穿渠，自徵引洛水至商顏山下，岸善崩，乃鑿井，深者四十餘丈。往往為井，井下相通行水。水隤以絕商顏，東至山嶺十餘里間。……穿渠得龍骨，故名龍首渠。作之十餘歲，渠頗通，猶未得其饒。

漢書 29/1684-14685 溝洫志載：

自是之後，用事者爭言水利。朔方、西河、河西、酒泉皆引河及川谷以溉田。而關中 靈軹、成國、湋渠（顏注引如淳曰：「地理志『盩厔有靈軹渠』。成國，渠名，在陳倉。湋音韋，水出韋谷。」）引諸川，汝南、九江引淮，東海引鉅定（顏注引臣瓚曰：「鉅定，澤名也。」），泰山下引汶水，皆穿鑿溉田，各萬餘頃。它小渠及陂山通道者，不可勝言也。

自鄭國渠起，至元鼎六年，百三十六歲，而兒寬為左內史，奏請穿鑿六輔渠（顏注曰：「在鄭國渠之裏，今尚謂之輔渠，亦曰六渠也。」根案：漢書 58/2630 兒寬傳顏注引韋昭曰：「六輔謂京兆、馮翊、扶風、河東、河南、河內也。」劉德曰：「於六輔界中為渠也。」師古

曰：「二說皆非。」），以益溉鄭國傍高卬之田。上曰：「農，天下之本
也。泉流灌浸，所以育五穀也。左、右內史地，名山川原甚眾，細民
未知其利，故為通溝瀆，畜陂澤，所以備旱也……令吏民勉農，盡地
利，平繇行水，勿使失時。」

後十六歲，太始二年，趙中大夫白公復奏穿渠。引涇水，首起谷口，
尾入櫟陽，注渭中，袤二百里，溉田四千五百餘頃，因名曰白渠。民
得其饒。歌之曰：「田於何所？池陽、谷口。鄭國在前，白渠起後。
舉臿為雲，決渠為雨。涇水一石，其泥數斗。且溉且糞，長我禾黍。
衣食京師，億萬之口。」言此兩渠饒也。

也有在議論後認為不可行而未做的。如哀帝時息夫躬言在長安度地勢水
泉，推廣灌溉之利。漢書 45/2182 息夫躬傳載：

息夫躬言：「秦開鄭國渠，以富國彊兵。今為京師，土地肥饒。可度
地勢水泉，廣溉灌之利。」哀帝使躬持節領護三輔都水。躬立表，欲
穿長安城，引灃注太倉下以省轉輸。議不可成，迺止。

這些引渭水為渠，穿渠引汾溉皮氏 汾陰與引河溉汾陰 蒲坂。通襃斜道
及漕，穿龍首渠和開建六輔渠與白渠，都是在漢武一朝施工完成的。其
時連續對匈奴、西域用兵，築衛朔方，經營河西；關中又因伐胡而盛養
馬，後來又安置大批關東災民到關西及新秦中，所以山西需糧更殷。

　　西漢一朝雖然特別措意於關中的水利設施，但山西地區發展的結果
仍然遠遠不及山東，後者平原面積廣大自然是主要的原因。另一個原因
是關中的河流含泥量太重，「涇水一石，其泥數斗。」（漢書 29/1685 溝
洫志）水土流失非常嚴重。「水流的沖刷不僅浸蝕了原的地形，而且也
使它自已的河床一再加深，……鄭國渠是引涇水灌溉的，……後來湮塞
不通。另外開鑿的白渠，雖是同出於同樣的目的，但並不是鄭國渠的規
模，首先是引水的渠口就不在原來的位置，……白渠後來也是一再移動
它的引水口，可見涇水沖刷的劇烈。……這種沖刷河床的情形不僅是涇
水獨有的現象，而是當地河流共有的規律。關中河流兩旁的原的數目一

道一道的加多，就是明顯的記錄。」（史念海前引文，PP.30~31）所以關中水利渠道的效用是有其局限的。

山東的水利設施，除一部份是為灌溉而建，如召信臣在南陽郡。漢書 89/3642 召信臣傳載：

> 信臣……行視郡中水泉，開通溝瀆，起水門提閼凡數十處，以廣溉灌。歲歲增加，多至三萬頃。

絕大部份的水利工程是為河決後的防塞，即解決河患的難題。「漢興三十有九年，孝文時河決酸棗，東潰金隄，於是東郡大興卒塞之。」[12]三十六年後，孝武 元光中，河又決於瓠子。漢書 29/1679-1684 溝洫志載：

> 其後三十六歲，孝武 元光中，河決於瓠子，東南注鉅野，通於淮、泗。上使汲黯、鄭當時興人徒塞之，輒復壞。是時武安侯 田蚡為丞相，其奉邑食鄃。鄃居河北，河決而南則鄃無水災，邑收入多。蚡言於上曰：「江 河之決皆天事，未易以人力彊塞，強塞之未必應天。」而望氣用數者亦以為然，是以久不復塞也。……自河決瓠子後二十餘歲，歲因以數不登，而梁 楚之地尤甚。……上乃使汲仁、郭昌發卒數萬人塞瓠子決河。……令群臣從官自將軍以下皆負薪寘決河。……於是卒塞瓠子，築宮其上，名曰宣防。而道河北行二渠，復禹舊迹，而梁 楚之地復寧，無水災。

漢武塞宣防後，黃河復北決於館陶，分為屯氏河，東北經魏郡、清河、信都、勃海入海，廣深與大河等，所以因其自然，不再隄塞；此河開通後，館陶東北的四五郡雖亦時小被水害，而兗州以南潁川、淮陽、汝南、梁、沛六郡遂無水患。[13]宣帝 地節中自己親政後，使光祿大夫郭昌巡行黃河，北曲三所水流之勢都邪直貝丘縣，恐水盛時，隄防不能禁，於是各穿直渠，經東郡，直向東流，不令北曲，渠道果然發揮效用。[14]元帝 永

---

[12]　漢書 29/1678 溝洫志。

[13]　同上，P.1686-87。

[14]　同上。

光五年（39 B.C.）黃河又在清河郡 靈鳴犢口決，屯氏河就此乾絕。成帝初，清河郡都尉馮逡奏言「復穿渠東行」的方略不用。三年後，黃河果在館陶及東郡 金隄決口，泛溢兗、豫，流入平原、千乘、濟南，凡灌四郡三十二縣，河隄使者王延世設計隄防阻塞。二年後，黃河又再在平原郡決口，流入濟南、千乘二郡。成帝 鴻嘉四年（17 B.C.）黃河又在勃海、清河、信都三郡泛濫，灌沒三十一縣。[15]築防雍塞，自然不能徹底解決黃河的水患。西漢晚期因為國勢漸衰，大規模的水利工程就不僅見了。西漢全盛時期的水利設施幾乎大都在山西 山東兩區，所不同的是山西以通漕和灌溉為主，山東則主要在解決河患。

　　西漢的工商業的分布也以山西 山東為主。山西的商業發展，主要是由於都城所在，秦統一後即遷六國貴族於關中，漢繼行三選七遷之策，四方輻湊，並至而會，需求增加。隴 蜀的貨物是經由關中集散的，即史記 129/3261-3262 貨殖列傳所說的「隙隴 蜀之貨物而多賈。……（巴蜀亦沃野）然四塞，棧道千里，無所不通，唯襃斜綰轂其口，……西有羌中之利，北有戎 翟之畜，畜牧為天下饒。然地亦窮險，唯京師要其道。故關中之地，於天下三分之一，而人眾不過什三，然量其富，什居其六。」山東是漢代人口分佈最密的地方（詳下），又是主要的農業區域，工商業自然最為發達。史記 129/3262-3265 貨殖列傳所說：「三河在天下之中，……王者所更居也，建國各數百千歲，土地小狹，民人眾，都國諸侯所聚會，故其俗纖儉習事。楊、平陽西賈秦、翟，（根案：陽下原有「陳」字，從司馬貞索隱省。）北賈種、代。……邯鄲亦漳、河之間一都會也。北通燕、涿，南通鄭、衛。燕亦勃、碣之間一都會也。南通齊、趙，東北邊胡。……北鄰烏桓、夫餘，東綰穢貉、朝鮮、真番之利。洛陽東賈齊、魯，南賈梁、楚。……臨菑亦海 岱之間一都會也。」勞貞一先生認為「最值得注意的是漢代的濟陰郡，郡界不過相當現在曹州附近四縣的地方，而人口卻就有一百三十多萬；他的發展，自然和各方面的農工商都有關係。……可知陶的發展，就因為地方適中和交通便

15　同上，PP.1688-90。

利的關係。」[16]另外，我們從西漢鐵官、銅官、金官、鹽官、工官和服官的分布，也可以得到山西、山東工商業發達的佐證。

漢書地理志所載鐵官銅官金官分布表

郡縣名	備註	郡縣名	備註
京兆　　鄭縣	28 上/1544	山陽	28 上/1570
左馮翊　夏陽	28 上/1545	沛郡　　沛	28 上/1572
右扶風　雍縣	28 上/1547	魏郡　　武安	28 上/1574
右扶風　　漆	28 上/1547	常山　　都鄉	28 上/1576
弘農　　黽池	28 上/1549	涿郡	28 上/1577
河東　　安邑	28 上/1550	千乘　　千乘	28 上/1580
河東　　皮氏	28 上/1550	濟南　　東平陵	28 上/1581
河東　　平陽	28 上/1550	歷城	28 上/1581
河東　　　絳	28 上/1550	泰山　　嬴	28 上/1582
太原　　大陵	28 上/1552	齊郡　　臨菑	28 上/1583
河內　　隆慮	28 上/1554	東萊　　東牟	28 上/1585
河南	28 上/1555	琅邪	28 上/1585
潁川　　陽城	28 上/1560	東海　　下邳	28 上/1588
汝南　　西平	28 上/1562	東海　　朐	28 上/1588
南陽　　宛	28 上/1563	臨淮　　鹽瀆	28 上/1589
盧江　　皖	28 上/1569	臨淮　　堂邑	28 上/1590
丹陽	銅官 28 上/1592	中山國　北平	28 下/1632
桂陽	金官 28 上/1594	膠東國　郁秩	28 下/1635
漢中　　沔陽	28 上/1596	城陽國　莒	28 下/1635
蜀　　　臨邛	28 上/1598	東平國	28 下/1637
犍為　　武陽	28 上/1599	魯國　　魯	28 下/1637
犍為　　南安	28 上/1599	楚國　　彭城	28 下/1638
隴西	28 下/1610	廣陵國	28 下/1638
漁陽　　漁陽	28 下/1623		

---

[16]　同注 6，P.183。

郡縣名	備註	郡縣名	備註
右北平　夕陽	28 下/1624		
遼東　　平郭	28 下/1626		

全國共設鐵官四十七個，山西有十個，山東有二十九個，（河東郡有四個，東海郡有二個）巴 蜀有四個，長江中下游四個，不過長江中下游丹陽有銅官一，桂陽有金官。[17]

漢書地理志所載鹽官分布表

郡縣名	備註
河東　　安邑	28 上/1550
太原　　晉陽	28 上/1551
勃海　　章武	28 上/1579
千乘	28 上/1580
北海　　壽光	28 上/1583
北海　　都昌	28 上/1583
東萊　　㟱	28 上/1585

---

[17] 王先謙漢書補注 28 上三/772B 地理志桂陽郡條曰：「官本金作鐵。引宋祁曰鐵官，邵本作金官。徐松云：宋本作鐵官。」根按：百納本前漢書 地理志 8/1653B：「桂陽郡有金官。」又後漢書 76/2459 循吏 衛颯傳載：「耒陽縣出鐵石，佗郡民庶常依因聚會，私為冶鑄，遂招來亡命，多致姦盜。颯乃上起鐵官，罷斥私鑄，歲所增入五百餘萬。」衛颯 建武初任桂陽郡太守，上疏請起鐵官，(非請「復鐵官」)亦可證西漢 桂陽郡本無鐵官。故本文仍作金官計。因漢書 地理志體例不純，自西漢會要至晚近各家統計之西漢鐵、鹽、工官出入頗大。近人中以楊遠「西漢鹽、鐵、工官的地理分佈」(香港中文大學中國文化研究所學報第九期上冊，1978)用力最深。楊氏考得鹽官 45，鐵官 53，工官 9。惟楊氏已註明鹽官中兩處存疑，鐵官中五處存疑。且其所據有甚晚出之方志資料，如 P.228 云：「『民國宜良縣志四食貨 志物產：鐵礦在城西十五里鐵礦山產鐵最旺，開採多年，今廢。』疑西漢同郡同縣亦產鐵。」根按：考證鐵官絕不可用早期或後來之記載，因鐵礦開採會枯竭，西漢之前有鐵不能證西漢時必有鐵；同理，其後有鐵產，亦不能證西漢時必有鐵，因西漢時礦藏可能尚未發現。又楊氏考得西河郡 鹽官縣有鹽官，亦有商榷餘地，探漢書 地理志此鹽官係縣名，非謂設置之「鹽官」。故本文概不採其說。

郡縣名		備註
東萊	曲成	28 上/1585
東萊	東牟	28 上/1585
東萊	當利	28 上/1585
東萊	昌陽	28 上/1585
琅邪	海曲	28 上/1585
琅邪	計斤	28 上/1586
琅邪	長廣	28 上/1586
鉅鹿	堂陽	28 上/1575
會稽	海鹽	28 上/1591
蜀	臨邛	28 上/1598
犍為	南安	28 上/1599
巴郡	胸忍	28 上/1603
隴西	西縣[18]	28 下/1610
安定	三水	28 下/1615
北地	弋居	28 下/1616
上郡	獨樂	28 下/1617
上郡	龜茲	28 下/1617
西河	富昌	28 下/1618
五原	成宜	28 下/1619
雁門	樓煩、沃陽[19]	28 下/1621
漁陽	泉州	28 下/1624
遼西	海陽	28 下/1625
遼東	平郭	28 下/1626
南海	番禺	28 下/1628
蒼梧	高要	28 下/1629
南郡	巫	28 上/1566

---

[18]　今本漢書 地理志無縣名，此係嚴歸田先生考得。(中國地方行政制度史上編一卷上,P.197。)

[19]　沃陽縣有鹽官，亦係嚴歸田先生據後漢書 彭寵傳考得(同上引書，pp.197-198)。

郡縣名	備註
益州　　連然	28 上/1601
朔方　　沃壄	28 下/1619

　　西漢全國鹽官共三十六個，山西有十二個，山東十六個，長江中下游及南海四個，巴蜀四個。鹽官也以山西、山東兩區佔絕大多數。

漢書地理志所載工官、服官、木官分布表

郡縣名	備註
河內　　懷	28 上/1554
河南	28 上/1555
陳留　　襄邑（服官）	28 上/1558
潁川　　陽翟	28 上/1560
南陽　　宛	28 上/1563
南郡　　　　（發弩官）	28 上/1566
廬江　　　　（樓船官）	28 上/1568
泰山　　奉高	28 上/1581
濟南　　東平陵	28 上/1581
齊郡　　臨菑（服官）	28 上/1583
廣漢　　雒	28 上/1597
蜀　　　成都	28 上/1598
蜀　　　嚴道（木官）	28 上/1598

　　西漢全國工官八個，有六個在山東，二個在巴 蜀。服官二個全在山東。木官一個在巴 蜀，發弩官、樓船官各一都長江中下游。

　　漢代官府工場，除上述鐵官、銅官、金官、鹽官、服官、木官……外，京師尚有東西織室及三工官，此類官府工場的規模可由元帝時貢禹疏看到。漢書 72/3070 貢禹傳載：

> ……故時齊三服官輸物不過十笥，方今齊三服官作工各數千人，一歲費數鉅萬。蜀 廣漢主金銀器，歲各用五百萬。三工官官費五千萬，東西織室亦然。

另一規模龐大之官府工場當是設於長安 上林苑之鑄幣機構。西漢貨幣的難題自漢初至武帝始得徹底解決。史記 30/1425-1435 平準書：

> 自孝文更造四銖錢，至是歲四十餘年，從建元以來，用少，縣官往往即多銅山而鑄錢，民亦間盜鑄錢，不可勝數。錢益多而輕，物益少而貴。……乃以白鹿皮方尺，緣以藻繢，為皮幣，直四十萬。王侯宗室朝覲聘享，必以皮幣薦璧，然後得行。又造銀錫為白金。……令縣官銷半兩錢，更鑄三銖錢，文如其重。盜鑄諸金錢罪皆死，而吏民之盜鑄白金者不可勝數。……有司言三銖錢輕，易姦詐，乃更請諸郡國鑄五銖錢，周郭其下，令不可磨取鎔焉。……自造白金五銖錢後五歲，赦吏民之坐盜鑄金錢死者數十萬人。其不發覺相殺者，不可勝計。赦自出者百餘萬人。然不能半自出，天下大抵無慮皆鑄金錢矣。……郡國多姦鑄錢，錢多輕，而公卿請令京師鑄鍾官赤側，一當五，賦官用非赤側不得行。……其後二歲，赤側錢賤，民巧法用之，不便，又廢。於是悉禁郡國無鑄錢，專令上林三官鑄。（集解引漢書 百官表：「水衡都尉，武帝 元鼎二年初置，掌上林苑，屬官有上林均輸、鍾官、辨銅令。」然則上林三官，其是此三令乎？）錢既多，而令天下非三官錢不得行，諸郡國所前鑄錢皆廢銷之，輸其銅三官。

（二）山西對山東糧食之依賴、西漢對山東之倚重

關中雖然號稱陸海，為秦 漢主要農業區域之一，但自建都長安後，本地區出產的糧食即不敷需求，要仰賴東方的漕運，巴 蜀的轉輸。這可能自秦始皇時已開始，如秦始皇八年（239 B.C.）即因大水災而須向東方就食。史記 6/225~226 秦始皇本紀載：

> （八年）河魚大上（正義：始皇八年，黃河之魚西上入渭，渭，渭水也。索隱謂河水溢，魚大上平地，亦言遭水害也。）輕車重馬東就食。

二世元年，山東兵起，右丞相去疾，左丞相李斯、將軍馮劫皆認為其原因就是戍漕轉作事苦，賦稅重的緣故。史記 6/271 秦始皇本紀記二世時：

盜賊益多，而關中卒發東擊盜者毋已。右丞相去疾、左丞相斯、將軍馮劫進諫曰：「關東群盜竝起，秦發兵誅擊，所殺亡甚眾，然猶不止。盜多，皆以戍漕轉作事苦，賦稅大也。請且止阿房宮作者，減省四邊戍轉。

漢都長安後，漕轉山東粟由漢初的數十萬石，遞增至後來的六百萬石。原因是官府機構的膨漲，伐匈奴、西羌，築朔方，安置降虜，為伐胡而盛養馬，經營河西四郡（先是軍屯，有績效後改為民屯），山東水災，徙貧民於關西及充朔方以南新秦中。史記 30/1418-41 平準書載：

（漢初）漕轉山東粟，以給中都官，歲不過數十萬石。……及王恢設謀馬邑，匈奴絕和親，侵擾北邊，兵連而不解。……其後漢將歲以數萬騎出擊胡，及車騎將軍衛青取匈奴 河南地，……又興十餘萬人築衛朔方，轉漕甚遼遠，自山東咸被其勞，費數十百巨萬，府庫益虛。…（元朔五年）漢遣大將將六將軍，軍十餘萬，擊右賢王，獲首虜萬五千級。明年，大將軍將六將軍仍再出擊胡，得首虜萬九千級。……虜數萬人皆得厚賞，衣食仰給縣官。……天子為伐胡，盛養馬，馬之來食長安者數萬匹，……而胡降者皆衣食縣官。……其明年，山東被水菑，民多飢乏，於是天子遣使者虛郡國倉廥以振貧民。猶不足，又募豪富人相貸假。　尚不能相救，乃徙貧民於關以西，及充朔方以南新秦中（集解引瓚曰：「秦逐匈奴以收河南地，徙民以實之，謂之新秦。今以地空，故復徙民以實之。」）七十餘萬口，衣食皆仰給縣官數歲。……其沒入奴婢，分諸苑養狗馬禽獸，及與諸官。諸官益雜置多，徒奴婢眾，而下河漕度四百萬石，及官自糴乃足。……又數萬人渡河築令居。（索隱引韋昭云：金城縣。）初置張掖、酒泉郡（集解引徐廣曰：元鼎六年。），而上郡、朔方、西河、河西開田官，斥塞卒六十萬人戍田之。中國繕道餽糧，遠者三千，近者千餘里，皆仰給大農。……（桑）弘羊又請令吏得入粟補官，及罪人贖罪。令民能入粟甘泉各有差，以復終身，不告緡。他郡各輸急處（索隱：謂他郡能入粟，輸所在急要之處也。），而諸農各致粟，山東漕益歲六百萬石，

一歲之中，太倉、甘泉 倉滿。邊餘穀諸物均輸帛五百萬匹。

惟其如此，西漢特別注意關中之水利，如前節所引武帝時大司農鄭當時穿直渠，河東守番係穿渠引汾溉皮氏，引河溉汾陰，甚至朔方也動員數萬人穿渠，[20]都是為解決山西糧食的需求的。西漢朝臣也努力創新耕種技術與方法。如漢書 24 上 1137 食貨志載董仲舒請武帝令關中推廣種麥。他說：

> 春秋它穀不書，至於麥禾不成則書之，以此見聖人於五穀最重麥與禾也。今關中俗不好種麥，……願陛下幸詔大司農，使關中民益種宿麥，令毋後時。

新的耕種技術，農具必率先在關中實驗和推廣。如搜粟都尉趙過發明代田法。漢書 24 上/1138-39 食貨志載：

> 過能為代田，一晦三甽。歲代處，故曰代田，古法也。后稷始甽田，以二耜為耦，廣尺深尺曰甽，長終晦。一晦三甽，一夫三百甽，而播種於甽中。苗生葉以上，稍耨隴草，因隤其土以附苗根。……言苗稍壯，每耨輒附根，比盛暑，隴盡而根深，能風與旱，……其耕耘下種田器，皆有便巧。率十二夫為田一井一屋，故晦五頃，用耦犁，二牛三人，一歲之收常過縵田晦一斛以上，善者倍之。

趙過並教田太常所主的諸陵以及三輔區域，大農並製作農器。漢書 24 上/1139 食貨志載：

> 過使教田太常（補注引蘇林曰：太常主諸陵，有民，故亦課田種也。）、三輔，大農置工巧奴與從事，為作田器。二千石遣令長、三老、力田及里父老善田者受田器，學耕種養苗狀。民或苦少牛，亡以趨澤，故平都令光教過以人輓犁。過奏光以為丞，教民相與庸輓犁。率多人者田日三十晦，少者十三晦，以故田多墾闢。過試以離宮卒田其宮壖地，課得穀皆多其旁田晦一斛以上。令命家田三輔公田。又教邊郡及居延

---

[20]　史記 30/1424 平準書。

城。是後邊城，河東、弘農、三輔、太常民皆便代田，用力少而得穀多。

成帝時議郎氾勝之為三輔田官，推廣區種法。賈思勰齊民要術載氾勝之書曰：

> 湯有旱災，伊尹作為區田，教民糞種，負水澆稼。區田以糞氣為美，非必須良田也。諸山陵近邑，高危傾陂及丘域上皆可為區田。區田不耕旁地，庶盡地力。……上農夫區種法，區方深各六寸，間相去九寸，一畝三千七百區，一日作千區，區種粟二十粒，美糞一升，合土和之，畝用種二升，秋收，區別三升粟，畝收百斛。丁男長女治十畝，十畝收千食，歲食三十六石，支二十年。……

宣帝五鳳四年（54 B.C.），大司農中丞耿壽昌倡設的常平倉也是因應減少漕運的措施。漢書24 上/1141 食貨志載：

> 宣帝即位……穀至石五錢，農人少利。時大司農中丞耿壽昌以善為算能商功利得幸於上，五鳳中奏言：「故事，歲漕關東穀四百萬斛以給京師，用卒六萬人。宜糴三輔、弘農、河東、上黨、太原郡穀，足供京師，可以省關東漕卒過半。」……漕事果便。

凡此種種都是為減少關東的漕運而設的。

因為漢朝對關東糧食的仰賴，所以終西漢一朝都極端重視關東。在漢書 本紀上面邊郡的災荒往往不大理會，而關東的災荒則大書特書；其實邊郡大都在高原和沙漠，雨量自然遠不及關東，災荒應當較關東為頻繁，但因為人口稀少和糧食出產不及關東的重要，所以闕而不書了。[21]茲繪西漢時期山東郡國災荒表如下：

21　同注 6，P.184

史記漢書所載山東郡國災荒表

時間	災情	備註
文帝十二年 (160B.C.)冬十二月	河決東郡。(根案：史記 30/1424 載河決觀。集解引徐廣曰：觀，縣名也，屬東郡。)梁 楚之地固已數困，而緣河之郡隄塞河，輒決壞。	漢書 4/123
武帝建元三年 (138.B.C.)春	河水溢于平原，大飢，人相食。	漢書 6/158
元光三年 (132B.C.)春	河水徙，從頓丘東南流入勃海。	漢書 6/163
元狩三年 (120B.C.)	山東被水菑，民多飢乏，於是天子遣使者虛郡國倉廩以振貧民。猶不足，又募豪富人相貸假。尚不能相救。乃徙貧民於關以西及充朔方以南新秦中七十餘萬口。	史記 30/1425
	遣謁者勸有水災郡種宿麥。舉吏民能假貸貧民者以聞。	漢書 6/177
元鼎二年三月 (115B.C)	夏大水，關東餓死者以千數。……遣博士中等分循行關東大水。(元鼎二年，平原、勃海、太山、東郡溥被災害，民餓死於道路。)	漢書 6/182 漢書 74/3137
元封四年中 (107B.C.)	關東流民二百萬口，無名數者四十萬。公卿議欲請徙流民於邊以適之。……上報曰：「間者，河水滔陸，泛濫十餘郡，隄防勤勞，弗能陻塞。……」	漢書 46/2197-2198
元帝初元元年 (48B.C.)九月	關東郡國十一大水，饑，或人相食。	漢書 9/280

時間	災情	備註
初元二年 (47B.C.)	關東饑，齊地人相食。	漢書 9/282
永光五年 (44B.C.)秋	潁川水出，流殺人民	漢書 9/293
成帝建始四年 (29B.C.)五月	大水，河決東郡金隄。	漢書 10/308
陽朔二年 (23B.C)秋	關東大水	漢書 10/313
平帝元始二年 (2A.D.)	郡國大旱，蝗，青州尤甚。	漢書 12/353
王莽始建國三 年(11A.D.)	河決魏郡，泛清河以東數郡。	漢書 99 中/4127
天鳳三年 (16A.D.)二月	大雨雪，關東尤甚，深者一丈，竹柏或枯。	漢書 99 中/4141

（三）人口之分布

　　西漢 平帝 元始二年(2A.D.)，全國人口為 59,594,978。山西區人口為 7,051,128，佔全國 11.8317%。山東區人口為 34,561,311，佔全國人口 57.9938%。山東人口之密集於此可見。

　　下列山西、山東人口分布表之口數引自中華書局標點本漢書 地理志，再校以武英殿本與百納本。

西漢山西人口分布表					
郡國	口數	佔總人口比例	郡國	口數	佔總人口比例
京兆	682,468	1.1452%	安定	143,294	0.2404%
左馮翊	917,822	1.5401%	北地	210,688	0.3535%
右扶風	836,070	1.4029%	太原	680,488	1.1419%
弘農	475,954	0.7986%	上黨	337,766	0.5668%
河東	962,912	1.6158%	上郡	606,658	1.0180%

西漢山西人口分布表					
郡國	口數	佔總人口比例	郡國	口數	佔總人口比例
隴西	236,824	0.3974%	西河	698,836	1.1726%
天水	261,348	0.4385%			
				7,051,128	11.8317%

西漢山東人口分布表					
郡國	口數	佔總人口比例	郡國	口數	佔總人口比例
河南	1,740,279	2.9202%	平原	664,543	1.1151%
河內	1,067,097	1.7906%	千乘	490,720	0.8234%
潁川	2,210,973	3.7100%	濟南	642,884	1.0788%
汝南	2,596,148	4.3563%	齊郡	554,444	0.9304%
沛郡			北海	593,159	0.9953%
梁國	2,938,520	4.9308%	東萊	502,693	0.8435%
山陽			淄川	227,031	0.3810%
魏郡			膠東	323,331	0.5425%
鉅鹿			高密	192,536	0.3231%
廣平	3,115,196	5.2273%	涿郡	782,764	1.3135%
清河			勃海	905,119	1.5188%
信都			廣陽	70,658	0.1186%
魯國	607,381	1.0192%	南陽	1,942051	3.2587%
常山	677,956	1.1376%	泰山	726,604	1.2192%
趙國	349,952	0.5872%	城陽	205,784	0.3453%
真定	178,616	0.2997%	淮陽	981,423	1.6468%
中山	668,080	1.1210%	東平	607,976	1.0202%
河間	187,662	0.3150%	琅邪	1,079,100	1.8107%
東郡	1,659,028	2.7838%	東海	1,559,357	2.6166%
陳留	1,509,050	2.5322%	楚國	497,804	0.8353%
濟陰	1,386,278	2.3262%	泗水	119,114	0.1999%
				34,561,311	57.9938%

（四）政治、學術人才之分布

　　自春秋 戰國以來，齊 魯為中國學術中心所在，學術人才的分布也大部分在山東。(見貳、緒論第一章)漢建都長安，漢武以後又設置太學，漸次亦成學術中心之一。政治人才則分：「西漢丞相籍貫分布表」（PP.63-65）、「山東人士任守相刺史表」、「山西人士任守相刺史表」統計之。

　　西漢全國丞相 45 人，山東區域多達 31 人，山西區域 7 人，北方邊郡 1 人，籍貫不詳者 6 人。「山東出相，山西出將」洵非虛言。漢書 28 下/1663 地理志「漢興以來，魯東海多至卿相。」魯有丞相 4 人，東海有丞相 4 人。漢志所言確合乎史實。根據嚴歸田先生兩漢太守刺史表作成的「西漢山東人士任守相刺史表」（PP.206-217）與「西漢山西人士任守相刺史表」（PP.218-224）中，西漢守相有籍可考者共 359 人，山東人士有 193 人，山西人士有 130 人；西漢刺史有籍可考者共 56 人，山西有 17 人，山東有 29 人，都證明山東人士之多，而山西區域中又多集中在三輔區，許多且是東方遷來的。

西漢丞相籍貫分布表

姓名	籍貫	備註	姓名	籍貫	備註
蕭何	沛郡 沛	漢書 39/2005	蔡義	河內 溫	漢書 66/2898
*韓信	臨淮 淮陰	史記 92/2619	韋賢	魯國 鄒	地理志作騶，見漢書 28 下/1637，73/3101
曹參	沛郡 沛	漢書 39/2013	魏相	濟陰 定陶	漢書 74/3133
王陵	沛郡 沛	漢書 40/2046	丙吉	魯國	漢書 74/3142
陳平	河南 陽武	漢書 40/2038	黃霸	淮陽 陽夏	漢書 89/3627
審食其	沛郡 沛	漢書 40/2048	于定國	東海 郯	漢書 71/3041
周勃	沛郡 沛	漢書 40/2050	韋玄成	魯國 鄒	韋賢子，見漢書 73/3107

姓名	籍貫	備註	姓名	籍貫	備註
灌嬰	梁國 睢陽	漢書 41/2080	匡衡	東海 承	漢書 81/3331
張蒼	河南 陽武	漢書 42/2093	王商	涿郡 蠡吾	漢書 82/3369
申屠嘉	梁國	漢書 42/2100	張禹	河內 軹	漢書 81/3347
陶青	不詳		薛宣	東海 郯	漢書 83/3385
周亞夫	沛郡 沛	漢書 40/2060	翟方進	汝南 上蔡	漢書 84/3411
劉舍	不詳	其先桃安侯劉襄，從漢王二年起定陶，見漢書 16/614	孔光	魯國	孔子之後，見漢書 81/3352
衛綰	代郡 代	漢書 46/2200	朱博	京兆 杜陵	漢書 83/3398
竇嬰	信都 觀津	漢書 52/2375	平當	梁國 下邑	漢書 71/3048
許昌	不詳	其先柏至靖侯許盎，從起昌邑，見漢書 16/580	王嘉	右扶風 平陵	漢書 86/3488
田蚡	左馮翊 長陵	景帝王皇后同姐弟，母臧兒先為槐里(右扶風)王仲妻，後嫁為長陵田氏婦，生蚡，見漢書 52/2377，97 上/3945-6	馬宮	東海 戚	漢書 81/3365
			平晏	梁國下邑	平當子，漢書 71/3051
薛澤	不詳	其先廣平敬侯薛歐，以舍人從起豐，見漢書 16/536			
公孫弘	菑川 薛	地理志屬魯國，見漢書 28 下/1637，58/2613			
李蔡	隴西 成紀	李廣從弟，見漢			

姓名	籍貫	備註	姓名	籍貫	備註
		書 54/2446			
嚴青翟	不詳	其先武疆嚴侯嚴不職，以舍人從起沛，見漢書 16/557			
趙周	不詳	漢書 6/187			
石慶	右扶風 茂陵	石奮父趙人，後徙溫，再徙長安，最後徙居茂陵陵里，見本傳，漢書 46			
公孫賀	北地 義渠	漢書 66/2877			
劉屈氂	沛郡 沛	中山靖王子，見漢書 66/2879			
田千秋	左馮翊 長陵	其先齊諸田，徙長陵，見漢書 66/2883			
王訢	濟南郡	漢書 66/2887			
楊敞	京兆 華陰	漢書 66/2888			

*根案：雖史記 92/2619 淮陰侯列傳載：「（漢三年 204B.C.）六月，……漢王奪（張耳、韓信）兩人軍，即令張耳備守趙地，拜韓信為相國，收趙兵未發者擊齊。」實則丞相仍為蕭何，漢王襲奪韓信軍，以虛位寵之。漢書（19 下/746）百官公卿表第七下即未收入，本表應剔除韓信。又漢書（3/99）高后紀「（七年，181B.C.）……以梁王 呂產為相國。」而丞相為陳 平。漢書 百官公卿表未收入。故本表亦未列入呂產。

二、兩區對建都及邊疆政策之分歧——附論兩區人士在政治地位上之差別

因地域的不同、利益的衝突，對國家一些政策自然會有輕重緩急不同的主張；更遑論遠見和短視，進取和保守，先知和後覺這些個人因素了。古今中外這類例子多至不勝枚舉。西漢一代，山東山西對建都和邊疆政策有很大的岐異是毫不足怪的。

（一）建都之論辯

關中形勢的重要，有遠見的人士早已看出。如蘇秦說秦惠王曰：「秦四塞之國，被山帶渭，東有關 河，西有漢中，南有巴 蜀，北有代 馬，此天府也。」[22]劉邦入關後，即有人勸他急使兵守函谷關。史記 8/364 高祖本紀載：

> 或說沛公曰：「秦富十倍天下，地形彊。今聞章邯降項羽，項羽乃號為雍王，王關中。今則來，沛公恐不得有此。可急使兵守函谷關，無內諸侯軍，稍徵關中兵以自益，距之。」沛公然其計，從之。

項羽進入咸陽後，也有人勸其定都該地。史記 7/315 項羽本紀載：

> 人或說項王曰：「關中阻山河四塞，地肥饒，可都以霸。」

可惜縈迴項羽腦際的仍是諸王並立的戰國局面，對秦帝國毫無認識，自然更不會有繼承秦帝國的壯志。這是項羽事業成敗的關鍵，韓信在登壇對中即已闡明。漢高祖初亦定都山東 雒陽，因為他的功臣都主張建都在接近他們家鄉的地方，幸有遠見的婁敬和張良指出都雒之缺失。史記 99/2715-2717 劉敬列傳載：

> 婁敬說曰：「陛下都洛陽，豈欲與周室比隆哉？……臣竊以為不侔也。且夫秦地被山帶河，四塞以為固，卒然有急，百萬之眾可具也。因秦之故，資甚美膏腴之地，此所謂天府者也。……山東雖亂，秦之故地可全而有也。……今陛下入關而都，案秦之故地，此亦搤天下之亢而拊其背也。」高帝問群臣，群臣皆山東人，爭言周王數百年，秦二世

22　史記 69/2242 蘇秦列傳。

即亡，不如都<u>周</u>。上疑未能決。及<u>留侯</u>明言入<u>關</u>便，即日車駕西都<u>關中</u>。

又<u>史紀</u> 55/2043~2044 <u>留侯世家</u>亦載此事曰：

<u>劉敬</u>說<u>高帝</u>曰：「都<u>關中</u>。」上疑之。左右大臣皆<u>山東</u>人，多勸上都<u>雒陽</u>：「<u>雒陽</u>東有<u>成皋</u>，西有<u>殽 黽</u>，倍<u>河</u>，向<u>伊</u>、<u>雒</u>，其固亦足恃。」<u>留侯</u>曰：「<u>雒陽</u>雖有此固，其中小，不過數百里；田地薄，四面受敵，此非用武之國也，夫<u>關中</u>左<u>殽 函</u>，右<u>隴 蜀</u>，沃野千里，南有<u>巴 蜀</u>之饒，北有<u>胡</u>苑之利，阻三面而守，獨以一面東制諸侯。諸侯安定，<u>河 渭</u>漕輓天下，西給京師；諸侯有變，順流而下，足以委輸。此所謂金城千里，天府之國也，<u>劉敬</u>說是也。」於是<u>高帝</u>即日車駕西都<u>關中</u>。

其時<u>關中</u>的形勢並非十分安全，因為<u>秦</u>末<u>中國</u>擾亂時，<u>匈奴</u>復振，而且又出了勇武智慧並著的<u>冒頓單于</u>。<u>史記</u> 110/2887-2890 <u>匈奴列傳</u>載：

<u>蒙恬</u>死，諸侯畔<u>秦</u>，<u>中國</u>擾亂。諸<u>秦</u>所徙適戍邊者皆復去，於是<u>匈奴</u>得寬，復稍度<u>河南</u>與<u>中國</u>界於故塞。……(<u>冒頓</u>滅<u>東胡王</u>。)西擊走<u>月氏</u>，南并<u>樓煩</u>、<u>白羊 河南王</u>。悉復收<u>秦</u>所使<u>蒙恬</u>所奪<u>匈奴</u>地者，與<u>漢</u>關故<u>河南</u>塞，至<u>朝那</u>、<u>膚施</u>，遂侵<u>燕</u>、<u>代</u>。

<u>匈奴 河南 白羊</u>、<u>樓煩王</u>離<u>長安</u>近的只有七百里，輕騎一天一夜就可以到達<u>秦中</u>。<u>史記</u> 99/2719 <u>劉敬列載</u>載：

<u>劉敬</u>從<u>匈奴</u>來，因言：「<u>匈奴 河南 白羊</u>、<u>樓煩王</u>，去<u>長安</u>近者七百里，輕騎一日一夜可以至<u>秦中</u>。」

所以<u>漢高祖</u>能接受<u>劉敬</u>和<u>張良</u>的建議，毅然於當天車駕西馳<u>關中</u>，實在有無比的勇氣和政治智慧。<u>漢書</u> 1 下/59 <u>高帝紀</u>載：

(<u>高祖</u>六年十二月)<u>田肯</u>賀上曰：「(陛下)又治<u>秦中</u>。(<u>顏</u>注曰：治謂都之也。<u>秦中</u>謂<u>關中</u>，<u>秦</u>地也。)<u>秦</u>，形勝之國也，帶<u>河</u>阻山，懸隔千里，持戟百萬，<u>秦</u>得百二焉。地勢便利，其以下兵於諸侯，譬猶居高屋之上建瓴水也。……」

但是一般鄙陋的山東儒生就無此認識了。直至元帝時仍有東海 下邳人翼奉建議因天變徙都雒陽，以「西遠羌 胡之難」。漢書75/3171-76 翼奉傳載：

> 是歲，關東大水，郡國十一飢，疫尤甚。……明年二月戊午，地震。其夏，齊地人相食。七月己酉，地復震。……(奉奏封事曰：「……」)上復延問以得失。……乃上疏曰：「……願陛下徙都於成周。左據成皋，右阻黽池，前鄉崧高，後介大河，建榮陽，扶河東，南北千里以為關，而入敖倉，地方百里者八九，足以自娛。東厭諸侯之權，西遠羌 胡之難。陛下共己亡為，按成周之居……故願陛下遷都正本。……」

可見有的山東人士始終盼望能遷都東方。

事實上，「洛陽處天下之中，為四戰之地，古來欲取天下者，洛陽在所必爭；欲守天下者，洛陽也宜控制。周定都鎬京，而經營洛邑，鎬京 洛邑同為王畿之地。漢雖定都長安，而以三河為司隸，洛陽亦受中央的直接統治。……漢由關中控制三河，再由洛陽控制洛陽以東，漢家基礎的穩定，不能不歸功於劉敬的建議。」[23]都長安，可以輕易控制洛陽、山東；都洛陽，則無法控制山西。東漢都洛即證明此點。（說詳下篇）

（二）西漢初期功臣集團對政權之控制、官僚集團之崛起、山西人才之被抑制

西漢初期政權控制在淮 泗的功臣集團手中。呂后當政時期諸呂政治勢力的驟然膨脹，自然不是他們所心甘情願的。「所以，呂后一死，齊國便出兵西指，這次事變可以說是功臣派的主謀，而由宗室執行任務。……諸呂在『不當為王』與『欲為亂』的罪名，盡被竄除。……他們這次與諸呂的火併，最基本的原因，是在政治權位的爭奪。」[24]此後

23　薩孟武：中國社會政治史第一冊，P.109。

24　傅樂成：「西漢的幾個政治集團」，臺灣大學傅故校長斯年紀念論文集，1952，6。

周勃、陳平等人更成為支配朝政之中心人物，強化了漢初功臣執政的列侯政治。在西漢初期非列侯不得為相，而封侯者多是功臣，政治也一直操縱在功臣集團手中。所謂「漢興二十餘年，天下初定，公卿皆軍吏。」（漢書42/2098 張蒼傳）」這一直要到功臣逐漸凋謝，他們的第二代第三代後繼無人，同時漢武時期官僚政治逐漸成立才慢慢改變。

秦人在子嬰時連遭兩次巨變，劉邦長驅入關，約法三章，盡易秦法，宣言當王關中，正驚魂甫定之際，又傳來項羽統率諸侯的軍隊進入關中，而隨章邯投降的三秦子弟悉數在新安被坑，隨著燒咸陽，焚阿房。漢王定三秦之次年，關中鬧大飢荒，一半人民因而餓死。漢書 1 上/38 高帝紀載：

> 漢二年，關中大饑，米斛萬錢，人相食。令民就食蜀漢。

楚 漢之際，徵兵徵到連老弱和未成年的都不能倖免。史記53/2014-16 蕭相國世家載：

> （蕭）何守關中，……計戶口，轉漕給軍，漢王數失軍遁去，何常興關中卒，輒補缺。……漢與楚相守滎陽數年，軍無見糧，蕭何轉漕關中，給食不乏。

漢書 1 上/37 高帝紀載：

> 發關中老弱未傅者悉詣軍。

漢高祖雖然聽從蕭何的設計，從進入漢中起，將官制逐步改成秦制，平定三秦後即建立郡縣，完全繼承了秦帝國。雖然在政策上對關中人民並無歧視或差別待遇之處，但實際上，漢初的政治操縱在功臣集團手中。秦人是被征服者，自然談不到政治機會的平等，所以地域關係扼殺了山西人的政治生命。[25]所有原來秦國的官吏，漢初幾全消聲匿跡，寂寂無聞。如原在秦廷貴為列侯的召平，秦亡後淪為布衣，在長安城東

又漢唐史論集，P.7，聯經，1997。

[25]　傅樂成：「漢代的山東與山西」，食貨半月刊復刊 6：9，495a，1976，12。

藉種瓜度日。從他勸諫蕭何辭讓高祖的封賜，將家財全部獻出佐軍，實在很有見識。秦時曾做過御史的張蒼幾乎是惟一的例外。劉邦畧地過陽武時，他以客從攻南陽。後來一連串的戰功，如從韓信擊趙，擄得陳餘，為代相備邊寇，後又以代相從高祖擊臧荼，以戰功卓著而封侯。由於「秦時為柱下史，明習天下圖書計籍。蒼又善用算律曆，故令蒼以列侯居相府，領主郡國上計者。」[26]後出為淮南王相，高后八年為御史大夫。[27]文帝四年丞相灌嬰卒後，他繼任丞相。但張蒼的籍貫是陳留 陽武，不是秦國本土人，而且在秦末已因罪逃歸陽武。

　　從文帝時期洛陽少年賈誼受到功臣集團一般元老大臣的排擠，誣以「洛陽之人，年少初學，專欲擅權，紛亂諸事。」(史記 84/2492 屈原賈生列傳)漢文帝只好將他調離政治中心，貶為長沙王太傅。作為被征服的山西人，怎能不退避三舍呢？漢武時期官僚政治逐漸成立，察舉制度明定各郡國每年歲舉孝廉二人；太學的博士弟子員也沒有地域的限制。但是這兩種選拔人才和培養人才的制度對山東人士特別有利。因春秋戰國以來的齊 魯是學術的中心，流風所被，山東的文化遠遠高於山西。即使最初察舉的人數相同，但是後來出類拔萃，晉入中央和地方的權力中心的幾乎多是山東人士。而山西人是比較吃虧的。西漢初期，山西良家子弟最好的出路是「選給羽林、期門，以材力為官。」，即充任宿衛。漢書 28 下/1644 地理志曰：

> 天水、隴西，……及安定、北地、上郡、西河，皆迫近戎 狄，修習戰備，高上氣力，以射獵為先。……漢興，六郡良家子選給羽林、期門，以材力為官。

山東出相，山西出將是秦 漢以來的習稱。漢書 69/2998-99 趙充國辛慶忌傳贊曰：

> 秦 漢以來，山東出相，山西出將。秦將軍白起，郿人；王翦，頻陽

---

[26]　史記 96/2676 張丞相列傳。

[27]　漢書 1a 下/754 公卿表下。

人。漢興，郁郅 王圍、甘延壽，義渠 公孫賀、傅介子，成紀 李廣、
李蔡、杜陵 蘇建、蘇武，上邽 上官桀、趙充國，襄武 廉褒，狄道 辛
武賢、慶忌，皆以勇武顯聞。蘇、辛父子著節，此其可稱列者也，其
餘不可勝數。何則？山西：天水、隴西、安定、北地處勢迫近羌 胡，
民俗修習戰備，高上勇力鞍馬騎射。……其風聲氣俗自古而然，今之
歌謠慷慨，風流猶存耳。

傅樂成教授認為前引漢志「名將多出焉」是指漢景帝以後的事，[28]漢初
把持軍柄是淮 泗軍人，山西人是沒有置喙的餘地的（傳說甚是。）武
帝決定對匈奴用兵，而淮 泗軍人早已凋零，於是山西名將紛出，但是
他們還是受到種種排斥和不公平的對待。傅樂成教授在其漢代的山東和
山西和西漢的幾個政治集團中對漢武帝重用衛青、霍去病、李廣利及李
廣、李陵兩個悲劇，有極精闢的分析，茲不贅述。他說：「武帝以後，
關東地區，儒學日漸發達。關東人士多藉經術以取高位，而守邊作戰之
責，等於全讓山西軍人來負擔。武帝以後，舉凡驍勇善戰，威名素著的
將領，大都是山西人。如宣帝時的趙充國、辛武賢、辛慶忌、傅介子，
元帝時的甘延壽、段會宗等，是其著者。漢帝國也賴他們保持了後期的
強盛。」[29]

（三）對邊疆政策之分歧

　　西漢一代，山東 山西對邊疆政策一直有嚴重的分歧。漢書 94 下/3830
匈奴傳贊曰：

　　……人持所見，各有同異，然總其要，歸兩科而已。縉紳之儒則守和
　　親，介冑之士則言征伐，皆偏見一時之利害，而未究匈奴之終始也。

班固所說不全然是西漢早期和漢武戰端未啟時的史實，但是在戰爭延長

---

[28]　傅樂成，上引文，P.495b。
[29]　傅樂成，同上。

和戰後，如從山東、山西地域的不同來分析則更易明白倡言戰者的背景和所持的論說。從高祖　平城之圍到漢武即位，漢朝是一貫的忍辱求和，連冒頓單于給呂后這樣侮辱的求婚書都只是委婉的拒絕。每次的和親換來短期的和平。有一段時間，誠如晁錯所言：「漢興以來，胡虜數入邊也，小入則小利，大入則大利。」[30]漢文帝是中國歷史中政治智慧最高的皇帝之一；（參見：拙文，漢文帝的政治智慧，刊簡牘學報第十六期），對自己的國力有透徹的認識。從他回答晁錯所言兵事疏：「言者不狂，而擇者不明，國之大患，故在於此。」[31]可以看出他對匈奴問題的嚴重性，有清楚的理解。這在國力充實之後，漢武帝自然要作徹底的解決。

　　但在戰爭延長和膠著時，山東人士就紛紛不耐和提出異議了。漢書64 上/2799-2801 主父偃傳載山東 齊國 臨菑人主父偃所言誅伐匈奴事曰：

> 昔秦皇帝任戰勝之威，蠶食天下，并吞戰國，海內為一。……務勝不休，欲攻匈奴。李斯諫曰：「不可。夫匈奴無城郭之居，委積之守，遷徙鳥舉，難得而制。輕兵深入，糧食必絕；運糧以行，重不及事，得其地，不足以為利；得其民，不可調而守也。……靡敝中國，甘心匈奴，非完計也。」秦皇帝不聽，遂使蒙恬將兵而攻胡，卻地千里，以河為境。地固澤鹵，不生五穀，然後發天下丁男以守北河。暴兵露師十有餘年，死者不可勝數，終不能踰河而北。是豈人眾之不足，兵革之不備哉？其勢不可也。又使天下飛芻輓粟，起於黃、腄、琅邪負海之郡，轉輸北河，率三十鍾而致一石。男子疾耕不足於糧餉，女子紡績不足於帷幕。百姓靡敝，孤寡老弱不能相養，道死者相望，蓋天下始叛也。及至高皇帝定天下，畧地於邊，聞匈奴聚代谷之外而欲擊之。御史成諫曰：「不可。夫匈奴獸聚而鳥散，從之如搏景，今以陛下盛德攻匈奴，臣竊危之。」高帝不聽，……果有平城之圍。高帝悔之，乃使劉敬往結和親，然後天下亡干戈之事。……秦常積眾數十萬

30　漢書 49/2278 晁錯傳。

31　同上　49/2283。

人，雖有覆軍殺將，係虜單于，適足以結怨深讎，不足以償天下之費。
夫匈奴行盜侵歐，所以為業，天性固然。上自虞夏殷周，固不程督，
禽獸畜之，不比為人。夫不上觀虞夏殷周之統，而下循近世之失，
此臣之所以大恐，百姓所疾苦也。且夫兵久則變生，事苦則慮易。使
邊境之民靡敝愁苦，將吏相疑而外市，故尉佗、章邯得成其私，而秦
政不行，……此得失之效也。……願陛下孰計之而加察焉。

主父偃特別引李斯諫阻秦始皇，漢初御吏成諫阻漢高祖伐匈奴的事實一
再說明「靡敝中國，甘心匈奴，非完計也。」的論點。上疏的時間應該
在漢武 元光元年（134.B.C.）後不久。漢書 64 上/27982802 主父偃傳載：

元光元年，（主父偃）乃西入關見衛將軍。衛將軍數言上，上不省。
資用乏，……乃上書闕下。朝奏，暮召入見。……書奏，上召見（徐
樂、嚴安亦俱上書言世務。）三人，謂曰：「公皆安在？何相見之晚
也！」乃拜偃、樂、安皆為郎中。偃數上疏言事，遷謁者，中郎，中
大夫，歲中四遷。

此時亦正是漢武與匈奴將要正式決裂，開啟戰爭序幕——元光二年
(133B.C.)馬邑之謀的前夕。漢廷應該已經是密鑼緊鼓，意志極為堅決之
時；漢武竟然對主父偃反戰的言論非常賞識，一歲之中，四次升遷，確
實是無法理解。徐樂、嚴安兩人所言，亦與主父偃相同，強調「關東五
穀不登，年歲未復，民多窮困，重之以邊境之事。」「外累於遠方之備，
靡敝國家，非所以子民也。……結怨於匈奴，非所以安邊也。」也同樣
稱引秦朝北攻胡，南攻越的事實；並且直指秦之亡即由於窮兵之禍。反
對漢武「招夜郎、降羌僰，畧濊州，建城邑，深入匈奴，燔其龍城。」
史記會注考證 112/16-24 主父偃傳載兩人之疏曰：

是時趙人徐樂、齊人嚴安俱上書言世務各一事。（考證引梁玉繩曰：
漢書謂徐樂，燕郡無終人。）徐樂曰：「臣聞天下之患在於土崩，不
在於瓦解，古今一也。何謂土崩？秦之末世是也。……何謂瓦解？吳、
楚、齊、趙之兵是也。……此二體者，安危之明要也。賢主所留意而

深察也。間者，關東五穀不登，年歲未復，民多窮困，重之以邊境之事，推數循理而觀之，則民且有不安其處者矣，不安故易動，易動者土崩之勢也。……嚴安上書曰：「……及至秦王，蠶食天下，并吞戰國，稱號曰皇帝，主海內之政，壞諸侯之城，銷其兵，鑄以為鍾虡，示不復用。元元黎民得免於戰國，逢明天子，人人自以為更生。……秦不行是風，而脩其故俗，……意廣心軼，欲肆威海外，乃使蒙恬將兵以北攻胡，辟地進境，戍於北河，蜚芻輓粟，以隨其後。又使尉佗、屠睢將樓船之士，南攻百越，使監祿鑿渠運糧，深入越。……當是時，秦禍北構於胡，南挂於越，宿兵於無用之地，進而不得退，行十餘年，丁男被甲，丁女轉輸，苦不聊生，自經於道樹，死者相望。及秦皇帝崩，天下大叛。……秦貴為天子，富有天下，滅世絕祀者，窮兵之禍也。……今欲招南夷、朝夜郎、降羌僰、畧濊州，建城邑，深入匈奴，燔其龍城，議者美之。此人臣之利也，非天下之長策也。今中國無狗吠之驚，而外累於遠方之備，靡敝國家，非所以子民也。行無窮之欲，……結怨於匈奴，非所以安邊也。禍結而不解，兵休而復起，近者愁苦，遠者驚駭，非所以持久也。今天下鍛甲砥劍，橋箭累弦，轉輸運糧，未見休時，此天下之所共憂也。」

史記會注考證曰：「三人上書，通鑑繫之元朔元年(128.B.C.)，或云：元光六年(129B.C.)事，未詳。」我以為通鑑繫之於元朔元年，與另說元光六年，僅一年之差。疑並誤。有另文考訂，此處不贅。

　　另如齊 菑川國 薛縣人公孫弘盛毀西南夷無所用，「以為罷敝中國，以奉無用之地。」後又反對設置朔方郡。史記112/2944-2950 公孫弘列傳載：

是時通西南夷道，置郡，巴 蜀民苦之，(發根案：同書卷 116/2995 西南夷傳作：「當是時，巴 蜀四郡[徐廣曰：漢中、巴郡、廣漢、蜀郡。]通西南夷道，戍轉相饟。數歲，道不通，士罷餓離，溼死者甚眾。」所述較此為詳。)詔使弘視之，還奏事，盛毀西南夷無用，上不聽。……元朔三年，張歐免，以弘為御史大夫。是時通西南夷，東置滄海，北

築朔方之郡。弘數諫，以為罷敝中國，以奉無用之地，願罷之，於是
天子乃使朱買臣等難弘，置朔方之便。發十策，弘不得一，弘迺謝曰：
「山東鄙人，不知其便若是，願罷西南夷、滄海，而專奉朔方。」上
乃許之。

朔方置郡本發自主父偃。史記112/2961-2962 主父偃傳載：

偃盛言朔方地肥饒，外阻河，蒙恬城之，以逐匈奴，內省轉輸戍漕，
廣中國，滅胡之本也。上覽其說，下公卿議，皆言不便。公孫弘曰：
「秦時常發三十萬眾築北河，終不可就，已而弃之。」主父偃盛言其
便。上竟用主父計，立朔方郡。

主父偃此議與其前引諫伐匈奴之主張矛盾。史記會注考證 112/28 引何
焯曰：

偃前諫伐匈奴，此何以復議置朔方 郡？前言地澤鹵不生五穀，轉輸
率三十鍾致一石，此何以復云地肥饒，省轉漕，豈非進由衛氏，衛將
軍始取其地，故偃變前說，以建此計乎？（根按：何焯說是。）

又如博士狄山在廷前會議時，以興兵擊匈奴後，中國空虛，北邊蕭然苦
兵，而主和親。而京兆 杜陵 張湯則斥以「愚儒無知」。漢書59/2641 2642
張湯傳載：

匈奴求和親，郡臣議前，博士狄山議曰：「和親便。」上問其便？山
曰：「兵，凶器，未易數動。高帝欲伐匈奴，大困平城，乃遂結和親。
孝惠、高后時，天下安樂，及文帝欲事匈奴，北邊蕭然若兵。……今
自陛下興兵擊匈奴，中國以空虛，邊大困貧，由是觀之，不如和親。」
上問(張)湯，湯曰：「此愚儒無知。」

西漢一朝對邊疆政策爭辯得最激烈的是昭帝 始元六年(81.B.C)的鹽鐵
會議。召開這次會議的動機與原因，或與霍光 桑弘羊之間爭奪政權有
關。（霍光藉機製造輿論）。桑弘羊也是武帝臨終時受命輔政的大臣之
一。他籌算鹽鐵，充裕國用，使武帝得肆力開邊而不益賦；認為自己貢
獻之大，無人可與其比擬。但昭帝即位後，「政事壹決於光」（田千秋傳）。

桑弘羊身為受詔輔政大臣之一，自然極為不滿。霍光與其僚屬請昭帝，詔郡國舉賢良文學之士，問民所疾苦、教化之要；桑弘羊遂成眾矢之的。漢書 24 下/1176 食貨志載：

> 昭帝即位六年，詔郡國舉賢良文學之士，問以民所疾苦，教化之要。皆對願罷鹽鐵、酒榷、均輸官，毋與天下爭利。……弘羊難，以為此國家大業，所以制四夷，安邊足用之本，不可廢也。

鹽鐵論卷十雜論第六十曰：

> 客曰：「余觀鹽鐵之議，觀乎公卿文學賢良之論，意指殊路，各有所出，或上仁義，或務權利。異哉吾所聞，……始汝南 朱子伯為予言：『當此之時，豪俊並進，四方輻湊，賢良茂陵 唐生、文學魯國 萬生之倫六十餘人，咸聚闕庭，舒六藝之諷，論太平之原。智者贊其慮，仁者明其施，勇者見其斷，辯者陳其辭。……雖未能詳備，斯可暑觀矣。……中山 劉子雍言王道（盧注引張云：漢書雍作推。拾補有。）矯當世復諸正，務在乎反本。……九江 祝生奮由路之意，推史魚之節，發憤懣，刺譏公卿，介然直而不撓……。桑大夫據當世，合時變，推道術，尚權利，辟暑小辯，雖非正法，然巨儒宿學惡然，（張云：華本惡改惡，漢書無此二字。）大能自解，（張云：漢書大作不。）可謂博物通士矣。』」

這六十多位賢良文學的籍貫已無法查考，桓寬雜論中提到的這四個：賢良茂陵 唐生、文學魯國 萬生、中山劉子雍、九江 祝生中，除唐生是籍隸茂陵，其他都是山東人士，而且唐生也可能是從山東遷來的。賢良文學所言都是代表山東的利益立論。[32]他們主張「德化」，「行仁政」，並引述孔子「遠人不服則修文德以來之」，「王者行仁政無敵於天下」的主張。從而開邊拒胡的費用全可省掉。如鹽鐵論卷一本議第一/1b：

> 文學曰：「孔子曰：『有國有家者，不患寡而患不均，不患貧而患不安。』

---

[32] 鹽鐵論卷五國疾第二十八/17a 記桑弘羊謂賢良曰：「……世人有言，鄙儒不如都士。文學皆出山東，希涉大論。……」

故天子不言多少，諸侯不言利害，大夫不言得喪，畜仁義以風之，廣德行以懷之，是以近者親附而遠者悅服。……王者行仁政，無敵於天下。惡用費哉？」大夫曰：「匈奴桀黠，擅恣入塞，犯屬中國，殺伐郡縣、朔方都尉，甚悖逆不軌，宜誅討之日久矣。……」文學曰：「……孔子曰：『遠人不服則修文德以來之。』……今廢道德而任兵革，興師而伐之，屯戍而備之。暴兵露師以支久長，轉輸糧食無已，使邊境之士飢寒於外，百姓勞苦於內，立鹽鐵……非長策也，故以罷之為便也。」

又卷二憂邊十二/13a：

大夫曰：「……今子弟遠勞於外，人主為之夙夜不寧，群臣盡力畢議，冊茲國用，故少府丞令請建酒榷以贍邊，給戰士，拯救民於難也。……今又欲罷諸用，減奉邊之費，未可為慈父賢兄也。」文學曰：「……夫蠻貊之人，不食之地，何足以煩慮，而有戰國之憂哉！若陛下不棄，加之以德，施之以惠，北夷必內向，款塞自至。……」

賢良文學完全從山東的觀點出發，認為邊郡於國無絲毫益處。卷三輕重第十四/4a：

文學曰：「邊郡山居谷處，陰陽不和，寒凍裂地，衝風飄鹵，沙石凝積，地勢無所宜。中國，天地之中，陰陽之際也，……含眾和之氣，產育庶物。今去而侵邊，多斥不毛寒苦之地，是猶棄江皋河濱，而田於嶺坂菹澤也。轉倉廩之委，飛府庫之財，以給邊民。中國困於繇賦，邊民苦於戍禦，力耕不便種耰，無桑麻之利，仰中國絲絮而後衣之。……而鹽鐵何福也？」

又卷三未通第十五/5a：

御史曰：「內郡人眾，水泉薦草不能相贍，地勢溫溼不宜牛馬。民蹠耒而耕，負擔而行，勞罷而寡功，是以百姓貧苦而衣食不足。老弱負輅於路，而將相或乘牛車，孝武皇帝平百越以為囿囿，(張云：按囿當作園，涉下句而誤。)卻羌胡以為苑囿，是以珍怪異物充於後宮，

> 駒騄駃騠實於外廄，匹夫莫不乘堅良，……由此觀之，邊郡之利亦饒矣。而曰：何福之有，未通於計也。」文學曰：「……膏壤萬里，山川之利，足以富百姓，不待蠻 貊之地，遠方之物。……往者未伐胡 越之時，繇賦省而民富足，溫衣飽食，藏新食陳，布帛充用，牛馬成羣。農夫以馬耕載而民莫不騎乘。……其後師旅數發，戎馬不足，牸牝入陣，……六畜不育於家，五穀不殖於野，民不足於糟糠。……方今郡國，田野有隴而不墾，城郭有宇而不實，邊郡何饒之有乎？」

賢良文學引漢武罷輪臺屯田詔，以駁斥政府拓邊之不是。卷四地廣第十六/1a：

> 大夫曰：「……緣邊之民處寒苦之地，距強胡之難，烽燧一動，有沒身之累，故邊民百戰而中國恬臥者，以邊郡為蔽扞也。……是以聖王懷四(盧云：疑西）方獨苦，興師推却胡 越遠寇，……散中國肥饒之餘，以調邊境。邊境強則中國安。……」文學曰：「……今推胡 越數千里，道路迴避。（胡云：張本遠。）士卒勞罷，故邊民有刎頸之禍，而中國有死亡之患，此百姓所以囂囂而不默也。……羣臣或欲田輪臺，明主不許，以為先救近務及時本業也。……今中國弊落不憂，務在邊境，意者地廣而不耕，多種而不耨，費力而無功。……」大夫曰：「……先帝舉湯 武之師，定三垂之難，一面而制敵，匈奴遁逃，因河山以為防，故去沙石鹹鹵不食之地，故割斗（盧云：張本什，下同。）辟之縣，棄造陽之地以與胡，省曲塞，據河險，守要害，以寬徭役，保士民。由此觀之，聖主用心，非務廣地以勞眾而已矣。」文學曰：「秦之用兵可謂極矣！蒙恬斥境可謂遠矣！今踰蒙恬之塞，立郡縣寇虜之地，地彌遠而民滋勞，朔方以西，長安以北，新郡之功，外城之費，不可勝計，非徒是也，司馬、唐蒙鑿西南夷之塗，巴、蜀弊於邛、筰，橫海征南夷，樓船戍東越，荊、楚罷於甌、駱，左將伐朝鮮，開臨洮，燕、齊困於穢貊；張騫通殊遠，納無用，府庫之藏流於外國，非特斗辟之費，造陽之役也。……」

賢良強調山東是全國的心腹及山東戎士戍邊者的痛苦。卷五國疾第二十

八/17a：

> 賢良曰：「夫山東天下之腹心，賢士之戰場也，高皇帝龍飛鳳舉於宋、
> 楚之間，山東子弟蕭、曹、樊、酈、滕、灌之屬為輔，雖即(胡云：
> 張本既)異世，亦既(胡云：張本即)閔天、太顛而已。……」

又卷七備胡第三十八/3b：

> 大夫曰：「往者四夷俱強，並為寇虐，朝鮮踰徼劫燕之東地，東越越
> 東海暑浙江之南，南越內侵，滑服令，氐、僰冄、駹、萬唐、昆明之
> 屬擾隴西、巴、蜀。今三垂已平，雖北邊未定，夫一舉則匈奴震懼，
> 中外釋備，而何寡也？」賢良曰：「古者君子立仁脩義，以綏其民，
> 故邇者習善，遠者順之……故為政而以德，非獨辟害折衝也。……今
> 百姓所以囂囂，中外不寧者，咎在匈奴，內無室宇守，外無田疇之積，
> 隨美草甘水而驅牧，匈奴不變業而中國已騷動矣，風合而雲解，就之
> 則亡，擊之則散，未可一世而舉也。」大夫曰：「……今不征伐則暴
> 害不息，不備則是以黎民委敵也。……行役戍備，自古有之，非獨今
> 也。」賢良曰：「匈奴之地廣大，而戎馬之足輕利，……利則虎曳，
> 病則鳥折，辟鋒銳而牧罷極。(張云：牧當作收。) 少發則不足以更
> 適，多發則民不堪其役，役煩則力罷，用多則財乏，二者不息則民遺
> 怨，此秦之所以失民心隕社稷也。……今山東之戎馬甲士戍邊者，絕
> 殊遼遠，身在胡 越，心懷老母，老母垂泣，室婦悲恨。……」

桑弘羊指出政府對胡 越用兵前，四邊受敵。武帝已解決三面的危難，
僅北邊尚未完全平息；他主張趁匈奴困亡之時，再小舉擊之，使其不得
復喘息，以免其再向西域發展，形成巨患。文學則認為為政府計，莫若
偃兵休士，厚幣結和親，修文德而已，不要去窮無用之地，亡十獲一。
又卷七擊之第四十二/9a：

> 御史大夫曰：「……往者縣官未事胡 越之時，邊城四面受敵，北邊尤
> 被其苦。先帝絕三方之難，撫從方國，以為蕃蔽，窮極郡國，以討匈
> 奴，匈奴壞界獸圈，孤弱無與，此困亡之時也。遼遠不遂，使得復喘

息，休養士馬，負給西域。西域迫近胡寇，沮心內解，必為巨患。是
以主上欲掃除，煩倉庫之費也……今欲以小舉擊之，何如？」文學曰：
「異時縣官修輕賦、公用饒、人富給，其後保胡 越，通四夷，費用
不足，於是興利害，箕車釭，以訾助邊，贖罪告緡，與人以患矣。甲
士死於軍旅，中士罷於轉漕，仍之以科適，吏徵發極矣，夫勞而息之，
極而反本，古之道也。……」大夫曰：「……先帝之時，郡國頗煩於
戎事，然亦寬三陲之役。語曰：見機不遂者隕功。一日違敵，累世為
患。……」文學曰：「……方今為縣官計者，莫若偃兵休士，厚幣結
和親，修文德而已，若不恤人之急，……以窮無用之地，亡十獲一，
非文學之所知也。」

又卷八結和第四十三/1b：

大夫曰：「漢興以來，修好結和親，所聘遺單于者甚厚。……而暴害
茲甚。先帝觀其可以武折，而不可以德懷，故廣將帥、招奮擊，以誅
厥罪，功勳粲然。……何命亡十獲一乎？……」文學曰：「往者匈奴
結和親……即君臣外內相信，無胡 越之患。當此之時，上求寡而易
贍。……家有數年之稸，縣官餘貨財。……自是以後，退文任武，苦
師勞眾以署無用之地。立郡沙石之間，民不能自守，發屯乘城，輦輩
而贍之。愚竊見其亡，不覩其成。」大夫曰：「匈奴以虛名市於漢，
而實不從。數為蠻 貊所紿，不痛之，何故也？……今有帝名而威不
信長城，反賂遺而尚踞敖，此五帝所不忍，三王所畢怒也。……」文
學曰：「……夫兩主好合，內外交通，天下安寧，世世無患，士民何
事？三王何怒焉？」大夫曰：「……當世之務，後世之長利也，今四
夷內侵不攘，萬世必有此長患。先帝興義兵以誅強暴，東滅朝鮮，西
定冉、駹，南擒百越，北挫強胡。……故聖主斥地非私其利，用兵非
徒奮怒也，所以匡難辟害，以為黎民遠慮。……」

大夫指出邊郡與內郡一如肢體之與腹心，無邊郡則內郡危。渾邪投降
後，戍邊之士減半；建張掖以西，西域內向，隔絕羌 胡。但文學則完
全否定，認為雖得渾邪，不能抵償生命財產的損失。又卷八誅秦第四十

四/4b：

大夫曰：「中國與邊境，猶支體與腹心，……唇亡則齒寒，支體傷而心憯怛，無手足則支體廢，無邊境則內國害。……今匈奴蠶食內侵，遠者不離其苦，獨邊境蒙其敗。……不征備則暴害不息。故先帝興義兵以征厥罪。遂破祁連、天山，……北暑至龍城，大圍匈奴，單于失魂，僅以身免。乘奔逐北，斬首捕虜十餘萬。……遂乃振旅。渾邪率其眾以降，置五屬國以距胡，則長城之內，河山之外，罕彼寇菑。於是下詔令減戍漕、寬徭役，初雖勞苦，卒獲其慶。」文學曰：「周累世積德，天下莫不願以為君，故不勞而王，……而蠻貊自至。秦任戰勝以并天下，小海內而貪胡越之地，使蒙恬擊取河南以為新秦，而亡其故。……往者兵革亟動，師旅數起，長城之北，旋車遺鏃相望……莫不寒心。雖得渾邪，不能更所亡，非社稷之至計也。」

又卷八西域第四十六/6a：

大夫曰：「往者匈奴據河山之險，擅田牧之利，民富兵強，行入為寇；則句注之內驚動，而上郡以南咸城。文帝時，虜入蕭關，烽火通甘泉，群臣懼，不知所出，乃請屯京師以備胡。胡西役大宛、康居之屬，南與群羌通。先帝推讓，（張云：讓當作攘。）斥奪廣饒之地，建張掖以西，隔絕羌胡，……是以西域之國皆內拒匈奴，斷其右臂。……故募人田畜以廣用，長城以南，濱塞之郡，馬牛放縱，蓄積布野，未覩其計之所過也。……」文學曰：「……今匈奴牧於無窮之澤，東西南北不可窮極，雖輕車利馬，不能得也，況負重贏兵以求之乎？（張云：贏當作嬴。方言云：攍，儋也。）其勢不相及也。……雖及之，三軍罷弊，適遺之餌也。故明王知其所無（張云：疑倒）利，……故詔公卿大夫、賢良、文學，所以復枉興微之路。公卿宜思百姓之急，匈奴之害，緣聖主之心，定安平之業。今乃留心於末計，……不順上意，未為盡於忠也。」大夫曰：「初，貳師不克宛而還也，議者故（張云：故當作欲）使人主不遂忿，則西域皆瓦解而附於胡，胡得眾國而益強。先帝絕奇聽行武威，還襲宛，宛舉國降。……烏孫之屬駭膽，

請為臣妾，匈奴失魄，奔走遁逃，……壯者死於祁連、天山，其孤未
復，故群臣議以為匈奴困於漢兵，……可遂擊服。會先帝棄羣臣，以
故匈奴不革，譬如為山，未成而止，……是棄與胡而資強敵也。……」
文學曰：「……(縣官)乃大興師伐宛，歷數期而後克之。夫萬里而攻人
之國，兵未戰而物故過半，雖破宛得寶馬，非計也。當此之時，將卒
（盧云：當作率，卒譌）方赤面而事四夷，師旅相望，郡國並發，黎
人困苦，姦偽萌生，盜賊並起，守尉不能禁，……然後遣上大夫衣繡
衣以興擊之。當此時，百姓元元，莫必其命，故山東豪傑頗有異心，
賴先帝聖靈，斐然其咎，皆在於欲畢匈奴而遠幾也。……」

又卷八世務第四十七/8a：

大夫曰：「……夫漢之有匈奴，譬若木之有蠹，……故謀臣以為擊奪
以困極之。諸生言以德懷之，此有其語而不可行也。……」文學曰：
「……誠上觀三王之所以昌，下論秦之所以亡，中述齊桓所以興，去
武行文，廢力尚德，罷關梁，除障塞，以仁義導之，則北垂無寇虜之
憂，中國無干戈之事矣。」

總之，賢良文學都認為邊郡是無用之地，不當疲弊中國以事四夷，強調
山東的重要，是全國的腹心。主張德化，所謂「加之以德，施之以惠，
北夷必內向，款塞自至。」「王者行仁政，無敵於天下。」儒家對四夷
用武的事自來是充滿矛盾的。孔子固然說過「遠人不服則修文德以來
之」，但他也衷心的稱頌管仲的攘夷。「微管仲，吾其披髮左袵矣！」[33]文
學主張的：「去武行文，廢力尚德，罷關梁，除津塞，以仁導之，則北
陲無寇虜之患，中國無干戈之事。」自然是非常迂腐，窒礙難行的，更
不要說「不禁刀幣，聽民放鑄」的論調了。清人王先謙「所謂以德服人
者，有力而不輕用力之謂也，茍無力則德無由見，而人奚自服？書曰：
『大邦畏其力。』力非聖王所諱言。武帝之失在於內多欲而急興利，至

33　勞榦，秦漢史講稿。

其詰戎固圉未嘗非也。……非衛霍之師，必無渭橋之謁。」[34]是非常允
當的。

　　所以在這些山東曲謹小儒的心目中，漢武帝的評價是不高的。如宣
帝時魯人夏侯勝即反對為武帝立廟樂。漢書 75/3156 夏侯勝傳載：

> 宣帝初即位，欲褒先帝，詔丞相御史曰：「……(孝武皇帝)功德茂盛，
> 不能盡宣，而廟樂未稱，朕甚悼焉。其與列侯、二千石、博士議。」
> 于是群臣大議廷中。……長信少府(夏侯)勝獨曰：「武帝雖有攘四夷，
> 廣土斥境之功，然多殺士眾，竭民財力，奢泰亡度，天下虛耗，百姓
> 流離，物故者半。蝗蟲大起，赤地數千里，或人民相食，畜積至今未
> 復，亡德澤于民，不宜為立廟樂。」

直至元帝時，賈捐之仍對武帝之拓邊不滿，強調山東的重要，主張放棄
漢武設置的珠崖郡，「專用恤關東為憂。」完全是上引賢良文學的論調，
真是愧為賈誼之曾孫了。漢書 64 下/2830-34 賈捐之傳載：

> 元帝 初元元年，珠崖又反，發兵擊之。諸縣更叛，連年不定。上與
> 有司議大發軍，捐之建議，以為不當擊。……捐之對曰；「……以(堯、
> 舜、禹)三聖之德，地方不過數千里，(西)被流沙，東漸于海，朔南暨
> 聲教，迄于四海，欲與聲教則治之，不欲與者不彊治也。……武丁、
> 成王，殷、周之大仁也，然地東不過江、黃，西不過氐、羌，南不過
> 蠻荊，北不過朔方。是以頌聲並作，……越裳氏重九譯而獻，此非
> 兵革所能致。……以至乎秦，興兵遠攻……務欲廣地，不慮其害。然
> 地南不過閩越，北不過太原，而天下潰畔，禍卒在於二世之末，長
> 城之歌至今未絕。……(至孝武皇帝 元狩六年，117B.C.)乃探平城之
> 事，錄冒頓以來數為邊害，籍兵屬馬，因富民以攘服之。西連諸國至
> 于安息，東過碣石，以玄菟、樂浪為郡、(北)卻匈奴萬里，更起營塞，
> 制南海以為八郡；則天下斷獄萬數，民賦數百，造鹽鐵酒榷之利以佐
> 用度，猶不能足。當此之時，寇賊並起，軍旅數發，父戰死于前，子
> 鬥傷於後，女子乘亭障，孤兒號于道，老母寡婦飲泣巷哭，遙設虛祭，

---

[34] 王先謙，鹽鐵論（四部備要本）後序。

想魂乎萬里之外。……今天下獨有關東，關東大者獨有齊楚，民眾久困，連年流離，離其城郭，相枕席於道路。……至嫁妻賣子，法不能禁，義不能止，此社稷之憂也。……今陛下不忍悁悁之忿，欲驅士眾擠之大海之中。……何況乃復其南方萬里之蠻乎！駱越之人父子同川而浴，相習以鼻飲，與禽獸無異，本不足郡縣置也。……棄之不足惜，不擊不損威，其民譬猶魚鼈，何足貪也！……臣愚以為非冠帶之國，禹貢所及，春秋所治，皆可且無以為。願遂棄珠崖，專用恤關東為憂。」

元帝轉問丞相、御史大夫，御史大夫陳萬年以為當擊；而丞相于定國以為「……興兵擊之連年，護軍都尉、校尉及丞凡十一人，還者二人，卒士及轉輸死者萬人以上，費用三萬萬餘，尚未能盡降，今關東困乏，民難搖動，捐之議是。」[35]於是元帝就將珠崖輕易地放棄了。

（四）西漢對山東山西之調和

如前所述，劉邦自封漢王入漢中後，即聽從蕭何的設計，逐步將楚式的官制改為秦制。二年定三秦後，設置郡縣，以關外為河南郡，明確表示繼承秦帝國。五年，「高祖又接受劉敬和張良的建議，遷都長安。從此昭示天下，傳秦之統，不復徇山東人之意。」[36]而且亦遵循秦之政治制度及若干政策。如秦始皇之遷天下豪富十二萬戶於咸陽(三輔黃圖作二十萬戶)，目的自然是強幹弱枝。漢高祖亦續採此策，而且規定得更細密。行三選七遷。史記 99/2719-2720 載：

劉敬從匈奴來，因言「匈奴 河南 白羊、樓煩王，去長安近者七百里，輕騎一日一夜可以至秦中。秦中新破，少民，地肥饒，可益實。夫諸侯初起時，非齊諸田，楚 昭、屈、景莫能興。今陛下雖都關中，實少人。北近胡寇，東有六國之族，宗彊，一日有變，陛下亦未得高枕而臥也。臣願陛下徙齊諸田，楚 昭、屈、景，燕、趙、韓、魏後，

及豪桀名家居關中。無事，可以備胡；諸侯有變，亦足率以東伐。此彊本弱末之術也。」上曰：「善。」迺使劉敬徙所言關中十餘萬口。(索隱案小顏云：「今高陵、櫟陽諸田，華陰、好畤諸景，及三輔諸屈、諸懷尚多，皆此時所徙也。」)

史記高祖本紀繫此事於九年，漢書高祖紀繫於九年十一月。又漢書28下/1642地理志載：

> 漢興，立都長安，徙齊諸田，楚昭、屈、景及諸功臣家於長陵。後世世徙吏二千石、高訾富人及豪傑并兼之家於諸陵。蓋亦以彊幹弱支，非獨為奉山園也。

班固 兩都賦亦鋪陳此事，後漢書40上/1338 班固傳：

> 英俊之域，黻冕所興，冠蓋如雲，七相五公，與乎州郡之豪桀，五都之貨殖。三選七遷，充奉陵邑，蓋以強幹弱枝，隆上都而觀萬國。(章懷注引前書音義曰：「五都謂洛陽、邯鄲、臨菑、宛、成都也。」三選，選三等之人，謂徙吏二千石及高訾富人及豪傑并兼之家於諸陵。蓋以強幹弱枝，非獨為奉山園也。見前書，自元帝以後不遷，故唯七焉。)

武帝初立茂陵時，主父偃亦曾作遷民之建議，雖然泛稱全國，但實則大多亦來自山東。史記112/2961 平津侯主父列傳載：

> （主父偃）又說上曰：「茂陵初立，天下豪桀并兼之家，亂眾之民，皆可徙茂陵，內實京師，外銷姦猾，此所謂不誅而害除。」上又從其計。[37]

「高訾」初期可能較低，如漢書 71/3048 平當傳載：「祖父以訾百萬，自下邑徙平陵。」又武帝紀、昭帝紀則作訾百萬以上。成帝紀所記為訾

---

[37] 「三選七遷」所指恐甚廣，疑非僅指六國貴族之後裔。吏二千石、高訾富人及并兼之家而已；如袁盎之父即因故為群盜而徙處高陵。(見史記101/2[會注本]本傳)又如漢書 漢志上右扶風 安陵條王先謙補注引關中記曰：「徙關東倡優樂人五千以為(實？)陵邑。」

五百萬以上。漢書 10/317-320 成帝紀載：

> (鴻嘉二年，19B.C.)夏，徙郡國豪傑訾五百萬以上五千戶于昌陵。賜
> 丞相、御史、將軍、列侯、公主、中二千石冢地、第宅。……(永始
> 元年，16B.C.)秋七月，詔曰：「……（朕）過聽將作大匠萬年言昌陵
> 三年可成。作治五年，中陵、司馬殿門內尚未加功。天下虛耗，百姓
> 罷勞。……其罷昌陵及故陵，勿徙吏民，令天下毋有動搖之心。」

史 漢的記載和傳統的解釋，對於秦 漢遷天下豪富、六國貴族後裔、豪
傑兼并之家到關中都是以強幹弱枝作解釋的。我認為除此之外，尚有平
衡山東山西財富及調和山東山西利益的重大作用。當政府從山東遷徙這
些人到山西時，他們自然會將大量的財富帶到山西，促進山西的繁榮。
如史記 129/3281 貨殖列傳載：

> 關中富商大賈，大抵盡諸田、田嗇、田蘭。韋家栗氏，安陵、杜 杜
> 氏，亦巨萬。

五陵少年瀾綽生活的憑藉就是他們祖上或父兄的財富。不僅財富如此，
這些山東遷人的政府潛在勢力也仍然存在。前引班固兩都賦中提到的即
有「七相五公」之多，據後漢書 班固傳章懷注：「七相是謂丞相車千秋，
長陵人；黃霸、王商皆杜陵人也；韋賢、平當、魏相、王嘉均平陵人也。
五公謂田蚡為太尉，長陵人；張安世為大司馬、朱博為司空，並杜陵人；
平晏為司徒、韋當為大司馬，亦平陵人也。」(後漢書 40 上/1339 班固
傳)實則他們多自山東遷來。如漢書 66/2883 車千秋傳載：

> 車千秋，本姓田氏，其先齊諸田徙長陵。

又漢書 89/3627 循吏 黃霸傳載：

> 黃霸……淮陽 陽夏人，以豪桀役使徙雲陵。

又漢書 82/3369 王商傳載：

> 王商，……涿郡 蠡吾人也，徙杜陵。

又漢書 73/3101-3115 韋賢傳載：

> 韋賢，……魯國 鄒人也……賢以昭帝時徙平陵。

又漢書 71/3048 平當傳載：

> 平當，……祖父以訾百萬，自下邑徙平陵。（顏注：下邑，梁國之縣。）

又漢書 74/3133 魏相傳載：

> 魏祖，……濟陰 定陶人也，徙平陵。

平晏是平當之子，韋賞是韋賢之孫，兩者均是徙人之後，只有田蚡、張安世、朱博是原籍三輔的。(發根案：班固兩都賦所云：「七相五公」略誤。韋玄成為韋賢少子，亦為相七年，未計入。上引後漢書 班固傳章懷注並誤。)

　　總之：西漢的山東是全國的精華所在。西漢的大都市、人口、人才都集中在此區。山西是邊際性、政治性的開發，是無法和山東相比擬的。[38]誠如勞貞一先生所言：

> 兗、冀、青、徐為中國古代文化發祥之地。崤 函以西故為戎 狄所薦居。自春秋、戰國以迄於漢，猶可於典籍中窺見邦國之富庶，人才茂美，皆東勝於西。惟秦起西陲，以河 渭之間為國家根本，集東方之財富以實西方。漢繼秦軌，一循前代強幹弱枝之術，讀史者遂覺西方富美堪與東方相埒。西漢京都雖在長安，然人口集中之處實在關東。……當時天下之財富在關東。[39]

---

[38]　勞榦：「漢晉時代的關中經濟問題與朝代興衰的關係」，第三屆中國社會經濟史研討會講演稿（未發表），1984.12.26，台北 南港 中央研究院 經濟研究所會議室。

[39]　勞榦：「論漢代之陸運與水運」，中央研究院歷史語言研究所集刊，第 16 本，1948.1。

肆、東漢時期(25A.D.-220A.D.)之山東山西

一、建都洛陽及其衍生之問題

　　東漢建都洛陽主要是因為長安在王莽末期，更始軍隊及赤眉數十萬眾進入關中後互相攻戰，遭到嚴重的破壞；漕運的艱難；和光武的功臣多是山東，特別是南陽的人士，為滿足他們建都在靠近家鄉的願望，因此，就選擇了洛陽。其實當更始到長安時，只有未央宮在莽末被焚。其餘宮館並未毀壞，府藏也完好。經更始諸將擄掠，後來赤眉 樊崇等眾數十萬入關後，又互相攻戰，長安始殘破。漢書 99 下/4193 王莽傳載：

> 三輔悉平，更始都長安，居長樂宮。府藏完具，獨未央宮燒。攻莽三日，死者案堵復故。……明年夏，赤眉 樊崇等眾數十萬人入關，立劉盆子，……攻更始，……赤眉遂燒長安宮室，……民饑餓相食，死者數十萬。長安為虛，城中無人行。

後漢書 11/470 劉玄傳載：

> 初，王莽敗，唯未央宮被焚而已，其餘宮觀一無所毀。……自鍾鼓、帷帳，輿輦、器服、太倉、武庫、官府、市里，不改於舊，更始既至，居長樂宮。……諸將後至者，更始問擄掠得幾何？

繼則赤眉大掠關中，三輔大饑，人相食。後漢書 11/483-484 劉玄劉盆子列傳載：

> 赤眉貪財物，復出大掠。城中糧食盡，遂收載珍寶，因大縱火燒宮室，引兵而西。……時三輔大饑，人相食，城郭皆空，白骨蔽野，遺人往往聚為營保，各堅守不下，赤眉虜掠無所得。

到東漢末年，長安仍未恢復舊觀。後漢書 54/1786 楊震列傳載：

> 關中遭王莽變亂，宮室焚蕩，民庶塗炭，百不一在。

由東漢初，馬援上書請求屯田上林苑中，即可知三輔的荒涼。後漢書24/831 馬援列傳載：

> 援因將家屬隨恂歸洛陽。居數月，而無它職任。援以三輔地曠土沃，而所將賓客猥多，乃上書求屯田上林苑中，帝許之。

光武以河北為根據而經營山東，由邯鄲進取鄴城、南定河內。河內戶口殷實，北通上黨，南迫洛陽。以其地極端重要，鄧禹建議以寇恂為河內太守。後漢書16/621 寇恂列傳載：

> 光武南定河內，而更始大司馬朱鮪等盛兵據洛陽，又幷州未安，光武難其守，問於鄧禹，……禹曰：「……今河內帶河為固，戶口殷實，北通上黨，南迫洛陽。寇恂文武兼備……。」乃拜恂河內太守，……光武謂恂曰：「河內完富，吾將因是而起，昔高祖留蕭何鎮關中，吾今委公以河內，堅守轉運，給足軍糧，率屬士馬，防遏它兵，勿令北度而已。」

南取洛陽後，自然即以其地為都邑。後漢書 1 上/25 光武帝紀載：

> (建武元年)冬十月癸丑，車駕入洛陽，幸南宮却非殿，遂定都焉。

這自然因王莽末年三輔戰亂，更始、赤眉的破壞擄掠，長安宮室已百不存一，而光武的功臣大多為關東人，且尤多南陽人（說詳後），他們強烈的希望建都在靠近家鄉之洛陽。這在劉玄時即因其諸將皆山東人，都勸他留都洛陽，後聽鄭興之說，才決意去長安。後漢書36/1217-18 鄭興列傳載：

> 更始諸將皆山東人，咸勸留洛陽，興說更始曰：「陛下起自荊 楚，權政未施，一朝建號，而山西雄桀爭誅王莽，開關郊迎者，何也？此天下同苦王氏虐政，而思高祖之舊德也。今久不撫之，臣恐百姓離心，盜賊復起矣。……雖卧洛陽，庸得安枕乎？」

而漕運亦為一須考慮之實際問題。建都長安則需仰賴山東之糧食（見上篇），漕運要經砥柱之險，且航程迴遠漫長。而洛陽則接近盛產糧食區，

方便得多。所以定都洛陽後，建武七年二月就罷護漕都尉了。[1]建武十八年(42A.D.)二月甲辰，光武帝入函谷，三月丁酉到達長安。即詔京兆、扶風，告覲園陵，到四月才回洛陽。第二年又下詔復函谷關，作大駕宮。又修繕長安外城門、涇 渭的橋樑、平樂觀、建亭和未央宮。[2]遂引起山東人士的疑惑，恐光武有遷回長安的意思。關中人士自然不贊成都洛，如京兆 杜陵人杜篤「以關中表裏山河，先帝舊京，不宜改營洛邑，乃上奏論都賦曰」：

> 是時山東翕然狐疑，意聖朝之西都，懼關門之反拒也。客有為篤言：「……且洛邑之淳灣，曷足以居乎萬乘哉？咸陽守國利器，不可久虛，以示姦萌。」……故因為述大漢之崇，世據雍州之利，而今國家未暇之故，以喻客意。曰：「……夫雍州本帝皇所以育業，霸王所以衍功，……禹貢所載，厥田惟上。沃野千里，原隰彌望，保殖五穀，桑麻條暢。濱據南山，帶以涇 渭，號曰陸海，蠢生萬類。……厥土之膏，畝價一金。……既有畜積，阸塞四臨：西被隴 蜀，南通漢中，北據谷口，東阻嶔巖。關函守嶢，山東道窮。置列汧 隴，雍偃西戎；拒守褒斜，嶺南不通；杜口絕津，朔方無從。鴻 渭之流，徑入于河；大船萬艘，轉漕相過；東綜滄海，西綱流沙；……城池百尺，阸塞要害。關梁之險，多所衿帶。……進攻則百剋，退守則有餘：斯固帝王之淵囿，而守國之利器也。……今天下新定，矢石之勤始瘳，而主上方以邊垂為憂，……未遑於論都而遺思雍州也。……客以利器不可久虛，而國家亦不忘乎西都，何必去洛邑之淳灣與？」[3]

祖籍琅邪 不其的王景作金人論以頌洛邑之美，去西遷之念。後漢書76/2466 循吏 王景傳載：

> 建初七年(82A.D.)遷徐州刺史，先是杜陵杜篤奏上論都，欲令車駕遷

1　後漢書 1 下/51 光武帝紀。
2　同上 80 上/2595，又 2596-7 文苑 杜篤傳。
3　同上 80 上/2598-2609 文苑 杜篤傳。

還長安。耆老聞之，皆動懷土之心，莫不眷然佇立西望。景以宮廟已
立，恐人情疑惑，會時有神雀諸瑞，乃作金人論頌洛邑之美。

章帝 建初中，關中耆老猶望還都長安。後漢書 40 上/1335-1370 班彪列
傳附固傳載：

> 時京師脩起宮室，濬繕城隍，而關中耆老猶望朝廷西顧。……(班固)
> 乃上兩都賦，盛稱洛邑制度之美，以折西賓淫侈之論。其辭曰：「有
> 西都賓問於東都主人曰：蓋聞皇漢之初經營也，嘗有意乎都河 洛矣。
> 輟而弗康，實用西遷。……左據函谷、二崤之阻，表以太華終南之山，
> 右界褒斜 隴首之險，帶以洪河、涇、渭之川。華實之毛，則九州之
> 上腴焉，防禦之阻，則天下之奧區焉。」……（東都）主人喟然而歎
> 曰：「……子實秦人，矜夸館室，保界河山。……今將語子以建武之
> 理，永平之事。……且夫辟界西戎，險阻四塞，修其防禦，孰與處乎
> 土中，平夷洞達，萬方輻湊？……子徒習秦 阿房之造天，而不知京
> 洛之有制也，識函谷之可關，而不知王者之無外也。」

直至和帝時期仍有山西人士述西土之美，企盼遷回長安，涿郡 安平人
崔駰作反都賦并序以闢之。全後漢文卷 24 引藝文類序 61 云：

> 漢歷中絕，京師為墟。光武受命，始遷洛都。客有陳西土之富，云洛
> 邑褊小，故略陳禍敗之機，不在險也。……建武龍興，奮旅西驅。虜
> 赤眉、討高胡、斬銅馬、破骨都。……觀三代之餘烈，察殷 夏之遺
> 風。昔崤 函之固，即周 洛之中。……

建都洛陽雖然滿足了山東人士的願望，但也留下無窮的後患。第一、因
為洛都離西北較遠，所以對邊疆的控禦能力便逐漸遞減。第二、為西北
的安全必須在關中駐紮重兵，遂形成後來軍閥的割據。西漢敢於面對外
來的強敵，終於戰勝強敵，而東漢定都洛邑，以「西遠羌 胡之難。」（見
上篇引翼奉勸元帝遷都洛陽語。）一是積極的進取，一是消極的退卻，
東漢的國運就於此中顯出分曉了。

　　王莽時匈奴背叛，出征的軍隊駐紮在西北邊境，由於糧食不繼而無

法維持紀律。邊郡盜賊紛起，尤其五原、代郡一帶受禍最甚，北邊郡縣因此空虛。[4]建武初期，匈奴數與盧芳共侵北邊，政府遂將幽 并邊民內遷至常山關、居庸關以東。後漢書 89/2940 南匈奴列傳載：

> 初，使命常通，而匈奴數與盧芳共侵北邊。（建武）九年（33A.D.），遣大司馬吳漢等擊之，經歲無功，而匈奴轉盛，鈔暴日增。（建武）十三年（37A.D.），遂寇河東，州郡不能禁，於是漸徙幽、并邊人於常山關、居庸關以東。

同書 18/683 吳漢列傳載：

> （建武）十五年（39A.D.），（吳漢）復率揚武將軍馬成、捕虜將軍馬武，北擊匈奴。徙鴈門、代郡、上谷吏人六萬餘口，置居庸、常山關以東。

因為邊郡人口稀少，兼以外患，光武帝遂於建武十年(34A.D.)省定襄郡，徙其民於西河。十一年(35A.D.)省朔方牧，并并州，十二年(36A.D.)省金城郡屬隴西，二十年(44A.D)省五原郡，徙其吏人置河東。[5]後來由於大臣的建議和南單于的遣子入侍，將緣邊的郡恢復了；並將內遷的八郡邊民歸於本土，但是省去的縣卻未再復。[6]後漢書 1 下/78 光武帝紀載：

> （建武二十六年，50A.D.）南單于遣子入侍，……於是雲中、五原、朔方、北地、定襄、鴈門、上谷、代八郡民歸於本土。遣謁者分將弛刑，補理城郭。發遣邊民在中國者，布還諸縣，皆賜以裝錢，轉輸給食。

同書 26/914 趙憙傳載：

> 時（建武二十七年，51A.D.）南單于稱臣，烏桓、鮮卑並來入朝，帝令（趙）憙典邊事，思為久長規。憙上復緣邊諸郡，（章懷注曰：謂

建武六年徙雲中、五原人於常山、居庸關間，至二十六年復令還雲中、五原。）幽、幷二州由是而定。

實際上，至明帝時，邊民在內郡的仍未完全回到本土，所以明帝 永平五年(62A.D)又下詔發遣在內郡的邊人，並每人賜裝錢二萬。[7]當光武帝在邊疆興立郡縣時，由於人口太稀少，曾有很深的感喟。續漢書 郡國志五劉昭注引應劭漢官云：

> 世祖中興，海內人民可得而數，裁十二三。邊陲蕭條，靡有孑遺，障塞破壞，亭隊絕滅。建武二十一年(45A.D)始遣中郎將馬援謁者，分築烽候堡壁，稍興立郡縣十餘萬戶，或空置太守令長，招還人民。

邊郡農業民族的減少，自然引起游牧民族的覬覦，加以西元第一世紀中葉(建武二十二年)，匈奴連年發生空前的大旱和蟲災，赤地數千里，草木完全枯萎，人畜因為饑餓和疾疫，死去三分之二。到西元四十八年，匈奴就分裂為兩部，南匈奴到五原塞歸附漢朝。因為南單于入居西河郡美稷縣。[8]別的游牧民族如烏桓、鮮卑、羌也紛紛內遷，到東漢衰微時，內郡守塞的羌 胡就相率為寇了。

二、山東大族對政權之控制

東漢一朝，山東大族對政權的控制力很強，特別是南陽地區的大族，因他們多是光武起事時的功臣，對政權控制的強度與深度是空前的，不是西漢初期豐 沛的功臣可以比擬的。[9]因為他們多數都是知識分子，有些更在太學讀書，如鄧禹、王霸、耿純、景丹、劉隆。有的且與光武同學。後漢書 16/599 鄧禹列傳載：

> 鄧禹，……年十三，能誦詩，受業長安。時光武亦遊學京師。

---

[7]　後漢書 2/109 明帝紀。

[8]　同注四　P.9B。

[9]　勞榦先生 1955-56 於台灣大學講授秦漢史課語。

又同書 16/624 寇恂列傳載：

> 拜為汝南太守……（寇）恂素好學，乃修鄉校，教生徒，聘能為左氏
> 春秋者，親受學焉。

又同書 17/639 馮異列傳載：

> 馮異，……好讀書，通左氏春秋、孫子兵法。

又同書 17/664 賈復列傳載：

> 賈復，……少好學，習尚書。

又同書 19/703 耿弇列傳載：

> （耿）弇少好學，習父業。（章懷注引袁山松書曰：弇少學詩、禮，
> 明銳有權謀。）

又同書 20/734 王霸列傳載：

> 王霸，……世好文法，父為郡決曹掾，霸亦少為獄吏，常慷慨不樂吏
> 職，其父奇之，遣西學長安。

又同書 20/738 祭遵列傳載：

> 祭遵，……少好經書。

又同書 21/761 耿純列傳載：

> （耿）純學於長安。

又同書 22/770 朱祐列傳載：

> （朱）祐為人質直，尚儒學。

又同書 22/772 景丹列傳載：

> （景丹）少學長安。王莽時舉四科。（章懷注引東觀記曰：王莽時舉
> 有德行、能言語、通政事、明文學之士。）

又同書 22/780 劉隆列傳載：

（劉隆）及壯，學於長安。

光武的功臣又多為山東人，又特多南陽人。後漢書卷二十二論曰：

> 中興二十八將，前世以為上應二十八宿，未之詳也。……永平中，顯
> 宗追感前世功臣，乃圖畫二十八將於南宮 雲臺，其外又有王常、李
> 通、竇融、卓茂，合三十二人.

雲臺功臣圖中未繪入竇融是因其地位與光武相若，[10]至於未繪入馬援，
則顯然是有意的。因明帝的皇后是馬援的女兒。後漢書 24/851-52 馬援
列傳載：

> 永平初，援女立為皇后。顯宗圖畫建武中名臣、列將於雲臺，以椒房
> 故，獨不及援。東平王蒼觀圖，言於帝曰：「何故不畫伏波將軍像？」
> 帝笑而不言。

茲據後漢書 22/790 所載三十二人，再加入伏波將軍馬援繪表如下：

東漢雲臺功臣籍貫表

姓名	籍貫	備註	姓名	籍貫	備註
太傅高密侯鄧禹	南陽新野	後漢書本傳	河南尹阜成侯王梁	漁陽要陽	後漢書本傳
大司馬廣平侯吳漢	南陽 宛	後漢書本傳	琅邪太守祝阿侯陳俊	南陽西鄂	後漢書本傳
左將軍膠東侯賈復	南陽冠軍	後漢書本傳	驃騎大將軍參蓬侯杜茂	南陽冠軍	後漢書本傳
建威大將	扶風茂陵	後漢書本傳	積弩將軍	潁川襄城	後漢書本傳

10　同上。

姓名	籍貫	備註	姓名	籍貫	備註
軍好時侯耿弇			昆陽侯傅俊		
執金吾雍奴侯寇恂	上谷昌平	後漢書本傳	左曹合肥侯堅鐔	潁川襄城	後漢書本傳
征南大將軍舞陽侯岑彭	南陽棘陽	後漢書本傳	上谷太守淮陵侯王霸	潁川潁陽	後漢書本傳
征西大將軍陽夏侯馮異	潁川父城	後漢書本傳	信都太守阿陵侯任光	南陽 宛	後漢書本傳
建義大將軍鬲侯朱祐	南陽 宛	後漢書本傳	豫章太守中水侯李忠	東萊 黃	後漢書本傳
征虜將軍潁陽侯祭遵	潁川潁陽	後漢書本傳	右將軍槐里侯萬脩	扶風茂陵	後漢書本傳
驃騎大將軍櫟陽侯景丹	馮翊櫟陽	後漢書本傳	太常靈壽侯邳彤	信都	後漢書本傳
虎牙大將軍安平侯蓋延	漁陽要陽	後漢書本傳	驍騎將軍昌成侯劉植	鉅鹿昌城	後漢書本傳
衛尉安成侯銚期	潁川 郟	後漢書本傳	橫野大將軍山桑侯王常	潁川舞陽	後漢書本傳
東郡太守東光侯耿純	鉅鹿宋子	後漢書本傳	大司空固始侯李通	南陽 宛	後漢書本傳
城門校尉朗陵侯臧宮	潁川 郟	後漢書本傳	大司空安豐侯竇融	扶風平陵	後漢書本傳

姓名	籍貫	備註	姓名	籍貫	備註
捕虜將軍楊虛侯馬武	南陽湖陽	後漢書本傳	太傳宣德侯卓茂	南陽 宛	後漢書本傳
驃騎將軍慎侯劉隆	南陽安眾	後漢書本傳	伏波將軍新息侯馬援	扶風茂陵	後漢書本傳
中山太守全椒侯馬成	南陽棘陽	後漢書本傳			

　　由上表，南陽的功臣多達十三人，潁川八人，鉅鹿二人，漁陽二人，馮翊一人，扶風四人，東萊、信都、上谷各一人，除扶風和馮翊五人外，其餘都來自山東。光武的建都東方顯然是受到他們的影響。而且光武又特別喜歡用家鄉——南陽人。如建武七年(31A.D.)，鄭興因日食上疏論朝廷用人之道。後漢書36/1221鄭興列傳載：

> 今公卿大夫多舉漁陽太守郭伋可大司空者，而不以時定；道路流言，咸曰：「朝廷欲用功臣。」

建武十一年(35A.D.)，調郭伋為并州牧，他在宴上建議選補眾職不應專用南陽人。後漢書31/1092郭伋列傳載：

> 十一年，省朔方刺史屬并州。帝以盧芳據北土，乃調（郭）伋為并州牧。過京師謝恩，帝即引見。……伋因言選補眾職，當簡天下賢俊，不宜專用南陽人。帝納之。

業師勞貞一先生賜書指正：「東漢初重用南陽人是事實，但也不是全部用關東人；尤其在東漢外戚中，如梁、竇、馬姓皆不是關東人。」但東漢的用人實則並無多大改變。不僅光武朝南陽人任吏職者多，終東漢一朝亦都如此。如附錄「東漢九卿籍貫分布表」(PP.199-205)，東漢一朝任九卿者共323人，除籍貫無可考者39人外，山東有177人，其中南陽郡就有42人，山西有60人，西北邊郡2人，東北邊郡3人，巴 蜀 漢

中 9 人，荊、揚區 24 人。又「東漢山東人士任守相刺史表示」（PP.225-259），東漢守相有籍可考者 1040 人，而山東佔 486 人，山西佔 200 人，巴 蜀佔 121 人，荊 揚233 人，山東區中南陽且多達 100 人。由此可知東漢佔的比重之高，人數遠較其他區域為多。這一因建都在山東，一因東漢尊崇儒學。傅樂成教授曾概論其發展及影響：

> 東漢皇室尊崇儒術，以文治國，山東的經學，在西漢時已盛，到東漢而益甚。……山西在人文上既居劣勢，而政府又加以輕視，因此山東儒學特別發遠，山西無法抗衡。山西地區的有志之士，惟有以軍功自奮。……東漢的傑出軍人，仍以山西軍人佔絕大多數。光武起兵時，相從的武將，率皆山東之士，但才具特出者不多。……光武以後，山東軍人大半凋謝，山西軍人乃代之而興。明、章、和三代的武功，泰半由他們建立。明帝時，竇固伐北匈奴於天山，……班超出使西域，……和帝時，竇憲西伐北匈奴。……東漢後期的山西，軍事人才益盛，諸如皇甫規、張奐、段熲、皇甫嵩等，均是傑出的將才。[11]

山西的軍事人才多是世代的將家。如後漢書 65/2129 皇甫規列傳載：

> 皇甫規，……安定 朝那人也。祖父棱、度遼將軍。父旗，扶風都尉。

又同書 65/2138 張奐傳載：

> 張奐，……敦煌 酒泉人也。父惇，為漢陽太守。

又同書 65/2145 段熲傳載：

> 段熲，……武威 姑臧人也。……西域都護會宗之從曾孫也。

又同書 71/2299 皇甫嵩傳載：

> 皇甫嵩，……度遼將軍規之兄子也。父節，雁門太守。

11　傅樂成：「漢代的山東與山西」，PP.6B-7B。

三、兩區農業、水利及工商業的發展

　　西漢 平帝 元始二年（2A.D.）全國的人口是戶千二百二十三萬三千六十二、口五千九百五十九萬四千九百七十八人。經王莽篡位和更始 赤眉之亂後，人口大減。到東漢 光武 中元二年(57.A.D.)，民戶纔四百二十七萬千六百三十四、口二千一百萬七千八百二十人。這還是經過光武帝三十四年(25A.D.-57A.D.)的揖撫安集，休養生息後的數字！續漢書 郡國志 1/3388 劉昭注引皇甫謐帝王世紀曰：

> 元始二年，……定墾田八百二十七萬五百三十六頃，民戶千三百二十三萬三千六百一十二，口五千九百一十九萬四千九百七十八人，……漢之極盛也。及王莽篡位，續以更始、赤眉之亂，至光武中興，百姓虛耗，十有二存。中元二年，民戶四百二十七萬千六百三十四，口二千一百萬七千八百二十人。

　　所以東漢山東、山西兩區的人口和西漢相比，已減少很多。山西區域的統計於本篇第一章已經論述。現據漢書 地理志平帝 元始二年(2A.D.)與續漢書 郡國志和帝 永元五年(93A.D.)所載，將兩漢 山東、山西區域的人口比較繪表如下：

兩漢山東人口比較表

郡國	前漢		後漢		增減
	口數	佔總人口比例	口數	佔總人口比例	
河南	1,740,279	2.9202%	1,010,827	2.0566%	-729,451
河內	1,067,097	1.7906%	801,558	1.6308%	-265,539
潁川	2,210,973	3.7100%	1,436,513	2.9227%	-774,460
汝南	2,596,148	4.3563%	2,100,788	4.2742%	-495,360
沛郡	2,938,520	4.9308%	1,288,767	2.6221%	-1,649,753
梁國					
山陽					
魏郡	3,115,196	5.2273%	2,713,238	5.5203%	-401,958

郡國	前漢		後漢		增減
	口數	佔總人口比例	口數	佔總人口比例	
鉅鹿					
廣平					
清河					
信都					
魯國	607,381	1.0192%	411,590	0.8374%	-195,791
常山	677,956	1.1376%	631,184	1.2842%	-46,772
趙國	349,952	0.5872%	188,381	0.3833%	-161,571
真定	178,616	0.2997%			
中山	668,080	1.1210%	658,195	1.3391%	-9,885
河間	187,662	0.3150%	634,421	1.2908%	+446,759
東郡	1,659,028	2.7838%	603,393	1.2277%	-1,055,635
陳留	1,509,050	2.5322%	869,433	1.7689%	-639,617
濟陰	1,386,278	2.3262%	657,554	1.3378	-728,724
平原	664,543	1.1151%	1,002,658	2.0400%	+338,115
千乘	490,720	0.8234%			
濟南	642,884	1.0788%	453,308	0.9223%	-187,576
齊郡	554,444	0.9304%	491,765	1.0005%	-62,679
北海	593,159	0.9953%	853,604	1.7367%	+260,445
東萊	502,693	0.8435%	484,393	0.9855%	-18,300
淄川	227,031	0.3810%			
膠東	323,331	0.5425%			
高密	192,536	0.3231%			
涿郡	782,764	1.3135%	633,754	1.2894%	-149,010
渤海	905,119	1.5188%	1,106,500	2.2513%	+201,381
廣陽	70,658	0.1186%	280,600	0.5709%	+209,942
南陽	1,942,051	3.2587%	2,439,618	4.9636%	+497,567
泰山	726,604	1.2192%	437,317	0.8898%	-289,287
城陽	205,784	0.3453%			
淮陽	981,423	1.6468%			

郡國	前漢		後漢		增減
	口數	佔總人口比例	口數	佔總人口比例	
東平	607,976	1.0202%	448,270	0.9120%	-159,706
琅邪	1,079,100	1.8107%	570,967	1.1617%	-508,133
東海	1,559,357	2.6166%	706,416	1.4373%	-852,941
楚國	497,804	0.8353%	493,027	1.0031%	-4,777
泗水	119,114	0.1999%			
趙國			188,381	0.3833%	
樂安			424,075	0.8628%	
任城			194,156	0.3950%	
濟北			235,897	0.4780%	
陳國			1,547,572	3.1487%	
	34,561,311	57.9938%	26,809,739	54.5445%	-7,751,572

兩漢山西人口比較表

郡國	前漢		後漢		增減
	口數	佔總人口比例	口數	佔總人口比例	
京兆	682,468	1.1452%	285,574	0.5810%	-396,894
左馮翊	917,822	1.5401%	145,195	0.2954%	-772,627
右扶風	836,070	1.4029%	93,091	0.1894%	-742,979
弘農	475,954	0.7986%	199,113	0.4051%	-276,841
河東	962,912	1.6158%	570,803	1.1613%	-392,109
隴西	236,824	0.3974%	29,637	0.0603%	-207,187
天水	261,348	0.4385%	(案:天水即漢陽)		
漢陽			130,138	0.2648%	-131,210
安定	143,294	0.2404%	29,060	0.0591%	-114,234
北地	210,688	0.3535%	18,637	0.0379%	-192,051
太原	680,488	1.1419%	200,124	0.4071%	-480,364

郡國	前漢		後漢		增減
	口數	佔總人口比例	口數	佔總人口比例	
上黨	337,766	0.5668%	127,403	0.2592%	-210,363
上郡	606,658	1.0180%	28,599	0.0582%	-578,059
西河	698,836	1.1726%	20,838	0.0424%	-677,998
	7,051,128	11.8317%	1,878,212	3.8212%	-5,172,916

由上表，東漢 山東區域的人口較之西漢已減少很多，不過，其時的關東區域仍是東漢全國人口分布最密的地區。所以桓帝初崔寔尚有徙青、徐、兗、豫、冀五州貧民到三輔、隴右及幽州等寬鄉的構想。全後漢文 46/726B 載其政論曰：

> 今青、徐、兗、冀，人稠土狹，不足相供。而三輔左右及涼、幽州內附近郡皆土曠人稀，厥田宜稼，悉不肎墾發。……今宜復遵故事，徙貧人不能自業者於寬地。此亦開草闢土振人之術也。

兩漢墾田畝數比較表

年	墾田畝數	資料來源
西漢平帝元始二年(2A.D.)	八百二十七萬五百三十六頃	漢書 28 下 11640 地理志
東漢和帝元興元年(105A.D.)	七百三十二萬一百七十頃八十畝四十步	續漢書郡國志五注 P.3534
安帝延光四年(125A.D.)	六百九十四萬二千八百九十二頃一十三畝八十五步	續漢書郡國志五注 P.3534
順帝建康元年(144A.D.)	六百八十九萬六千二百七十一頃五十六畝一百九十四步	續漢書郡國志五注 P.3534
沖帝永嘉元年(145A.D.)	六百九十五萬七千六百七十六頃二十畝百八步	續漢書郡國志五注 P.3534
質帝本初元年(146A.D.)	六百九十三萬一百二十三頃三十八畝	續漢書郡國志五注 P.3534

　　由上表可知東漢 和帝 元興元年墾田畝數較之西漢 平帝 元始二年已減少九十五萬三百六十六頃，安帝以後又減去三十八萬多頃，這和東漢山西、西北邊郡的人口劇減有關，和安帝及以後的羌亂更有關係。

　　東漢的主要農業區也和西漢相同，只是長江中下游的人口較前大量增加，牛耕技術的推廣，墾植的面積和單位面積的產量都增加了(說詳下篇)。東漢由於建都在山東，自然更視山東為根本，對山東的關注日甚一日。對山東的災害就特別重視。如明 章之際，牛疫盛行，便推行區田法以增耕，並下詔免收兗 豫 徐三州田租芻槁。後漢書 3/132-145章帝紀載：

> (建初元年，76A.D.)詔曰：「比年牛多疾疫，墾田減少，穀價頗貴，人以流亡。……是歲，牛疫，京師及三州大旱，詔勿收兗、豫、徐州田租芻槁。……建初四年初(79A.D.)冬，牛大疫。……(元和元年 84A.D.)詔曰：「……自牛疫以來，穀食連少。良由吏教未至，刺史、二千石不以為負。其令郡國募人無田徙它界就肥饒者，恣聽之。到在所，賜給公田，為雇耕傭，賃種餉，貰與田器，勿收租五歲，除算三年，其後欲還本鄉者，勿禁。」

同書 39/1305 劉般列傳載：

> 又郡國以牛疫水旱，墾田多減。……又以郡國牛疫，通使區種增耕。

又同書 4/174-183 和帝紀：

> (永元四年，92A.D.)十二月壬辰，詔：今年郡國秋稼為旱、蝗所傷，其十四以上勿收田租、芻槁。……(永元九年，97A.D.)詔：今年秋稼為蝗蟲所傷，皆勿收租更芻槁，若有所損失，以實除之，餘當收租者亦半入。(永元十六年 104A.D.)夏四月，遣三府掾分行四州，貧民無以耕者，為雇犂牛直。

後漢紀 16/2a：

> (安帝)永初元年(107A.D.)是時水雨屢降，災虛並生，百姓飢饉，盜賊群起。

後漢書 5/209 安帝紀載：

> 永初二年(108A.D.)春二月乙丑，遣光祿大夫樊準、呂倉分行冀 兗二
> 州，稟貸流民。

後漢書 5/209-212 安帝紀載：

> (永初)二年春正月，稟河南、下邳、東萊、河內貧民。(章懷引古今注
> 曰：「時州郡大饑，米石二千，人相食，老弱相棄道路。) ……(永初
> 三年)三月，京師大饑，民相食。」

　　安帝以後，天然的災害仍是非常頻繁。雖然有的是長江流域或邊郡
的，但漢朝特別關注的仍是山東區域。樊準上疏中，建議將被災之郡，
特別困乏的徙置到荊 揚熟郡。後漢書 32/1127-1128 樊準列傳載：

> 永初之初，連年水旱災異，郡國多被飢困，樊準上疏曰：「伏見被災
> 之郡，百姓彫殘，恐非賑給所能勝贍……可依征和元年故事，遣使持
> 節慰安，尤困乏者，徙置荊揚熟郡，既省轉運之費，且令百姓各安其
> 所。……悉留富人，守其舊土，轉尤貧者過所衣食，誠父母之計也，
> 願以臣言下公卿平議。」太后從之。

又同書 6/258 順帝紀載：

> (永建六年，131A.D.)詔曰：「連年災潦，冀部尤甚，比蠲除實傷，贍
> 恤窮匱，而百姓猶有棄業，流亡不絕。」

又同書 7/289-317 桓帝紀載：

> (建和元年，147A.D.)二月，荊 揚二州人多餓死。……(元嘉元年，
> 151A.D.)京師旱，任城、梁國饑，民相食。(永興元年，153A.D.) 秋
> 七月，郡國三十二蝗，河水溢，百姓饑窮，流冗道路，至有數十萬戶，
> 冀州尤甚。……(永壽元年，155A.D.)二月，司隸、冀州饑，人相食。
> (延熹九年，176A.D.)司隸、豫州飢，死者什四五，至有滅戶者。遣三
> 府掾賑稟之。

東漢的水利工程極大部份是集中在山東區域，屬於地方性的郡太守國相

策劃的固然如此，如南陽郡有杜詩。後漢書 31/1094 杜詩列傳載：

> (建武)七年(31A.D.)，遷南陽太守。……又修治陂池，廣招土田，郡
> 內比室殷足。時人方於召信臣，故南陽為之語曰：「前有召父，後有
> 杜母。」

汝南郡有鄧晨，後有鮑昱、何敞等賢太守推廣水利建設，所以汝南成為
非常富庶，人口鼎盛的地區（見 P.99，「兩漢山東人口比較表」），後來
人材輩出，習稱：「汝潁多士。」後漢書 15/584 鄧晨列傳載：

> 晨興鴻郤陂數千頃田，汝土以殷，魚稻之饒，流衍它郡。

又同書 82 上/2710 許楊列傳曰：

> 汝南舊有鴻郤陂，成帝時，丞相翟方進奏毀敗之。建武中，太守鄧晨
> 欲修復其功，聞楊曉水脈，召與議之。……因署楊為都水掾，使典其
> 事。楊因高下形勢，起塘四百餘里，數年乃立。百姓得其便，累歲大
> 稔。

又同書 29/1022 鮑昱列傳載：

> (明帝時)(鮑昱)拜汝南太守，郡多陂池，歲歲決壞，年費常三千餘萬。
> 昱乃上作方梁石洫，(章懷注曰：洫，渠也，以石為之，猶今之水門
> 也。)水常饒足，溉田倍多，以人殷富。

又同書 43/1487 何敞列傳載：

> (何敞)遷汝南太守，……修理鮦陽舊渠，百姓賴其利，墾田三萬餘頃。

如建武時河南 尹王梁建議穿渠引穀水注洛陽城下，雖渠成而水不流，
但後來卒由張純完成其事。後漢書 22/775 王梁列傳載：

> (王梁)為河南尹，穿渠引穀水注洛陽城下，東寫鞏川，及渠成而水不
> 流。

水經穀水注曰：

> 後張純堰洛以通漕，洛中公私穰贍。是渠全引穀水，蓋純之創也。

如章帝時，張禹在下邳開水門，通引灌溉。後漢書 44/1497-1498 張禹列傳載：

> 元和三年(86A.D.)，遷下邳相，徐縣北界有蒲陽陂，傍多良田，而埤廢莫修，禹為開水門，通引灌溉，遂成熟田數百頃。勸率吏民，假與種糧，親自勉勞，遂大收穀實。鄰郡貧者歸之千餘戶，室廬相屬，其下成市。後歲至墾千餘頃，民用溫給。

如章帝 和帝時期魯丕在趙國、東郡興修水利。後漢書 25/883-884 魯丕列傳載：

> 元和元年(84A.D.)徵，再遷，拜趙相。……永元二年(90A.D.)，遷東郡太守。丕在二郡，為人修通溉灌，百姓殷富。

順帝時崔瑗在河內 汲縣。後漢書 52/1724 崔瑗列傳載：

> 遷汲令，……為人開稻田數百頃。視事七年，百姓歌之.

桓帝時張導在鉅鹿郡。水經 濁漳水注引漳河神臺碑曰：

> 河內 脩武縣 張導，……以建和二年(148A.D.)為鉅鹿太守，漳津泛濫，土不稼穡。導披按地圖，與丞彭參掾馬道嵩等原其逆順，撥其表裏，修防排通，以正水路，功績有成，民用嘉賴。

如靈帝時李言修復青陂。水經 汝水注載：

> 建寧三年(170A.D.)，新蔡長汝南 緱氏 李言上請修復青陂。司徒臣訓尚書臣襲奏可于洛陽宮。青陂東塘南樹碑。……(青陂)源起桐柏 淮川，別流入于潺湲，逕新息 牆陂，衍入褒信界，灌溉五百餘頃。

由中央政府規劃興修的水利工程更是絕大部份在山東區域。和帝於永元十年(98.A.D)下詔令全國修理隄防溝渠。後漢書 4/184 和帝紀載：

> 永元十年春三月壬戌，詔曰：「隄防溝渠，所以順助地理，通利壅塞。今廢慢懈弛，不以為負。刺史、二千石其隨宜疏導。勿因緣妄發，以為煩擾，將顯行其罰。」

各地刺史、二千石對這道詔令大約並未認真執行，所以安帝 元初二年(115A.D.)春，除修理西門豹所分漳水支渠，又於二月辛酉下詔三輔等郡修理舊渠，後漢書 5/222 安帝紀載：

> (元初二年)修理西門豹所分漳水為支渠，以溉民田。……(二月)辛酉，詔三輔、河內、河東、上黨、趙國、太原各修理舊渠，通利水道，以溉公私田疇。……

東漢最大之水利工程是明帝朝修理汴渠、浚儀渠和治河。黃河經此次治理後，終東漢世未曾再決。後漢書 2/114 明帝紀載：

> (永平十二年，169A.D.)夏四月，遣將作謁者王吳修汴渠，自滎陽至于千乘海口。(章懷注曰：汴渠即莨蕩渠也。汴自滎陽首受河，所謂石門，在滎陽山北一里，過汴以東，積石為隄，亦號金隄，成帝 陽嘉中所作也。) ……(永平十三年，70A.D.)夏四月，汴渠成。辛巳，行幸滎陽，巡行河渠。乙酉，詔曰：「自汴渠決敗，六十餘歲，加頃年以來，雨水不時，汴流東侵，日月益甚，水門故處，皆在河中，漭瀁廣溢，莫測圻岸。……今兗、豫之人多被水患，乃云縣官不先人急，好興它役。又或以為河流入汴，幽、冀蒙利，故曰左隄彊則右隄傷，左右俱彊則下方傷，宜任水勢所之，使人隨高而處，公家息壅塞之費，百姓無陷溺之患。議者不同，南北異論，……久而不決。今既築隄理渠，絕水立門，河、汴分流，復其舊迹，陶丘之北，漸就壞墳。……濱渠下田，賦與貧人，無令豪右得固其利。……」

此事在同書 76/2464-2465 循吏 王景傳記載較詳。

> 時有薦景能理水者，顯宗詔與將作謁者王吳共修作浚儀渠。吳用景墕流法，水乃不復為害。初，平帝時，河、汴決壞，未及得修。建武十年(34A.D.)陽武令張汜上言：「河決積久，日月侵毀，濟渠所漂數十許縣。……宜改脩隄防，以安百姓。」書奏，光武即為發卒，方營河功，而浚儀令樂俊復上言：「昔元光之間，人庶熾盛，緣隄墾殖，而瓠子河決，尚二十餘年，不即擁塞。今居家稀少，田地饒廣，雖未脩理，

其患猶可。且新被兵革，……宜須平靜，更議其事。」光武得此遂止。後汴渠東侵，日月彌廣，而水門故處，皆在河中，兗、豫百姓怨歎，以為縣官恒興佗役，不先民急。永平十二年(69A.D.)，議修汴渠，乃引見景，問以理水形便。……又以嘗修浚儀，功業有成。……夏，遂發卒數十萬，遣景與王吳脩渠築隄，自滎陽東至千乘海口千餘里。景乃商度地執，鑿山阜、破砥績，直截溝澗，防遏衝要，疏決壅積，十里立一水門，令更相洄注，無復潰漏之患。……明年夏，渠成。帝親自巡行，詔濱河郡國置河堤員吏，如西京舊制。

順帝 陽嘉中及靈帝 建寧中，又續有增作。水經 河水注載：

順帝 陽嘉中又自汴口以東，緣河積石，為堰通渠，咸曰金隄。靈帝建寧中，又增修石門，以過渠口，水盛則通注，津耗則輟流。

山西區域則東漢初有馬援在金城和隴西 狄道開渠。後漢書 24/835-836馬援列傳載：

帝然之，於是詔武威太守，令悉還金城客民。歸者三千餘口，使各反舊邑。援奏為置長吏，繕城郭，起塢候，開導水田，勸以耕牧，郡中樂業。

水經 河水注灖水條曰：

昔馬援為隴西太守。六年，為狄道開渠，引水種秔稻。

靈帝時京兆尹 樊陵為修惠渠。全後漢文 74/874下蔡邕京兆樊惠渠頌曰：

陽陵縣東，厥地衍隩，土氣辛螫，嘉穀不植，草萊蕉枯而涇水長流，灌溉維首，編戶齊氓，庸力不供，牧人之吏，謀不暇給，蓋常興役，猶不克成。光和五年(182A.D.)京兆尹 樊君……諮之郡吏，申于政府。……司農遂取財于豪富，借力于黎元，樹柱累石，委薪積土，基跂功堅，體勢強壯，折湍流，欸曠波，會之于新渠。流水門，通窬瀆，洒之于畎畞。清流浸潤，泥潦浮游，冀之鹵田化為甘壤，粳麥稼穡之所入，不可勝算。……

由中央政府推動的，如安帝於元初三年(116A.D.)修理太原舊的溝渠。如靈帝 熹平四年(175A.D.)在鹽監。後漢書 5/224 安帝紀載：

> 春正月甲戌，修理太原舊溝渠，漑灌公私田。

又同書 8/337 靈帝紀載：

> (熹平)四年六月，弘農、三輔螟。遣守宮令之鹽監，穿渠為民興利。

桓 靈以後，國家因為內部的動亂，大規模的水利建設就停止了。

四、山東山西對西羌政策之分歧

羌亂是東漢一朝最大的邊患，在王莽末年西羌就常常背叛，後來隗囂招懷其酋豪，他們的部族多為其用，入居塞內，滿佈於金城屬縣。[12]建武九年(33A.D.)，司徒掾扶風人班彪上言，在涼州設護羌校尉以領護降羌：

> 今涼州部皆有降羌，羌胡被髮左衽，而與漢人難處，習俗既異，言語不通，數為小吏、黠人所見侵奪，窮恚無聊，故致反叛。……舊制益州部置蠻夷騎都尉，幽州部置領烏桓校尉，涼州部置護羌校尉，皆持節領護，理其怨結，歲時循行，問所疾苦。又數遣使驛通動靜，使塞外羌夷為吏耳目，州郡因此可得徼備。今宜復如舊，以明威防。[13]

光武帝聽從班彪之議，即以牛邯為護羌校尉。但是牛邯死後，護羌校尉就省去了。建武十年冬(34A.D.)，先零羌寇金城 隴西，次年夏天入寇臨洮，經馬援、來歙、馬成率諸將進擊後才告平定，但在事後卻將先零羌徙至天水、隴西、扶風各地。[14]此時朝臣以金城 破 羌之西，塗遠多寇，議欲棄之。經馬援力爭反對，才打消此議。後漢書 24/835-836 馬援列傳

---

[12] 　後漢書 24/835 馬援列傳，又同書 15/588 來歙列傳。

[13] 　同上 87/2878 西羌傳。

[14] 　同上 1 下/56 光武帝紀。

載：

> 援上言，破羌以西城多完牢，易可依固；其田土肥壤，灌溉流通。如
> 今羌在湟中，則為害不休，不可棄也。帝然之，於是詔武威太守，令
> 悉還金城客民。歸者三千餘口，使各反舊邑。援奏為置長吏，繕城郭、
> 起塢候、開導水田，勸以耕牧，郡中樂業。

和帝時，隃麋相曹鳳上言建復西海郡縣，規固二榆，廣設屯田。後漢書
87/2885 西羌傳載：

> 時西海及大、小榆谷左右無復羌寇。隃麋相曹鳳上言：「……臣愚以
> 為宜及此時，建復西海郡縣，規固二榆，廣設屯田，隔塞羌胡交關之
> 路。……又殖穀富邊，省委輸之役，國家可以無西方之憂。」

和帝於是拜曹鳳為金城 西部都尉，將徙士屯田龍耆，後金城長史上官
鴻開置歸義、建威屯田二十七部，侯霸在東西邯屯田五部，又增逢、留
二部，總計列屯夾河合三十四部。剛剛有點成績，到安帝 永初中，諸
羌復叛，於是這些屯田事業就終止了。[15] 羌亂幾乎與東漢一朝相終始。
中葉最大的一次是安帝 永初元年至元初五年(107-118A.D.)，費用二百四
十餘億；其次是順帝 陽嘉元年至沖帝 永嘉元年(132-145A.D.)，前後十
餘年費用八十餘億，第三次是桓帝末年至靈帝 建寧二年，由段熲平定，
費用四十四億。朝中大臣每當西羌大亂時，有的以關東利益為先，如安
帝 永初二年冀 兗兩州接連水旱為災，而西邊又有羌禍，御史中丞樊準
即主張「宜先東州之急。」後漢書 32/1127 樊準列傳載：

> 永初之初，連年水旱災異，郡國多被飢困，御史中丞(樊)準上疏曰：
> 「……伏見被災之郡，百姓凋殘，恐非賑給所能勝贍。……可依征和
> 元年故事，遣使持節慰安。尤困乏者，徙置荊、揚熟郡。……今雖有
> 西屯之役，宜先東州之急。(章懷注曰：時先零羌斷隴道，大為寇害，
> 遣車騎將軍鄧騭，征西校尉任尚討之，故曰「西屯役」也。東州謂冀

15　同上 87/2885 西羌傳。

兗州，時又遣光祿大夫樊準、呂倉分行冀 兗二州廩貸流人也。）……
願以臣言下公卿平議。」太后從之。

或每有羌亂，輒倡議放棄其地，如安帝 永初元年(107A.D.)先零羌反叛
時，遣車騎將軍鄧騭討之。河南 緱氏人龐參於徒中使其子俊上書曰：

> 方今西州流民擾動，而徵發不絕，水潦不休，地力不復。重之以大軍，
> 疲之以遠戍，……百姓力屈，不復堪命。臣愚以為萬里運糧，遠就羌
> 戍，不若總兵養眾，以待其疲。車騎將軍騭宜且振旅，留征西校尉任
> 尚使督涼州士民，轉居三輔。休徭役以助其時，止煩賦以益其財，今
> 男得耕種，女得織紝，然後蓄精銳，乘懈沮，出其不意，攻其不備，
> 則邊人之仇報，奔北之恥雪矣。[16]

書奏，御史中丞樊準上疏推薦龐參，「免赦參刑，以為軍鋒。」鄧太后
接納樊準的意見，當即擢參於徒中，使西督三輔諸軍屯，而調回鄧騭。
[17]到永初四年(110A.D.)，羌寇轉盛，軍費一年年的遞增，加以又連年的
歉收，穀價一石賣到一萬餘錢。龐參奏記於鄧騭，又提出放棄涼州，退
屯三輔：

> 比年羌寇特困隴右，供徭賦役為損日滋，官負人責數十億萬。今復募
> 發百姓，調取穀帛，衒賣什物，以應吏求。外傷羌虜，內困徵賦，遂
> 乃千里轉糧，遠給武都西郡。塗路傾阻，……疾行則鈔暴為害，遲進
> 則穀食稍損，運糧散於曠野，牛馬死於山澤。縣官不足，輒貸於民。
> 民已窮矣，將從誰求？名救金城，而實困三輔。三輔既困，還復為金
> 城之禍矣。參前數言宜弃西域，乃為西州士大夫所笑。今苟貪不毛之
> 地，營恤不使之民，暴軍伊吾之野，以慮三族之外，果破涼州，禍亂
> 至今。夫拓境不寧，無益於彊，……故善為國者，務懷其內，不求外
> 利；務富其民，不貪廣土。三輔山原曠遠，民庶稀疏，故縣丘城，可
> 居者多。今宜徙邊郡不能自存者，入居諸陵，田戍故縣，孤城絕郡，

16　同上 51/1687 龐參列傳。

17　同上。

以權徙之；轉運遠費，聚而近之；徭役煩數，休而息之。此善之善者
也。[18]

鄧騭和公卿以國用不足，想聽從龐參的建議；由於大眾多不贊同，才不
敢將涼州放棄。後漢書 58/1866 虞詡列傳載：

永初四年，羌胡反亂，殘破并、涼，大將軍鄧騭以軍役方費，事不相
贍，欲棄涼州，幷力北邊，乃會公卿集議。騭曰：「譬若衣敗，壞一
以相補，猶有所完。若不如此，將兩無所保。」議者咸同。（虞）詡
聞之。乃說李脩曰：「竊聞公卿定策當棄涼州，求之愚心，未見其便。
先帝開拓土宇，劬勞後定，而今憚小費，舉而棄之。涼洲既棄，即以
三輔為塞；三輔為塞，則園陵單外。此不可之甚者也。諺：『關西出
將，關東出相。』觀其習兵壯勇，實過餘州。今羌胡所以不敢入據三
輔，為心腹之害者，以涼州在後故也。其土人所以推鋒執銳，無反顧
之心者，為臣屬漢故也。若棄其境域，徙其人庶，……必生異志。如
使豪雄相聚，席捲而東，雖賁、育為卒，太公為將，猶恐不足當禦。
議者喻以補衣猶有所完，詡恐其疽食侵淫而無限極。棄之非計。」脩
曰：「吾意不及此。微子之言，幾敗國事。然則計當安出？」詡曰：「今
涼土擾動，人情不安，竊憂卒然有非常之變。誠宜令四府九卿，各辟
彼州數人，其牧守令長子弟皆除為冗官，外以勸屬，荅以功勤，內以
拘致，防其邪計。」脩善其言，更集四府，皆從詡議。於是辟西州豪
傑為掾屬，拜牧守長吏子弟為郎，以安慰之。[19]

但由於羌亂日之熾，遂徙金城 郡居隴西 襄武縣。「(永初)五年春，……
羌遂入寇河東，至河內，百姓相驚，多奔南度河。」[20]安帝下詔書將邊

18　同上，P.1688。

19　袁宏後漢紀、資治通鑑並繫此事於東漢 安帝 永初四年，虞詡所說為太尉張禹。李
　　學銘氏謂後漢書 安帝紀李脩任太尉在永初五年正月，本紀記任官事較列傳可靠，
　　認為後漢紀與通鑑所改是。「後漢書虞傳兩傳敘事牴牾考」，錢穆先生八十歲紀念
　　論文集，PP.325-331，香港新亞研究所，1974。

20　後漢書 87/2887 西羌傳。

郡內徙。後漢書 5/216 安帝紀載：

> (永初五年)先零羌寇河東，遂至河內。三月，詔隴西徙襄武，安定徙
> 美陽，北地徙池陽，上郡徙衙。

又同書 47/1593 梁懂列傳載：

> 明年(永初五年)安定、北地、上郡皆被羌寇，穀貴人流，不能自立。
> 詔(梁)懂發邊兵迎三郡太守，使將吏人徙扶風界。

因為這些郡縣的太守、令、長大多都是內郡人，毫無戰守的意思，所以
紛紛向中央建議遷徙郡縣，以避寇難。邊民不願內徙的，則將他們的禾
稼割掉，屋室營壁燬去，破其積聚。後漢書 87/2887-2888 西羌傳載：

> 羌既轉盛，而二千石、令、長多內郡人，並無守戰意，皆爭上徙郡縣
> 以避寇難。朝廷從之。遂移隴西徙襄武，安定徙美陽，(章懷注：縣
> 名，屬右扶風。)北地徙池陽，(章懷注：縣名，屬左馮翊。)百姓戀土，
> 不樂去舊，遂乃刈其禾稼，發徹室屋，夷營壁，破積聚。時連旱蝗飢
> 荒，而驅蹙劫略，流離分散，隨道死亡，或棄捐老弱，或為人僕妾，
> 喪其太半。

　　范蔚宗後漢書 西羌傳這段文字即引自王符的潛夫論 實邊篇第廿
四：

> 太守令、長畏惡軍事，皆以素非此土之人，痛不著身，禍不及我家，
> 故爭郡縣以內遷。至遣吏兵，發民禾稼，發徹屋室，夷其營壁，破其
> 生業，彊劫驅掠，與其內入。捐棄羸弱，使死其處。當此之時，萬民
> 怨痛，泣血叫號。……民既奪土失業，又遭蝗旱飢匱，逐道東走，流
> 離分散幽、冀、兗、豫、荊、揚、蜀、漢，飢餓死亡，復失太半，邊
> 地遂以丘荒，至今無人。

潛夫論作者王符是安定 臨涇人，該書的寫定在安帝 永初五年之後，桓
帝元嘉二年以前(111A.D.-152A.D.)，全書論述和 安以後及桓帝初年以前

的史實。[21]該書救邊、勸將、邊議、實邊四篇在永初 羌亂後未久即已寫成。王符認為羌亂的蔓延，一發不可收拾，完全是邊吏的過失。潛夫論 勸將第廿一云：

> 前羌始反時，將帥以定令之羣，藉富厚之蓄，據列城而氣利勢，權十萬之眾，將勇傑之士，以誅草創新叛散亂之弱虜，……不能擒滅，輒為所敗，令遂雲烝起，……掃滌幷 涼，內犯司隸，東寇趙 魏，西鈔蜀漢，五州殘破，六郡削迹。此非天災，長吏過爾！

王符目睹羌亂，身受其害，所以對洛都的公卿主張姑息和放棄涼州的政策，強烈的痛斥，潛夫論 救邊第二十二：

> 往者羌虜背叛，始自涼 幷，延及司隸，東禍趙 魏，西鈔蜀 漢，五州殘破，六郡削迹，周迴千里，野無孑遺，寇鈔禍害，晝夜不止，百姓滅沒。……而內郡之士不被殃者，咸云：當且放縱，以待天時。用意若此，豈人心哉！前羌始反，公卿師尹咸欲捐棄涼州，却保三輔，朝廷不聽。後羌遂侵（元箋曰：「下有脫字。」）而論者多恨不從惑（元箋曰：疑或議。）余竊笑之，所謂媾亦悔，不媾亦有悔者爾，未始識變之理。地（元箋曰：下脫不可兩字。）無邊，無邊亡國。是故失涼州，則三輔為邊；三輔內入，則弘農為邊；弘農內入，則洛陽為邊。推此相況，雖盡東海，猶有邊也。今不厲武以誅虜，選材以全境，而云邊不可守，欲先自割，示偄寇敵，不亦惑乎！」

邊議第二十三云：

> 今邊陲搔擾，日放族禍，百姓晝夜望朝廷救己，而公卿以為費煩不可。……今公卿苟以己不被傷，故競割國家之地以與敵，殺主上之民以餧羌，為謀若此，未可謂知；為臣若此，未可謂忠。……今諸言邊可不救而安者，宜誠以其身若子弟（元箋云：誠，疑試，）補邊太守、令長、丞尉，然後是非之情乃定，救邊乃無患，邊無患，中國乃

21　見拙著：「王符生卒年歲的考證及潛夫論寫定時間的推論」，PP.781-800，中央研究院歷史語言研究所集刊，第40本，1968。

得安寧。

直至順帝 永建四年（129A.D.），才聽取虞詡的意見，復置安定、北地、
上郡於故地。後漢書 87/2893 西羌傳載：

> 至四年，尚書僕射虞詡上疏曰：「……禹貢雍州之域，厥田惟上。且
> 沃野千里，穀稼殷積，又有龜茲鹽池以為民利。水草豐美，土宜產牧，
> 牛馬銜尾，群羊塞道。北阻山河，乘阨據險。因渠以溉，水春河漕。
> 用功省少，而軍糧饒足。故孝武皇帝及光武築朔方，開西河，置上郡，
> 皆為此也。而遭元元無妄之災，眾羌內潰，郡縣兵荒二十餘年。夫棄
> 沃壤之饒，損自然之財，不可謂利；離河山之阻，守無險之處，難以
> 為固。今三郡未復，園陵單外，而公卿選懦，容頭過身，張解設難，
> 但計所費，不圖其安。……」書奏，帝乃復三郡。使謁者郭璜督促徙
> 者，各歸舊縣，繕城郭，置候驛。

但是到順帝 永和五年（140A.D.）五月，且凍羌寇三輔，九月寇武都，
燒隴關。就「徙西河郡居離石，上郡居夏陽，朔方居五原。」次年五月，
鞏唐羌寇北地；九月，諸種羌寇 武威。十月就徙安定居扶風，北地居
馮翊。[22]這種動輒放棄涼州的論調，終東漢之世，幾乎無時無之，如靈
帝時，「會西羌反，邊章、韓遂作亂隴右，徵發天下，役賦無已。涿郡
安平人司徒崔烈以為宜棄涼州。」[23]靈帝詔公卿百官會議，由於崔烈堅
持放棄的主張，北地靈州人議郎傅燮厲言痛責，認為「斬司徒，天下乃
安。」堅主涼州不可輕棄。後漢書 58/1875-1876 傅燮列傳載：

> 燮對曰：「……今涼州天下要衝，國家藩衛。高祖初興，使酈商別定
> 隴右（章懷注引前書曰：漢王賜酈商爵信成君，以將軍為隴西都尉，
> 別定北地。）；世宗拓境，列置四郡，議者以為斷匈奴右臂。今牧御
> 失和，使一州叛逆，海內為之騷動。…烈為宰相，不念為國思所以弭
> 之之策，乃欲割弃一方萬里之土。……若使左衽之虜得居此地，士勁

22　後漢書 6/269-271 順帝紀。
23　同上 58/1875 傅燮列傳。

甲堅，因以為亂，此天下之至慮，社稷之深憂也。若烈不知之，是極蔽也；知而故言，是不忠也。」

靈帝終於聽從傅燮之議，而未放棄涼州。

東漢派遣到西北的將帥多「稽久不進。」前如安帝時的大將軍鄧騭及龐參（見前引）；後如順帝時的征西將軍馬賢與護羌校尉胡疇。而真正為西北安危擔憂，願獻身自效則是關中人士，如一介文人，扶風馬融乞請馬賢予不可用的關東兵五千人破敵。後漢書 60 上/1971 馬融列傳載：

時西羌反叛，征西將軍馬賢與護羌校尉胡疇征之，而稽久不進。(武都太守馬)融知其將敗，上疏乞自效，曰：「今雜種諸羌轉相鈔盜，宜及其未幷，亟遣深入，破其支黨，而馬賢等處處留滯；羌胡百里望塵，千里聽聲，今逃匿避回，……則必侵寇三輔，為民大害。臣願請賢所不可用關東兵五千，裁假部隊之號，盡力率屬，埋根行首，以先吏士，三旬之中，必克破之。臣少習學藝，不更武職，猥陳此言，必受誣罔之辜。……臣懼賢等專守一城，言攻於西而羌出於東，且其將士必有高克潰叛之變。」

結果朝廷不能用。又如安定郡朝那人皇甫規上書言馬賢不卹軍事，知其必敗。上書朝廷，求乞自效。後漢書 65/2129-2130 皇甫規列傳載：

(順帝)永和六年(141A.D.)，西羌大寇三輔，圍安定，征西將軍馬賢將諸郡兵擊之，不能克。規雖在布衣，見賢不卹軍事，審其必敗，乃上書言狀。尋而賢果為羌所沒。……其後羌眾大合，攻燒隴西，朝廷患之。規乃上疏求乞自效，曰：「臣比年以來，數陳便宜，羌戎未動，策其將反，馬賢始出，頗知必敗。……臣每惟賢等擁眾四年，未有成功，懸師之費且百億計。……夫羌戎潰叛，不由承平，皆由邊將失於綏御。乘常守安，則加侵暴，苟競小利，則致大害。微勝則虛張首級，軍敗則隱匿不言。軍士勞怨，困於猾吏，進不得快戰以徼功，退不得溫飽以全命，餓死溝渠，……徒見王師之出，不聞振旅之聲。酋豪泣

血，驚懼生變。是以安不能久，敗則經年。……願假臣兩營二郡，(章
懷注曰：「兩營謂馬賢及趙沖等。二郡，安定、隴西也。」)屯列坐食
之兵五千，出其不意，與護羌校尉趙沖共相首尾。土地山谷，臣所曉
習；兵勢巧便，臣已更之。………若謂臣年少官輕，(根案：本傳載
安定郡將知規有兵略，乃命為功曹。……舉規上計掾。)不足用者，
凡諸敗將，非官爵之不高，年齒之不邁，臣不勝至誠，沒死自陳。」
時帝不能用。

　　結果順帝又不能用。冲帝 質帝之際，梁太后臨朝，皇甫規被舉為
賢良方正，梁冀忿其在對策中諷刺，以他為下第，拜郎中，於是規託疾
免歸，州郡仰承梁冀的旨意，「幾陷死者再三。」以詩、易教授門徒，
積十四年，一直到梁冀被誅，才起用他為太山太守，討平太山的寇賊叔
孫無忌。[24]桓帝 延熹四年(161A.D.)秋天，叛羌 零吳等與先零別種寇鈔
關中，皇甫規又上疏自效。後漢書 65/2132 皇甫規列傳載：

　　延熹四年秋，叛羌 零吾等與先零別種寇鈔關中，護羌校尉段熲坐徵。
　　(章懷注曰：「熲擊羌，坐為涼州刺史 郭閎留兵不進下獄。」)後先
　　零諸種陸梁，覆沒營塢。規素悉羌事，志自奮効，乃上疏曰：「……
　　今猾賊就滅，太山略平，復聞群羌並皆反逆。臣生長邠 岐，年五十
　　有九，昔為郡吏，再更叛羌，豫籌其事，有誤中之言。臣素有固疾，
　　恐犬馬齒窮，不報大恩。願乞冗官，備單車一介之使，勞來三輔，宣
　　國威澤，以所習地形兵勢，佐助諸軍。……」

　　桓帝仍未肯用他，一直到這年冬天，羌人大合，朝廷深以為憂。三
公始推舉皇甫規為中郎將，持節監關西兵，討零吾等叛羌。次年皇甫規
又討隴右，結果東羌遣使乞降，涼州復通。[25]

　　綜合本節所述，主張對西北邊郡採消極政策，以山東為重，放棄涼
州的，如鄧騭（南陽人）、龐參（河南 緱氏）、樊準（南陽 武陽）、崔烈

---

[24]　同上 65/2130-2132 皇甫規列傳。
[25]　同上 65/2133 皇甫規列傳。

（涿郡 安平）都是山東人；而主張對西北邊郡縣採取積極政策，或廣設屯田，積穀富邊，或堅決反對放棄涼州的，除陰鑿相曹鳳無籍可考外，虞詡是關東 陳國 武平人，其餘如班彪（扶風）、馬援（扶風）、王符（安定 臨涇）、馬融（扶風）、傅燮（北地 靈州）、皇甫規（安定 朝那）都是山西人。而且東漢後期平定羌亂，戰功卓著的如皇甫規、段熲（武威 姑臧）、張奐（敦煌 淵泉）、蓋勳（敦煌 廣至）、傅燮（北地 靈州），全都是山西人士。

五、東漢末年山東之戰爭、山東水利設施之破壞及其沒落

東漢內郡小規模的亂事，自順帝 永和中起，即不斷發生。如

後漢書 63/2080 李固列傳載：（順帝）永和中，荊州盜賊起，彌年不定。

又同書 56/1818 張綱烈傳載：時廣陵賊張嬰等眾數萬人，殺刺史、二千石，寇亂揚 徐間，積十餘年，朝廷不能討。（梁）冀乃諷尚書，以（張）綱為廣陵太守，因欲以事中之。

又同書 38/1285-86 度尚列傳載：（桓帝）延熹五年(162A.D.)，長沙、零陵賊合七八千人，……入桂陽、蒼梧、南海、交阯，交阯刺史及蒼梧太守望風逃奔，二郡皆沒。遣御史中丞盛修募兵討之，不能剋。豫章 艾縣六百餘人，應募而不得賞直，怨恚，遂反，焚燒長沙郡縣，寇益陽，殺縣令，眾漸盛。……時荊州兵朱蓋等，征戍役久，財賞不贍，忿恚，復作亂，與桂陽賊胡蘭等三千餘人復攻桂陽，焚燒郡縣，太守任胤弃城走，賊眾遂至數萬，轉攻零陵。

又同書 65/2132 皇甫規列傳載：（桓帝）時太山賊叔孫無忌侵亂郡縣，中郎將宗資討之未服。

又同書 38/1288 楊琁列傳載：靈帝時（楊琁）為零陵太守。是時蒼梧、

> 桂陽獷賊相聚，攻郡縣。賊眾多而琔力弱，吏人憂恐。

不過這些亂事涉及的地區不廣，而且延續的時間也不長，多半三五年就平定了。東漢晚期的黃巾之亂則完全不同。接著又是董卓興亂，郭汜、李傕之屬相爭，終至州牧割據，三十多年的兵連禍結，全國人口因而驟減。續漢書 郡國志劉昭注引帝王世紀曰：

> 及靈帝遭黃巾，獻帝即位而董卓興亂，大焚宮廟，劫御西遷，京師蕭條，豪傑並爭，郭汜、李傕之屬，殘害又甚，是以興平、建安之際，海內凶荒，天子奔流，白骨盈野，……割剝庶民，三十餘年。及魏武皇帝剋平天下，文帝受禪，人眾之損，萬有一存。

中平元年（184.A.D）的黃巾之亂，幾乎擴及全國。後漢書 71/2299 皇甫嵩列傳載：

> (張)角因遣弟子八人使於四方，……轉相誑惑。十餘年間，眾徒數十萬，連結郡國，自青、徐、幽、冀、荊、楊、兗、豫八州之人，莫不畢應。

又明拓漢曹全碑亦載：

> 張角起□，幽、冀、兗、豫、荊、楊同時並動。

惟動亂最劇之地區是汝南、潁川、陳國、東郡、鉅鹿、南陽、清河，亦即漢代最精華的地區。後漢書 71/2300 皇甫嵩列傳載：

> 詔勒州郡修理攻守，簡練器械，自函谷、大谷、廣城、伊闕、轘轅、旋門、孟津、小平津諸關，並置都尉。……於是發天下精兵，……以(皇甫)嵩為左中郎將，持節，與右中郎將朱儁，共發五校、三河騎士及募精勇，合四萬餘人，嵩、儁各統一軍，共討潁川 黃巾，……並破之，餘賊降散，三郡悉平。又進擊東郡 黃巾卜己於倉亭，生禽卜己，斬首七千餘級。……嵩復與鉅鹿太守馮翊 郭典攻角弟寶於下曲陽，又斬之。

又同書 64/2118 盧植列傳載：

> 中平元年，黃巾賊起，四府舉（盧）植，拜北中郎將，……以護烏桓
> 中郎將宗員副，將北軍五校士，發天下諸郡兵征之。連戰破賊帥張角，
> 斬獲萬餘人，角等走保廣宗。

又同書 71/2309 朱儁列傳載：

> 時南陽黃巾張曼成起兵，……眾數萬，殺郡守褚貢，頓宛下百餘日。
> 後太守秦頡擊殺曼成，賊更以趙弘為帥，眾浸盛，遂十餘萬，據宛城。
> （朱）儁與荊州刺史徐璆及秦頡合兵萬八千人圍弘，……儁因急擊
> 弘，斬之。賊餘帥韓忠復據宛拒儁。

黃巾賊主力雖不久即被皇甫嵩、朱儁、盧植等名將敉平，但餘波則至東
漢末仍瀰漾未已，而且分布得更廣。後漢書 71/2310 朱儁列傳載：

> 自黃巾賊後，復有黑山、黃龍、白波、左校、郭大賢、于氐根、青牛
> 角、張白騎、劉石、左髭丈八、平漢、大計、司隸、掾哉、雷公、浮
> 雲、飛燕、白雀、楊鳳、于毒、五鹿、李大目、白繞、畦固、苦哂之
> 徒，並起山谷間，不可勝數。……大者二三萬，小者六七千。賊帥常
> 山人張燕，輕勇趫捷，……乃與中山、常山、趙郡、上黨、河內諸山
> 谷寇賊更相交通，眾至百萬，號曰黑山賊。河北諸郡縣並被其害，朝
> 廷不能討。……燕後漸寇河內，逼近京師，於是出（朱）儁為河內太
> 守，將家兵擊却之。其後諸賊多為袁紹所定。

又後漢書 72/2327 董卓傳載：

> 初，靈帝末，黃巾餘黨郭太等復起西河白波谷，遂破河東，百姓流轉
> 三輔，號為「白波賊」，眾十餘萬。(董)卓遣中郎將牛輔擊之，不能却。

又後漢書 74/2381-2386 袁紹傳載：

> (初平)四年(193.A.D)三月上巳，……聞魏郡兵反，與黑山賊于毒等數
> 萬人共覆鄴城，殺郡守。……六月，(袁)紹乃出軍，入朝歌鹿腸山蒼
> 巖谷口，討于毒，……破之，斬毒及其眾萬餘級。紹遂尋山北行，進
> 擊諸賊左髭丈八等，皆斬之。又擊劉石、青牛角、黃龍、左校、郭大

賢、李大目、于氐根等，復斬數萬級，皆屠其屯壁。與黑山賊張燕及
四營屠各、雁門 烏桓戰于常山。……建安元年(196A.D.)……紹上書
曰：「……又黃巾十萬焚燒青、兗，黑山、張楊蹈藉冀域。……」

又後漢書 86/2843 南蠻西南夷傳載：

至中平五年（188A.D.），巴郡 黃巾賊起。

又後漢書 75/2432 劉焉傳載：

是時益州賊馬相亦自號黃巾，合聚疲役之民數千人，先殺綿竹令，進
攻雒縣，殺郗儉，又擊蜀郡、犍為，旬月之間，破壞三郡。（按即廣
漢、蜀郡、犍為。）馬相自稱天子，眾至十餘萬人，遣兵破巴郡，殺
郡守趙部。

又後漢書 73/2353-2359 劉虞公孫瓚列傳載：

中平初，黃巾作亂，攻破冀州諸郡。……初平二年(191.A.D)，青、徐
黃巾三十萬眾入勃海界，欲與黑山合。

又後漢書 48/1610 應劭傳載：

初平二年(191A.D.)黃巾三十萬眾入郡界，(太守應)劭糾率文武，連與
賊戰，……賊皆退却，郡內以安。

又後漢書 61/2041 附黃琬列傳載：

中平初，出為右扶風。……(黃琬)又為豫州牧，時寇賊陸梁，州境彫
殘，琬討擊平之。

又後漢書 70/2263 孔融傳載：

時黃巾寇數州，而北海最為賊衝。卓乃諷三府同舉(孔)融為北海相。
融到郡，收合士民，起兵講武，馳檄飛翰，引謀州郡。賊張饒等群輩
二十萬眾從冀州還，融逆擊，為饒所敗，乃收散兵保朱虛縣。……時
黃巾復來侵暴，……乃遣東萊 太史慈求救於平原相劉備。

三國志 12/379 何夔列載：

> （何夔）遷長廣太守，郡濱山海，黃巾未平，豪傑多背叛，袁譚就加
> 以官位。

又三國志 1/8-10 武帝紀載：

> (初平二年)黑山賊于毒、白繞、眭固等十餘萬眾略魏郡、東郡，王肱
> 不能禦，太祖引兵入東郡，擊白繞于濮陽，破之。……(初平三年)青
> 州黃巾眾百萬入兗州，殺任城相鄭遂，轉入東平。……(太祖)遂進兵
> 擊黃巾于壽張東。……追黃巾至濟北。乞降。冬，亂降卒三十餘萬，
> 男女百餘萬口，收其精銳者，號為青州兵。

後來黑山賊帥張燕為袁紹所敗，率眾歸順了曹操。後漢書 73/2364-2365
公孫瓚列傳載：

> 建安三年(198A.D)，袁紹復大攻(公孫)瓚，瓚遣子續請救於黑山諸
> 帥。……四年春，黑山賊帥張燕與續率兵十萬，三道來救瓚。……張
> 燕既為紹所敗，人眾稍散，曹操將定冀州，乃率眾詣鄴降。拜平北將
> 軍，封安國亭侯。

　　黃巾之亂蔓延至青、徐、幽、冀、荊、楊、兗、豫八州，為禍最烈
的是東漢的精華地區青、徐、兗、豫、冀和荊州的南陽郡。其主力雖為
皇甫嵩、朱儁、盧植所平定，但其餘波則一直到建安時期猶未了結。有
的依附各軍閥，有的歸順曹操，成為曹氏的青州兵。[26]

六、山西軍閥與東漢之亡

　　本章第一節即已述及，東漢因建都洛陽，為防範西北，必須在關中
駐紮重兵。特別是安帝永初以後，羌患日益嚴重，需派大軍長期轉戰西
邊各郡。又因「光武建武七年廢除全國的都試和內郡的都尉，此後內郡
平時再無武備的訓練。而西邊諸郡的軍隊因經常與羌人作戰，戰力特

---

[26]　續漢書志第 19/3388 郡國一。

強，與民不知兵的山東，恰成一明顯的對照；而募兵制又最易造成軍閥，因此東漢末年，涼州產生了不少軍閥，但他們尚知聽從政府的命令，到靈獻之際，涼州軍閥董卓崛起，跋扈鴟張，視朝廷如無物，最後他以涼州兵進入洛陽，宰制朝廷，與山東的起兵者，發生全面的內戰。」[27]董卓是隴西臨洮人，在桓帝末以六郡良家子為羽林郎，從中郎將張奐為軍司馬，共擊破漢陽叛羌。稍遷為西城戊己校尉，後為并州刺史、河東太守。中平元年（184A.D.）拜東中郎將，代盧植擊張角於下曲陽。這年冬天，北地先零羌及枹罕河關羣盜反叛，次年春（185A.D.），朝廷以司空張溫為車騎將軍，拜卓為破虜將軍（與盪寇將軍並統於溫。），并諸郡兵步騎合十餘萬，屯美陽，以衛園陵。董卓大破邊章、韓遂。中平五年（188A.D.）拜卓前將軍，與左將軍皇甫嵩擊破漢陽王國。次年，朝廷徵卓為少府，已不肯就職和交出兵權了。[28]，他上書說：

> 所將湟中義從及秦胡兵皆詣臣曰：「……稟賜斷絕，妻子凍飢。」牽挽臣車，使不得行。羌胡敝腸狗態，臣不能禁止，輒將順安慰，增異復上。朝廷不能制，頗以為慮。及靈帝寢疾，璽書拜卓為并州牧，令以兵屬皇甫嵩。卓復上書言曰：「臣既無老謀，又無壯事，……掌戎十年，士卒大小相狎彌久，戀臣蓄養之恩，為臣奮一旦之命。乞將之北州，效力邊陲。」於是駐兵河東，以觀時變。

靈帝崩後，當大將軍何進謀誅閹宦，呼卓將兵入洛，此後朝政遂為其所制。袁紹、袁術和冀州牧韓馥等聯同起兵討伐董卓，可說是又一次的東西對抗。後漢書74上/2375-2376袁紹列傳載：

> 初平元年(190A.D.)，紹遂以勃海起兵，與從弟後將軍術、冀州牧韓馥、豫州刺史孔伷、兗州刺史劉岱、陳留太守張邈、廣陵太守張超、河內太守王匡、山陽太守袁遺、東郡太守橋瑁、濟北相鮑信等同時俱起，

27　傅樂成：「漢代的山東與山西」，PP.493-500，食貨月刊復刊第六卷第9期，1976.12。傅氏所言甚是，惟皇甫規、張奐、段熲諸人也是軍閥一點則不敢苟同。

28　後漢書72/2319-2322董卓列傳。

眾各數萬，以討卓為名。……約盟，遙推紹為盟主。……卓聞紹起山東，乃誅紹叔父隗及宗族在京師者，盡滅之。

董卓也聯合山西的軍人和山東對抗。後漢書 72/2335 董卓列傳載：

> 初，卓之入關，要韓遂、馬騰共謀山東。

前已詳論，西北邊郡因與游牧民族相接，習染胡風，生性慓悍，驍勇善戰。(見前引漢書卷 69 趙充國傳贊)特別是東漢中期後對邊郡動輒採取退卻政策，於是西北邊郡的人民紛紛築營塢自保，或守塞候望，以捍衛鄉邦。如和帝時何敞對太尉宋由所言。後漢書 43/1481 何敞列傳載：

> 時竇氏專政，外戚奢侈，賞賜過制，倉帑為虛。敞奏記由曰：「……而比年水旱，人不收穫，涼州緣邊，家被凶害，(章懷注曰：時西羌犯邊為害也。)男子疲於戰陳，妻子勞於轉運，老幼孤寡，歎息相依。……」

如桓帝時陳龜臨行上疏所言。後漢書 51/1692 陳龜列傳載：

> 會羌胡寇邊，殺長吏，驅略百姓，桓帝以龜世諳邊俗，拜為度遼將軍，龜臨行上疏曰：「……今西州邊鄙，土地墝埆，鞍馬為居，射獵為業，男寡耕稼之利，女乏機杼之饒，守塞候望，懸命鋒鏑，聞急長驅，去不圖反。自頃年以來，匈奴數攻營郡，殘殺長吏，侮略良細。戰夫身膏沙漠，居人首係鞍馬，或舉國掩戶，盡種灰滅，孤兒寡婦，號哭空城。……又宜更選匈奴、烏桓、護羌中郎將校尉，……除幷涼二州今年租更，寬赦罪隸，掃除更始。……」

又如董卓專政後，山東袁紹等起兵討伐，鄭太對卓所言關西人士之驍勇，卓軍必勝，雖為說辭，要亦為實情。後漢書 70/2258 鄭太列傳載：

> 公業懼，乃詭詞更對曰：「……關西諸郡，頗習兵事，自頃以來，數與羌戰，婦女猶戴戟操矛，挾弓負矢，況其壯勇之士，以當妄戰之人乎，其勝可必。六也。且天下彊勇，百姓所畏者，有幷、涼之人，及匈奴、屠各、湟中義從、西羌八種，而明公擁之，以為爪牙，譬驅虎

兇以赴犬羊。七也。」

關西諸郡的人民，對山東長期以來漠視他們的不滿心理，全在此時爆發出來。如後漢書 72/2325 董卓列傳載：

> 卓為相國，……是時洛中貴戚室第相望，金帛財產，家家殷積，卓縱放兵士，突其盧舍，淫略婦女，剽擄資物，謂之搜牢。人情崩恐，盧舍不保朝夕。

又三國志 6/174 董卓傳載：

> 卓既率精兵來，適值帝室大亂，得專廢立。……卓性殘忍不仁，遂以嚴刑脅眾，睚眦之際必報。……嘗遣軍到陽城，時適二月社，民各在其社下，悉就斷其男子頭，駕其車牛，載其婦女財物，以所斷頭繫車轅軸，連軫而還洛，……入開陽城門，焚燒其頭，以婦女與甲兵為婢妾。

初平元年(190A.D.)袁紹等起兵時，董卓就燒燬洛陽宮室，西徙天子都長安。三國志 6/176 董卓傳載：

> 卓以山東豪傑並起，恐懼不寧。初平元年二月，乃徙天子都長安。焚燒洛陽宮室，悉發掘陵墓，取寶物。

在徙都前的廷議中，更可以看出山西人士希望回都長安，並利用函崤以阻山東的豪彊。三國志 6/177-178 董卓傳注引華嶠漢書曰：

> 卓欲遷都長安，召公卿以下大議。……卓曰：「關中肥饒，故秦得并吞六國，今徙西京，設令關東豪彊敢有動者，以我彊兵踧之，可使詣滄海。」(楊)彪曰：「海內動之甚易，安之甚難。又長安宮室壞敗，不可卒復。……」卓意不得，便作色曰：「公沮我計邪？邊章、韓約有書來，欲令朝廷必徙都，若大兵東下，我不能復相救，公便可與袁氏西行。」

> 又裴注引(司馬彪)續漢書曰：太尉黃琬、司徒楊彪、司徒荀爽俱詣卓。卓言：「昔高祖都關中，十一世後中興，更都洛陽。從光武至今復十

一世，案石苞室讖，宜復還都長安。」……彪曰：「……。」卓作色
曰：「……關東方亂，所在賊起。崤函險固，國之重防。……」……
大駕即西。卓部兵燒洛陽城外百里。又自將兵燒南北宮及宗廟、府庫、
民家，城內掃地殄盡。又收諸富室，以罪惡沒入其財物，無辜而死者，
不可勝計。

三國志 10/308 荀彧傳載：

(董)卓遣李傕等出關東，所過虜略，至潁川、陳留而還，鄉人留者多
見殺略。

關中在殺死董卓後，由於王允等大臣處理的不當，引起董卓舊部隴右人
士的不滿，李傕、郭汜遂與董卓部曲樊稠、李蒙等圍長安。後漢書 72/2333
董卓列傳載：

傕、汜等以王允、呂布殺董卓，故忿怒并州人，并州人其在軍者男女
數百人，皆誅殺之。牛輔既敗，(根案：牛輔，卓子婿，……將兵屯
陝。李傕、郭汜、張濟均為其校尉。)眾無所依，欲各散去。傕等恐，
乃先遣使詣長安，求乞赦免。王允以為一歲不可再赦，不許之。傕等
益懷憂懼，不知所為。武威人賈詡時在傕軍，說之曰：「聞長安中議
欲盡誅涼州人，諸君若弃軍單行，則一亭長能束君矣，不如相率而西，
以攻長安，為董公報仇。事濟，奉國家以正天下；若其不合，走未後
也。」……若攻長安尅，則得天下矣；不尅，則鈔三輔婦女財物，西
歸鄉里，尚可延命。眾以為然，於是共結盟，率軍數千，晨夜西行，……
比至長安，已十餘萬，與卓故部曲樊稠、李蒙等合圍長安。

又後漢書 72/2336 董卓列傳載：

時長安中盜賊不禁，白日擄掠，傕、汜、稠乃叄分城內，各備其界，
猶不能制。而其子弟縱橫，侵暴百姓。是時穀一斛五十萬，豆麥二十
萬，人相食啖，白骨委積，臭穢滿路。

繼則李傕、郭汜、樊稠等與關西軍閥韓遂、馬騰相攻，後來李傕、郭汜、
樊稠三人亦互相猜疑而攻戰。三國志 6/181 董卓傳載：

十日城陷，與布戰城中，布敗走。催等放兵略長安老少，殺之悉盡，死者狼籍……是歲，韓遂、馬騰等降，率眾詣長安。……侍中馬宇與諫議大夫种邵，……等謀，欲使騰襲長安，己為內應，以誅催等。騰引兵至長平觀，宇等謀泄，出奔槐里。稠擊騰，騰敗走，還涼州；又攻槐里，宇等皆死。時三輔民尚數十萬戶，催等放兵劫略，攻剽城邑，人民飢困，二年間相啖食略盡。諸將爭權，遂殺稠，并其眾。汜與催轉相疑，戰鬥長安中。……相攻擊連月，死者萬數。

結果不僅長安因而毀壞，關中亦人口大減。後漢書 72/2341 董卓列傳載：

初，帝入關，三輔戶口尚數十萬，自催、汜相攻，天子東歸後，長安城空四十餘日，強者四散，羸者相食，二三年間，關中無復人跡。

關中人民或逃奔到漢中，或到益州、荊州。如後漢書 75/2436 劉焉列傳載：

韓遂、馬超之亂，關西民奔(張)魯者數萬家。

又後漢書 75/2433 劉焉列傳載：

初，南陽、三輔民數萬戶流入益州。

三國志 21/610 衛覬傳載：

關中膏腴之地，頃遭荒亂，人民流入荊州者十萬餘家。

至於洛都之殘破，街陌荒蕪，竟至周圍數百里中無煙火，如獻帝顛播中返洛時所見。三國志 6/186 董卓傳載：

天子入洛陽，宮室燒盡，街陌荒蕪，百官披荊棘，依丘牆間。……飢窮稍甚，尚書郎以下，自出樵采，或飢死牆壁間。

直至二十多年後，洛陽附近的農業生產猶未恢復。三國志 27/744 王昶傳載：

（王昶）為洛陽典農，時都畿樹木成林，昶斫開荒萊，勤勸百姓，墾田特多。

洛都及附近城邑，糧區之破壞，固由於山西軍人之肆意報復，如董卓之
縱兵搶掠；但山東諸將亦仿卓之所為。如三國志 15/467 司馬朗傳載：

> 關東諸州郡起兵，眾數十萬，皆集榮陽及河內，諸將不能相一，縱兵
> 鈔掠，民人死者且半。……時歲大飢，人相食。

如袁術在南陽以鈔掠為資。後漢書 75/2439 袁術列傳：

> 初，術在南陽，戶口尚數十百萬，而不修法度，以鈔掠為資，奢恣無
> 厭，百姓患之。

如興平元年（194A.D.），曹操擊潰徐州牧陶謙後，大殺寄居當地的難民；
攻取取慮、睢陵、夏丘諸縣後，皆遭屠殺，墟邑連行人都沒有了。三國
志 10/310 荀彧傳裴注引曹瞞傳云：

> 自京師遭董卓之亂，人民流移東出，多依彭城間。遇太祖至，坑殺男
> 女數萬口於泗水，水為不流。……（太祖）引軍從泗南攻取慮、睢陵、
> 夏丘諸縣，皆屠之，雞犬亦盡，墟邑無復行人。

而山東諸州牧，如公孫瓚、袁紹、袁術、田楷互相攻戰，競掠百姓。後
漢書 73/2359-2362 公孫瓚列傳載：

> (袁)術遣(公孫)越隨其將孫堅，擊袁紹將周昕，越為流矢所中死，瓚
> 因此怒紹，遂出軍屯槃河，將以報紹。……瓚乃自署其將帥為青、冀、
> 兗三州刺史，又悉置郡縣守令，與紹大戰於界橋，瓚軍敗還薊。紹遣
> 將崔巨業將兵數萬攻圍故安不下，退軍南還。瓚將步騎三萬人追擊於
> 巨馬水，大破其眾，死者七八千人。乘勝而南，攻下郡縣，遂至平原，
> 乃遣其青州刺史田楷據有齊地。紹復遣兵數萬與楷連戰二年，糧食並
> 盡，士卒疲困，互掠百姓，野無青草。

攻戰時，又決渠灌城。如三國志 10/323 荀攸傳載：

> 是歲，太祖自宛征呂布，至下邳，布敗退固守，攻之不拔。……乃引
> 沂、泗灌城，城潰，生擒布。

又三國志 1/10 武帝紀載：

（初平）四年（193A.D.）春，……（袁）術引軍入陳留，屯封丘，
黑山餘賊及於夫羅等佐之。術使將劉詳屯匡亭，太祖擊詳，……大破
之。……術走襄邑，追到太壽，決渠水灌城。……（建安）九年（203A.D.）
春正月，濟河，……二月，……公進軍到洹水，……既至，攻鄴。……
五月，毀土山、地道，作圍塹，決漳水灌城，城中餓死者過半。

山東區域的水利設施因受長期戰爭的影響，不僅因缺少維護失修而毀
壞，更被有意的決渠而失去灌溉的效用。加以因戰爭而勞動力隨之減
少，農產遂劇減，於是飢荒頻生，人口大減，兩者又互為因果使情況更
趨嚴重，如三國志 11/367-368 崔琰傳載：

太祖破袁氏，領冀州牧，辟（崔）琰為別駕從事。謂琰曰：「昨案戶
籍，可得三十萬眾，故為大州也。」琰對曰：「今天下分崩，九州幅
裂，二袁兄弟親尋干戈，冀方蒸庶暴骨原野。」

山東的人民，有的南渡避難（說詳下篇），有的北奔至幽州。如後漢書
73/2354 劉虞列傳載：

青、徐士庶避黃巾之難，歸（劉）虞者百餘萬口。

自靈帝中平元年，黃巾之亂起，經過三十多年的戰亂後，全國的人口竟
少至萬不存一。東漢末年仲長統昌言理亂篇曰：

漢二百年而遭王莽之亂，計其殘夷滅亡之數，又復倍秦、項矣。以及
今日，名都空而不居，百里絕而無民者，不可勝數。（章懷注曰：……
遭王莽喪亂，暨光武中興，海內人戶，準之於前，十裁二三，邊方蕭
條，略無孑遺。孝靈遭黃巾之禍，獻帝嬰董卓之禍，英雄棊峙，白骨
膏野，兵亂相尋三十餘年，三方暨寧，萬不存一也。）[29]

三國志 2/89 魏文帝紀裴注引典論自序曰：

山東大者連郡國，中者嬰城邑，小者聚阡陌，以還相吞滅，會黃巾盛

---

[29]　後漢書 49/1649 仲長統列傳。

　　　　於海、岱，山寇暴於幷、冀，乘勝轉攻，席卷而南，鄉邑望煙而奔，

　　　　城郭覩塵而潰，百姓死亡，暴骨如莽。

山東、山西都因為長期的戰爭，水利溝渠盡遭破壞，人口劇減而沒落了。

伍、兩漢時期（206B.C.-220A.D.）長江流域的發展

一、長江上游的發展

（一）敘論

　　本章所討論的區域，即漢初的巴、蜀、漢中及由前兩者分出的廣漢郡，並附入武帝 元鼎六年後增開之犍為、越嶲、牂柯、武都及益州等郡。約當今秦嶺以南至怒江之間的廣大地域：漢中盆地、四川盆地和雲貴高原。本區向以富饒著稱。

　　禹貢的作者對本區尚不甚了了，因此田定為第七、賦第八，又雜出第七至第九三等。書經 2/30-31 夏書禹貢（台灣 啟明書局據粹芬閣藏本影印本）載：

> 華陽、黑水惟梁州。……厥土青黎，厥田惟下上，厥賦下中三錯。厥貢璆、鐵、銀鏤、砮、磬、熊、羆、狐、狸、織皮。

至太史公已不然。史記 129/3261 貨殖列傳載：

> 巴蜀亦沃野，地饒巵、薑、丹沙、石、銅、鐵、竹、木之器。

漢書 28 下/1645 地理志繼而詳述：

> 巴、蜀、廣漢本南夷，秦併以為郡，土地肥美，有江水沃野，山林竹木蔬食果實之饒。南賈滇、僰僮，西近邛、筰馬旄牛。民食稻魚，亡凶年憂。俗不愁苦，而輕易淫泆，柔弱褊阸。

　　巴 蜀自古以來是一個獨立的區域，四周是崇山峻嶺，它和外面是隔絕的。東北為大巴山、岷山山脈和秦嶺，東邊是巫山山脈，東南是武陵和婁山山脈，西南是大雪山和大涼山，是四周高，中部低的紅色盆地。

巴 蜀和關中的交通非常不便。「司馬遷可能是太謹慎沒有將它早期歷史
記載下來，反而失傳了。」[1]「春秋、左傳中沒有巴 蜀，但巴 蜀和華夏
間很早就有交通。牧誓說：從武王伐紂的有庸、蜀等八國（尚書，十三
經注疏本，X1/156）；竹書紀年說：夷王二年，蜀人、呂人來獻瓊玉。（王
國維輯本，王忠愨公遺書本，8a）」[2]徐中舒先生認為 60 年代四川 彭縣
出土的殷代二觶，埋藏年代去周初開國不遠，或疑為蜀人參加伐紂戰役
後的物證，或周人頒賜的擄獲物。[3]

　　西周末幽王娶褒姒。國語卷七晉語載：

> 史蘇曰：……周幽王伐有褒，褒人以褒姒女焉。（韋註：有褒，姒姓
> 之國，幽王伐之，褒人以美女入，謂之褒姒。……）

華陽國志卷三蜀志載：

> 七國稱王，杜宇稱帝，號曰望帝。……
>
> 乃以褒斜為前門。

巴、蜀與楚之關係似早於秦。史記 5/202 秦本紀載：

> 楚自漢中，南有巴、黔中。

又左傳 莊公十八、十九年，文公十六載楚之伐申、伐庸，巴人都從楚
出師。如巴欲與鄧交往而請於楚。桓公九年：巴子使韓服告於楚，請與
鄧為好。但秦與巴 蜀相鄰，也有來往。如史記 129/3261 貨殖列傳載：

> 及秦文 德繆居雍，隙隴蜀之貨物而多賈。（根案：原作秦文 孝繆，
> 此從梁玉繩史記志疑 35/661B 改，中華書局標點本並同）

又史記 15/688 六國年表載：

> 周元王二年（475B.C.），蜀人來略。

1　　嚴耕望先生提示。

2　　陳槃：「春秋列國的交通」，中國上古史（待定稿），P.482，註一。

3　　徐中舒：「四川彭縣濛陽鎮出土的殷代二觶」，文物，1962.6。

又史記 68/2234 商君列傳載趙良說商鞅曰：

> （五羖大夫）發教封內，而巴人至貢。

秦惠王前元九年（329B.C.），并巴中（此從鍾鳳年：論秦舉巴蜀之年代，禹貢四卷三期）。後漢書 86/2841 南蠻列傳載：

> 及秦惠王并巴中，以巴氏為蠻夷君長，世尚秦女，其民爵比不更，有罪得以爵除。其君長歲出賦二千一十六錢，三歲一出義賦千八百錢。其民戶出幏布八丈二尺，雞羽三十鏃。漢興，南郡太守靳彊請一依秦時故事。

華陽國志卷三蜀志載：

> 周顯王之世，蜀王有褒漢之地，因獵谷中，與秦惠王遇。

秦惠王時司馬錯與張儀爭辯伐蜀之利。史記 70/2281 張儀列傳載：

> 苴蜀相攻擊，各來告急於秦。秦惠王欲發兵以伐蜀，以為道險狹難至，而韓又來侵秦。……猶豫未能決，司馬錯與張儀爭論於惠王前。司馬錯欲伐蜀，張儀曰：「不如伐韓。……」儀曰：「…今夫蜀，西僻之國，而戎翟之倫也。敝兵勞眾，不足以成名，得其地，不足以為利。臣聞：爭名者於朝，爭利者於市。今三川、周室，天下之朝市也，而王不爭焉，顧爭於戎翟，去王業遠矣。」司馬錯曰：「不然，臣聞之：欲富國者務廣其地，欲彊兵者務富其民，欲王者務博其德，三資者備，而王隨之矣。…夫蜀，西僻之國也，而戎翟之長也。…得其地，足以廣國，取其財，足以富民繕兵，不傷眾而彼已服焉。拔一國而天下不以為暴，利盡西海而天下不以為貪，是伐一舉而名實附也。而又有禁暴止亂之名。今攻韓，劫天子，惡名也，而未必利也，又有不義之名。而攻天下所不欲，危矣。臣請謁其故：周，天下之宗室也；齊、韓之與國也。周自知失九鼎，韓自知亡三川，將兩國并力合謀，以因乎齊、趙，而求解乎楚、魏，以鼎與楚，以地與魏，王弗能止也，此臣之所謂危也。不如伐蜀完。」

　　結果惠王聽取司馬錯的意見，出兵伐蜀，於惠王後九年（316B.C.）十月擊滅之（此從張守節正義說。）。秦得到巴蜀後，如虎添翼，不僅更富更強，且以巴 蜀位居長江上游的形勢，一步一步的蠶蝕楚國，使楚國日益受到威脅。茲據史記繪表如下：

秦與巴蜀漢中交往史事表

周元王	二年（475B.C.）	蜀人來賂。（史記六國表）
周安王	15 年（387B.C.）	秦伐蜀，取南鄭。（秦本紀）
	25 年（377B.C.）	蜀伐楚，取茲方。楚為扞關以拒之（楚世家）。根按：在此以前，蜀屬於楚。
	32 年（337B.C.）	楚、韓、趙、蜀人來朝（秦本紀）
	44 年（325B.C.）	秦攻楚漢中，取地六百里，置漢中郡。（秦本紀）
周慎靚王	五年（316B.C.）	司馬錯伐蜀，滅之。根按：自此以後，蜀屬於秦。（以下各事，互見史記秦本記、始皇本紀、六國表及華陽國志蜀志）。
周赧王	元年（314B.C.）	公子通封於蜀。（索隱引華陽國志曰：赧王元年，秦惠王封子通國為蜀侯，以陳莊為相。）
	四年（311B.C.）	丹、黎臣，蜀相壯殺蜀侯降秦。（正義曰：二戎號也，臣伏於蜀。蜀相殺蜀侯，并丹、黎二國降秦。）
	五年（310B.C.）	秦誅蜀相壯
	七年（308B.C.）	封子煇為蜀侯。司馬錯率巴、蜀眾十萬伐楚。
	14 年（301B.C.）	蜀反，司馬錯誅蜀侯煇，定蜀。
	21 年（294B.C.）	任鄙為漢中守。
	30 年（285B.C.）	蜀守張若取笮及其江南地。
	35 年（280B.C.）	司馬錯發隴西，因蜀攻楚黔中，拔之。
	36 年（279B.C.）	大良造白起攻楚，取鄢、鄧。赦罪人遷之。
	37 年（278B.C.）	大良造白起攻楚，取郢為南郡。
	38 年（277B.C.）	蜀守若伐楚，取巫郡及江南，為黔中郡。
	39 年（276B.C.）	楚人反秦江南。（正義曰：黔中郡反歸楚。）
	65 年（250B.C.）	李冰為蜀守。

秦王政	9 年（238B.C.）	長信侯毒作亂而覺，…盡得毒等。…及奪爵遷蜀四千餘家，家房陵。……（十二年）秋，復嫪毒舍人遷蜀者。

秦與巴 蜀之交通要道為褒斜道，史記 129/3261-3262 貨殖列傳云：

> 巴蜀亦沃野，…然四塞，棧道千里，無所不通，唯褒 斜綰轂其口。

嚴歸田先生據戰國策 秦策三：蔡澤說范睢曰：「今君相秦，…棧道千里，通於蜀漢。」疑此褒 斜當即范睢所修者歟？[4]另一為更早之陳倉 大散關故道，史記 8/367-8 高祖紀所載：

> 至南鄭。…用韓信之計，從故道還，襲雍王 章邯。邯迎擊漢 陳倉。

嚴歸田先生繼言：

> 蓋秦舊都雍，…其時秦 蜀交通或本由陳倉西南經今鳳縣 兩當東南至漢中。後都咸陽，遂復開斜與褒兩谷連絡之褒斜道。（同註 4）

黃盛璋先生考定此即周道。氏云：

> 水經注記扞水出周道谷在故道南，而西周銅器之散氏盤中亦有周道，據王國維考訂，周 散國即在散關一帶，周道即水經注周道谷之周道，可見此道甚故，故道水與故道縣都因此而得名。

秦對交通固甚注重。如巴 蜀屬楚時，楚威王曾使將軍莊蹻略巴、黔中以西。秦得巴 蜀後，使常頞略通五尺道。史記 116/2993 西南夷列傳載：

> 始楚威王時，使將軍莊蹻將兵循江上，略巴、（蜀）、黔中以西。…蹻至滇池，（地）方三百里，旁平地，肥饒數千里，以兵威定屬楚。欲歸報，會秦擊奪楚 巴、黔中郡，道塞不通，因還，以其眾王滇，變服，從其俗，以長之。秦時常頞略通五尺道，諸此國頗置吏焉。

秦 蜀交通之頻繁，亦可從始皇與二世時修驪山大墓、阿房宮時木

4　嚴耕望：唐代交通圖考第 19，「漢唐褒斜道」，P.702。

材取給於蜀、荊可資證明。史記 6/256 秦始皇本紀曰：

> 乃分作阿房宮，或作麗山。發北山石椁，乃寫蜀、荊地材皆至。

巴 蜀在秦的統治下，秦民不斷移入，成都亦開始建築。華陽國志卷三蜀志載：

> 周赧王元年，秦惠王封子通國為蜀侯，以陳壯為相，置巴郡。以張若為蜀國守。戎伯尚強，乃移秦民萬家實之。
>
> （周赧王）四年…（根按：原作五，從劉琳華陽國志校注改）儀與若城成都，周迴十二里，高七丈；郫城周迴七里，高六丈；臨邛城周迴六里，高五丈。造作下倉，上皆有屋。而置觀樓射蘭。成都縣本治赤里街，若徙置少城內城。營廣府舍，置鹽、鐵、市官并長丞；修整里闤，市張列肆，與咸陽同制。

尤其重要的是李冰興修水利。史記 29/1407-1408 河渠書載：

> 蜀守冰鑿離碓，辟沬水之害，穿二江成都之中。此渠皆可行舟，有餘則用溉浸，百姓饗其利。

華陽國志卷三蜀志載：

> 冰乃壅江作堋，穿郫江、檢江，別支流雙過郡下，以行舟船。岷山多梓柏大竹，頹隨水流，坐致材木，功省用饒；又溉灌三郡（元注曰：蜀、廣漢、犍為三郡），開稻田。於是蜀沃野千里，號為陸海。旱則引水浸潤，雨則杜塞水門，故記曰：水旱從人，不知饑饉。

據上引蜀志（P.209），李冰又通笮道 文井江和其他江水，其興修水利，尚不止都江堰一處。

> 冰又通笮道 文井江，（此從劉琳校注改，原作笮道 汶井江。）徑臨邛，與蒙溪分水白木江會武陽 天社山下，合江。又導洛通山 洛水，或出瀑口，經什邡，〔與〕郫別江會新都 大渡。又有綿水，出紫岩山，經綿竹入洛，東流過資中，會江陽。皆溉灌稻田，膏潤稼穡。是以蜀 川人稱郫繁曰膏腴，綿、洛為浸沃也。又識察水脈，（察原作齊，從劉

琳校注改。）穿廣都 鹽井，諸陂地，蜀于是有養生之饒也。

巴 蜀本以產糧著稱。如史記 70/2289-2290 張儀列傳載：

> 張儀既出，……乃說楚王曰：「…秦西有巴蜀，大船積粟，起於汶山，浮江已下，至楚三千餘里。舫船載卒，一舫載五十人與三月之食，下水而浮，一日行三百餘里，…不至十日而距扞關。

這雖是說客之辭，但必有相當的事實作根據，否則，怎能取信於楚王？經李冰治蜀廣修水利後，農業更有飛躍的進步。徐中舒先生考定李冰鑿離碓之技術，明由秦人輸入。[5]使巴、蜀日益進步的另一因素是秦遷徙大批的人民移入。除前引華陽國志 蜀志所載，以張若為蜀國守時，移萬家秦民實之外，又如史記 129/3277-3278 貨殖列傳載：

> 蜀 卓氏之先，趙人也，用鐵冶富。秦破趙，遷卓氏。…諸遷虜少有餘財，爭與吏，求近處，處葭萌。唯卓氏曰：「此地狹薄，吾聞汶山之下沃野，……民工於市，易賈。」乃求遠遷。致之臨邛，大喜，即鐵山鼓鑄，運籌策，傾滇 蜀之民，富至僮千人。田池射獵之樂，擬於人君。
>
> 程鄭，山東遷虜也。亦冶鑄，賈椎髻之民，富埒卓氏，俱居臨邛。

華陽國志 3/244 蜀志曰：

> 臨邛縣，郡西南二百里。本有邛民，秦始皇徙上郡實之。（根案：上郡下疑脫一民字。）

太平寰宇記曰：

> 秦始皇二十五滅楚，徙嚴王之族以實此地，故曰嚴道。

此即華陽國志 3/225 蜀志所載：

> 然秦惠王、始皇克定六國，輒徙其豪俠于蜀，資我豐土。[6]

5　徐中舒：「古代灌溉工程起源考」，中央研究院歷史語言研究所集刊，第五本，1935。
6　根案：史記 項羽本紀亦稱：「巴蜀道險，秦之遷人皆居蜀。」

遷徙來的人民當中，不僅有勤勞的秦民，且有荊 楚貴族，趙 魏富戶，他們將勞動力、資金、生產技術、貨殖本領一併帶入巴 蜀，巴 蜀的發展遂一日千里。秦對巴、蜀、漢中山林資源之開發，則併入下節敘述。

（二）西漢時期之巴、蜀、漢中

　　劉邦憑藉巴、蜀、漢中卒擊敗項羽，成就帝業。史記 7/316 項羽本紀載：

> 項王、范增疑沛公之有天下，業已講解，又惡負約，…乃陰謀曰：「巴、蜀道險，秦之遷人皆居蜀。」乃曰：「巴、蜀亦關中地也。」故立沛公為漢王，王巴、蜀、漢中，都南鄭。

劉邦即由前述褒斜道進入漢中。「（張）良送至褒中，…良因說漢王曰：『王何不燒絕所過棧道，示天下無還心，以固項王意。』乃使良還。行，燒絕棧道。」[7]自燬棧道一方面固然示項羽無東出之意，一方面也藉以防止自己士卒之逃亡。劉邦後由陳倉故道迂迴而出，迅定三秦。而蕭何留守巴蜀，徵集軍食。史記 53/2014-2015 蕭相國世家載：

> 漢王引兵東定三秦，何以丞相留守巴蜀，填撫諭告，使給軍食。漢二年（205B.C.），漢王與諸侯擊楚，何守關中，…計戶口轉漕給軍。
> 漢王數失軍遁去，何常興關中卒，輒補缺。上以此專屬任何 關中事。

　　漢二年後，丞相蕭何雖已治櫟陽，但其轉漕給軍之糧食，絕大部份當仍由巴、蜀轉輸而來。因劉邦還定三秦之次年，關中即鬧大飢荒，該地人民尚需就食蜀漢。漢書 1 上/38 高帝紀載：

> （二年六月）關中大飢，米斛萬錢，人相食，令民就食蜀漢。

又同書 24 上/1127 食貨志載：

> 漢興，接秦之敝，諸侯並起，民失作業，而大饑饉。凡米石五千，人

7　史記 55/2038-39 留侯世家。

相食，死者過半。高祖乃令民得賣子，就食蜀漢。

　　上引漢書 食貨志所載不僅遠較上條高祖本紀詳細，而且由史文，關中發生飢荒似不只漢二年（205B.C.）一年而已，關中地區在漢初曾賡續發生饑荒。饑荒之原因食貨志已說得十分明白，「諸侯並起，民失作業。」即人民因被迫參戰死亡，如蕭何在「漢王數失軍遁去，常興關中卒，輒補缺。」後來連老弱和未傅的都送去前線。所以關中地區生產勞動力自然劇減，而這絕不是二三年之內可以恢復的，因此關中地區在漢初曾連續饑荒是非常合理的解釋。

　　項羽最後頻遭失敗，固由於彭越、黥布、韓信等之牽制，項羽須轉戰各地，而無一可用之將；但屢屢糧食不繼亦為主要原因。

　　巴、蜀、漢中是秦末及楚 漢之際，全國未受戰火波及的少數地區之一。[8]西漢初都長安，史記 30/1418 平準書所載：「漕轉山東粟，以給中都官，歲不過數十萬石。」一般史家的解釋是：此時漢室政府架構尚小，所需糧食不多，因此每年只需從山東轉漕數十萬石。我以為其時山東飽經戰火的蹂躪，特別是劉 項相爭的地方正是春秋 戰國以來盛產糧食的地區，所以每年從山東轉漕數十萬石恐怕也是由於實際的困難所限，而另由巴 蜀轉輸糧食補充了。我們可以肯定的說，巴 蜀 漢中不僅在劉邦與項羽作生死搏鬥時固然貢獻極大，即在西漢帝國的鞏固和擴張時期也都有非凡的貢獻。雖然在西漢建國的初期對巴 蜀的邊遠地區可能一度放棄。但無害巴 蜀的富庶。如史記 116/2993 西南夷列傳載：

　　　秦時常頞略通五尺道，諸此國（根案：指滇地）頗置吏焉。十餘歲，秦滅。及漢興，皆弃此國而開蜀故徼。巴 蜀民或竊出商賈，取其笮馬、僰僮、髦牛，以此巴 蜀殷富。

　　唯其如此，西漢一朝對巴 蜀 漢中的經營是特別注意的。如劉邦五

8　宋希尚中國河川誌第二編五章二節謂漢中盆地耕種區域的面積約三十餘萬畝，全屬築堰截水，引渠灌溉。...中以褒城 褒水的山河大堰，規模宏大，截水引渠，灌溉農田萬頃。相傳是蕭何、曹參所創建的。宋氏未註明出處。

年（202B.C.）十二月才徹底擊潰項羽，得到最後的勝利，六年正月稱帝，五月由洛陽遷都長安。就在這喘息初定的時候，即分巴郡、蜀郡，增設廣漢郡。後來漢武又分廣漢和新拓地區增設犍為郡。又如後來因中央政府的架構日漸龐大，西北的增設新郡，邊疆的移民和漢武朝對匈奴的正式用兵，使關中每年需要的糧食激增。所以漢朝群臣無時不在為此絞腦汁，如鄭當時、番係、耿壽昌的設計及關中龍首渠、六輔渠、白渠的建設都是為增加山西本身糧食的供應，或增加渭河的漕運量；但這些均不如改善關中與巴蜀漢中的通道來得直接、快速和有效。所以漢武時就有人上書，欲重通高祖時燒燬的褒斜道。漕運車轉來增加關中糧食的供應量，以避過底柱之險，並且籍以開發褒斜的天然資源。漢書29/1681溝洫志載：

> 其後人有上書，欲通褒斜道及漕，事下御史大夫張湯。湯問之，言：
> 「抵蜀從故道，故道多阪，回遠。今穿褒斜道，少阪，近四百里；而
> 褒水通沔，斜水通渭，皆可以行船漕。漕從南陽上沔入褒，褒絕水至
> 斜，間百餘里，以車轉，從斜下渭。如此，漢中穀可致，而山東從沔
> 無限，便於底柱之漕。且褒斜材木竹箭之饒，儗於巴蜀。」上以為
> 然。拜湯子卬為漢中守，發數萬人通褒斜道五百餘里。道果便近，而
> 水多湍石，不可漕。

史文此處雖未言通褒斜道亦可增加巴蜀之供應量，但自為意料中之成果。誠如嚴歸田先生所云：「漢都長安，舊（故）道究迂遠，不如褒斜之捷近，故武帝中葉復修褒斜棧道，且欲以通山東之漕運。通漕事雖失敗，但褒斜道全長四百餘里，較故道近四百里，遂復為關中通巴蜀之主要幹線。故華陽志云：璽書交馳於斜谷之南，玉帛踐乎梁益之鄉也。」[9]

　　西漢一朝，巴、蜀、漢中之吏治有長足之進步。其中又尤以景帝末文翁之治蜀為最。漢書89/3625-3626循吏文翁傳載：

---

[9]　同註四，P.704。

> 文翁，…少好學，通春秋，以郡縣吏察舉。景帝末，為蜀郡守，仁愛
> 好教化。見蜀地辟陋有蠻夷風，文翁欲誘進之，乃選郡縣小吏開敏有
> 材者張叔等十餘人親自飭屬，遣詣京師，受業博士，或學律令。減省
> 少府用度，買刀布蜀物，齎計吏以遺博士。數歲，蜀生皆成就還歸，
> 文翁以為右職，用次察舉，官有至郡守刺史者。又修起學官於成都市
> 中，招下縣子弟以為學官弟子，為除更繇，高者以補郡縣吏，次為孝
> 悌力田。常選學官僮子，使在便坐受事。每出行縣，益從學官諸生明
> 經飭行者與俱，使傳教令，出入閨閣，縣邑吏民見而榮之。數年，爭
> 欲為學官弟子，富人至出錢以求之。繇是大化，蜀地學於京師者比齊
> 魯焉。至武帝時，乃令天下郡國皆立學校官，自文翁為之始云。

　　巴、漢中因鄰近蜀郡，受其影響亦立學。實則不獨漢代之郡國學校
濫觴於蜀郡，漢武將之推廣到全國；即董仲舒之中央設太學，為博士置
弟子員之議，又何嘗不是受文翁遣郡縣小吏，至長安受業博士之影響。
華陽國志 3/214 蜀志載此事略異，惟亦有足資補正的地方。文載：

> 孝文帝末年，以廬江文翁為蜀守，穿湔江口，溉灌繁田千七百頃。
> 是時世平道治，民物阜康，承秦之後，學校陵夷，俗好文刻。翁乃立
> 學，選吏、子弟就學；遣雋士張叔等十八人東詣博士受七經，還以教
> 授。學徒鱗萃，蜀學比于齊魯。巴、漢亦立文學。孝景帝嘉之，令
> 天下郡國皆立文學，因翁倡其教，蜀為之始也。孝武帝徵入叔為博士。
> 叔明天文、災異，始作春秋章句，官至侍中，揚州刺史。

首句「孝文帝末年，……文翁為蜀郡守。」及「孝景帝令天下郡國皆立
文學。」[10]劉琳校註已辨其誤；另漢書 地理志亦云：「景 武間文翁為蜀
郡守。」此條記載最可貴者為文翁郡守期間興修水利——穿湔江口，灌
溉繁縣一千七百頃田地。水經注 江水亦云：成都江北，則左對繁田，

---

[10]　漢書 循吏 文翁傳：「蜀地學於京師者齊 魯焉。」甚不可解；而此條華陽國志作
　　　「遣雋士張叔等十八人東諧博士受七經，還以教授。學徒鱗萃，蜀學比于齊 魯焉。」
　　　則意甚曉暢。齊 魯自春秋 戰國以來，一直是中國教育文化最發達之地，此後蜀
　　　地之學亦可與兩地媲美。

文翁又穿湔溲以灌溉，凡一千七百頃。劉琳華陽國志校註此條甚詳，茲引錄如下：

> 「湔江口」，水經注 江水作「湔史」，意亦同。湔江，今柏條河。古代湔水本指都江堰上游的白沙河（元注見漢志），白沙河入岷江，岷江又分為柏條河（元注：江沱。根按：疑作沱江。）故柏條河亦通得湔江之稱。「穿湔江口」指開蒲陽河。蒲陽河下流為青白江。（根按：「流」字疑作「游」。）青白江有二源，一為蒲陽河，一為自彭縣關口流出的青白江。後者為自然水道。文翁則自灌縣東門外分湔江水東北流，過蒲陽鎮，轉而東南流入彭縣界，至麗春公社與青白江會合，灌溉灌縣東部及彭縣、新繁大片田地，這一帶在漢代大部份屬繁縣，故云：「溉灌繁田」。

如本章首節所云，巴 蜀 漢中的天然資源是非常豐富的，巴 蜀 漢中均盛產木材。如前引秦始皇建阿房宮時，部份木材即來自蜀 荊。惟其開採則首見於秦時。如前引史記 129/3277-3278 貨殖列傳載：

> 蜀 卓氏之先，趙人也，因鐵冶富。秦破趙，遷卓氏，…致之臨邛，大喜，即鐵山鼓鑄，運籌策，傾滇 蜀之民，富至僮千人，田地射獵之樂，擬於人君。

> 程鄭，山東遷虜也，亦冶鑄。賈椎髻之民，富埒卓氏，俱居臨邛。

西漢初年，卓氏、程鄭仍是巴 蜀冶鐵業中的巨擘。武帝實施鹽鐵酒榷專賣後，才在蜀郡的臨邛、犍為郡的武陽、南安、及漢中郡的沔陽分別設立鐵官，由政府直接開採，冶鑄和管理。西漢全國設鐵官四十七個，本區就有四個。

巴 蜀亦盛產丹沙，如秦始皇時，巴有寡婦清即擅丹穴之利。漢書 91/3686 貨殖傳載：

> 巴寡婦清，其先得丹穴，而擅其利數世，家亦不訾。清寡婦能守其業，用財自衛，人不敢犯。

巴 蜀也盛產銅，漢文帝時鄧通錢滿天下，其銅即產自蜀郡 嚴道縣。史

記 125/3192 佞倖傳曰：

> （文帝）賜鄧通蜀 嚴道銅山，得自鑄錢，鄧氏錢佈天下。

漢書 28 上/1598-1601 地理志所載除蜀郡 嚴道縣，尚有：

> 越巂郡 邛都縣南山出銅；益州郡 俞元縣 懷山出銅，來唯縣 從獨山出
> 銅。

　　巴、蜀、漢中、益州、犍為出產的金、銀、錫、鉛亦甚可觀。[11]漢
書 28 上/1599-1601 地理志載：

> 犍為郡 朱提縣出銀
>
> 益州郡 律高縣西石空山出錫，東南醫町山出銀、鉛。…賁古縣，班
> 固本注曰：北采山出錫，西羊山出銀、鉛，南烏山出錫。

而且朱提所產之銀較其他地區所產者為佳，漢書 24 下/1178 食貨志載：

> 朱提銀重八兩為一流，直一千五百八十。（師古注曰：朱提，…出善
> 銀。）它銀一流直千。

　　漢書 地理志中所載全國有鹽官三十六，而巴 蜀 漢中地區有四個，
即蜀郡的臨邛，巴郡的朐忍，犍為郡的南安和越巂郡 定筰。[12]成都 羅褒

---

[11] 華陽國志卷二漢中志載：梓橦郡 涪縣、晉壽縣、陰平郡 剛氏縣均有金銀礦。廣
漢涪水有金銀之礦。今建昌有遠人多盜開，有司禁之而終不能禁。

[12] 據華陽國志卷一、二、三所載，巴蜀鹽井分布甚廣。計有：
臨江縣　有鹽官，在鹽 塗兩溪，一郡所仰，其豪亦家有鹽井。
朐忍縣　有鹽井（前漢書 地理志謂有鹽官。）
漢髮縣　有鹽井。
南充國縣　有鹽井。
臨邛縣　有火井，井內有二水，取火煮之，一斛水得五斗鹽。（前漢書謂
有鹽官。）
廣都縣　有鹽井、漁田之饒。大豪馮氏有魚池、鹽井，縣凡有小井數十。
什邡縣　有鹽井。
郫縣　有鹽井。
牛鞞縣　有鹽井。

以開鑿鹽井而變成巨富。漢書 91/3690 貨殖傳載：

> 程、卓既衰，至成、哀間，成都 羅裒貲至巨萬。……擅鹽井之利，
> 期年所得自倍。遂殖其貨。

王充甚至將巴 蜀之鹽井與東海產之海鹽相比。其論衡 別通篇曰：

> 東海水鹹，流廣大也；西州鹽井，源泉深也。

西漢並於蜀郡 嚴道設木官，朐忍和魚腹兩縣各設橘官。巴 蜀的冶鐵工業在西漢時期有快速的發展。如前引漢書 89/3625 文翁傳載：

> 乃選郡縣小吏開敏有材者張叔等十餘人親自飭屬，遣詣京師，受業博
> 士，或學律令。減省少府用度，買刀布蜀物，齎計吏以遺博士。（如
> 淳曰：「金馬書刀，今賜計吏是也。作馬形於刀環內，以金鏤之。」
> 晉灼曰：「刀，書刀；布，布刀也。舊時蜀郡工官作金馬書刀者，似
> 佩刀形，金錯其附。布刀，謂婦人割裂財布刀也。」師古曰：「……
> 刀，凡蜀刀有環者也。布，蜀布細密也。二者蜀人作之皆善，故齎以
> 為貨，無限於書刀布刀也。如、晉二說皆煩而不當也。」）

由同書 90/3660 酷吏 楊僕傳所載漢武勅責楊僕一語，更可證蜀且為武庫製造兵器地方之一。

> 東越反，上欲復使將，為其伐前勞，以書勅責之曰：「...欲請蜀刀，
> 問君貰幾何？對曰率數百，（孟康曰：「僕嘗為將，請官蜀刀，詔問貰，
> 答言比數率數百也。」）武庫日出兵而陽不知，挾偽干君，是五過
> 也。……」

西漢的官府工業，除前述鹽鐵官外，全國有工官八，服官二，長安有東

江陽縣	有鹽井。
漢安縣	有鹽井、魚池以百數。
新繁縣	有鹽井。
定筰縣	有鹽池。（前漢書 地理志謂有鹽官。）
南　安	有鐵官、鹽官（見前漢志）

西織室和三工官。其中齊之服官和廣漢之工官特別著名。如鹽鐵論 散
不足篇載：

> 今富者銀口黃耳，金罍玉鍾；中者舒玉侲器，金錯蜀杯，夫一文杯得
> 銅杯十貫。

如漢書 72/3070 貢禹疏中曰：

> 方今齊三服官作工各數千人，一歲費數鉅萬。蜀 廣漢主金銀器，歲
> 各用五百萬。……臣禹嘗從之東宮，見賜杯案，盡文畫金銀飾，非當
> 所以賜食臣下也。

直至東漢，蜀漢仍主金銀器之製造。如和帝崩後，鄧太后臨朝，為減省
珍費。特下詔書：「其蜀、漢釦器九帶佩刀，並不復調。」（後漢書 10
上/422 鄧太后紀）蜀 漢之名產除金銀製品外，布亦為流行之商品，如
前引文翁買蜀布及刀遺京師博士，後來張騫在大夏見到由天竺轉銷過去
的蜀布邛杖。鹽鐵論中本議篇以「蜀漢之布與齊陶之縑」對舉。近人李
劍農先生謂蜀在西漢似惟以麻織之布著稱，……至晚漢 蜀錦始特馳
名。[13]按李說誤。西漢末揚雄之蜀都賦中已云「自造奇錦，紈繰緹縵，
參緣盧中，發文揚采，轉代無窮。其布則細絺（元注本作細都，從御覽
八百二十改。）弱折，縣繭成袷。」（全漢文 51/402B）除金銀器皿外，
廣漢 成都之工官亦監製漆器。1924 年朝鮮總督府發掘樂浪古墓，曾得
漆器多件，其欵識銘文中有年可以稽考的有：西漢有始元二年、陽朔二
年、永始元年、綏和元年，元始三年、四年及居攝三年，署欵都有「蜀
郡西工」製。可見巴 蜀之漆器、布馳銷海內外。巴 蜀不僅與關中有大
量的貿易（說詳後），即與周圍邊裔民族之貿易亦極發達。如前引張騫
在大夏所見之邛杖蜀布；如唐蒙在南粵所食蜀之枸醬。史記
116/2993-2994 西南夷列傳所載：

> 唐蒙風指曉南越，南越食蒙蜀枸醬。蒙問所從來？曰：「道西北牂柯。

13　李劍農：先秦兩漢經濟史稿，P.173。

> 牂柯江廣數里，出番禺城下。蒙歸，至長安，問蜀賈人，賈人曰：「獨
> 蜀出枸醬，多持竊出市夜郎。」

雖然有時朝廷禁止出賣城外，但商人只要有利可圖，仍依舊前往。如前
引史記 116/2993 西南夷列傳所載：

> 秦時常頞略通五尺道，諸此國頗置吏焉。十餘步，秦滅，及漢興，皆
> 棄此國而開蜀故徼。巴蜀民或竊出商賈，取其筰馬、僰僮、髦牛、
> 以此巴蜀殷富。

同書 129/3261 貨殖列傳載：

> （巴蜀）南御滇僰、僰僮；西近邛筰、筰馬旄牛。

巴蜀貿易的最大對象是關中，因為長安完全是一個消費性的城市。而
經過三選七遷，到三輔諸陵定居的豪富和六國貴族的後裔自然會將大量
的財富、資金帶到關中。漢書 91/3694 貨殖傳載：

> 關中富商大賈，大氐盡諸田：田牆、田蘭。韋家栗氏、安陵杜氏亦
> 鉅富。前富者既衰，自元、成訖王莽，京師富人杜陵樊嘉，茂陵摯
> 網，平陵如氏、苴氏，……為天下高貲。樊嘉五千萬，其餘皆鉅萬
> 矣。

五陵少年的豪華生活都是憑藉父兄的財富的。巴蜀的物資源源運來，
從事關中巴蜀貿易的人就因而成為巨富了。如漢書 91/3690 貨殖傳載：

> 程卓既衰，至成哀間，成都羅裒貲至鉅萬。初，裒賈京師，隨身數
> 十百萬，為平陵石氏持錢，其人強力。石氏貲次如苴，親信，厚資
> 遣之，令往來巴蜀，數年間致千餘萬。

西漢的兩次通西南夷，也使巴蜀漢中更開發更富庶。第一次即前
述唐蒙風曉南越回來後，上書武帝。史記 116/2994 西南夷列傳載其言
曰：

> 南越王黃屋左纛，地東西萬餘里。…今以長沙、豫章往，水道多絕難
> 行。竊聞夜郎所有精兵，可得十餘萬。浮船牂柯江，出其不意，此制

越一奇也。誠以漢之強，巴蜀之饒，通夜郎道，為置吏，易甚。上許之。乃拜蒙為中郎將，將千人，食重萬餘人，從巴蜀筰關入，遂見夜郎侯多同。…乃以為犍為郡。發巴蜀卒治道，自僰道指牂柯江。

蜀人司馬相如亦上書言西南夷事。史記 116/2994 西南夷列傳載：

> 蜀人司馬相如亦言西夷邛筰可置郡。使相如以郎中將往喻，皆如南夷；為置一都尉，十餘縣，屬蜀。

通西南夷道雖因西南夷常常反叛，發兵興擊，戍轉相饟數載，損耗甚重，同時又須築朔方，據河逐胡，遂罷西夷，獨置南夷、夜郎兩縣，一都尉。史記 116/2995 西南夷列傳載：

> 當是時，巴蜀四郡通西南夷道，戍轉相饟數歲，道不通。士罷餓離溼，死者甚眾。西南夷又數反，發兵興擊，耗費無功。上患之，使公孫弘往視問焉。還對言其不便。……是時方築朔方，以據河逐胡。弘因數言西南夷害，可且罷，專力事匈奴。上罷西夷，獨置南夷夜郎兩縣一都尉，稍令犍為自葆就。（根案：會注 116/8「葆」作「夷」）

同書 30/1420-21 平準書載通西南夷道之艱辛曰：

> 唐蒙、司馬相如開路西南夷，鑿山通道千餘里，以廣巴蜀，巴蜀之民罷焉。……當是時，漢通西南夷道，作者數萬人，千里負擔饋糧，率十餘鍾致一石，散幣於邛僰以集之，數歲道不通，蠻夷因以數攻，吏發兵誅之。悉巴蜀租賦不足以更之。乃募豪民田南夷，入粟縣官，而內受錢於都內。

第二次通西南夷則在張騫出使西域大夏見到蜀布邛杖，於是奏請通蜀身毒國，以尋便捷之道去西域。事雖不成，但其他收穫則甚大。史記 116/2995-2997 西南夷列傳載：

> 及元狩元年（112B.C.），博望侯張騫使大夏來言：居大夏時，見蜀布邛竹杖。使問從所來？曰：從東南身毒國，可數千里，得蜀賈人市。或聞邛西可二千里，有身毒國。騫因盛言大夏在漢西南，慕中國，患

匈奴隔其道。誠通蜀身毒國，道便近，有利無害。於是天子乃令王然
于，柏始昌、呂越人等使間出西夷，而指求身毒國。至滇，滇王嘗羌
乃留。為求道西十餘輩。……使者還，因盛言滇大國，足事親附。天
子注意焉。及至南越反，上使馳義侯因犍為發南夷兵。且蘭君恐遠行
傍國虜其老弱，乃與其眾反，殺使者及犍為太守。漢乃發巴蜀罪人嘗
擊南越者八校尉擊破之。會越已破，漢八校尉不下，即引兵還。行誅
頭蘭。…遂平南夷為牂柯郡。……夜郎遂入朝。上以為夜郎王。南越
破後，及漢誅且蘭、邛君，并殺筰侯，冉駹皆振恐，請臣置吏。乃以
邛都為越巂郡，筰都為沈黎郡、冉駹為汶山郡、廣漢西白馬為武都郡。
上使王然于以越破及誅南夷兵威風喻滇王入朝。……元封二年
（109B.C.），天子發巴蜀兵擊滅勞浸、靡沒，以兵臨滇。滇王始首善，
以故弗誅。滇王離難西南夷舉國降。……於是以為益州郡，賜滇王王
印，復長其民。西南夷君長以百數。獨夜郎、滇受王印。滇小邑，最
寵焉。

二次通西南夷，雖使巴、蜀、廣漢、漢中四郡弊疲，但也促使四郡工商
業日趨發達。因通西南夷道，作者數萬人，皆須就地取得給養。由於工
商業的發達，所以城市開始興起，除前述的成都外，另如臨邛、郫縣、
江州、南鄭、南安、胊忍，由華陽國志所載亦極繁榮。司馬遷在史記貨
殖列傳列舉天下名都十八，巴蜀漢中尚付厥如，宣帝時桓寬編撰鹽鐵
論，其通有篇也列舉全國名都十：燕之涿薊、趙之邯鄲、魏之溫軹、
韓之滎陽、齊之臨淄、楚之宛邱、鄭之陽翟、周之三川，成都仍然未
被列入。但是到西漢末期，成都已躍升為全國五大都市之一，王莽在成
都設五均司市，由此可知巴蜀漢中在西漢一朝發展之迅速。因為西漢
一朝建都長安，實在太仰賴於巴蜀漢中了。所以「（巴蜀）棧道千里，
無所不通。」（前引史記貨殖列傳語）而且有時山東發生大災害時都需
巴蜀輸往糧食賑濟。如漢書24下/1172食貨志載：

是時山東被河災，及歲不登數年，人相食，方二三千里。天子憐之，
令飢民得流就食江淮間，欲留，留處。…下巴蜀粟以賑焉。

（三）王莽末年及東漢時期

　　王莽末年，全國動盪，戰亂最烈的是青、徐、荊、豫四州和三輔區域；巴蜀漢中受到的影響最小。因緣際會，公孫述經功曹李熊的勸說，遂自立為蜀王，都成都。後漢書 13/535 公孫述列傳曰：

> 蜀地肥饒，兵力精強，遠方士庶多往歸之，邛、笮君長皆來貢獻。李熊復說述曰：「今山東飢饉，人庶相食；兵所屠滅，城邑丘墟。蜀地沃野千里，土壤膏腴，果實所生，無穀而飽。女工之業，覆衣天下。名材竹幹，器械之饒，不可勝用。又有魚鹽銅銀之利，浮水轉漕之便。北據漢中，杜褒斜之險；東守巴郡，拒扞關之口；地方數千里，戰士不下百萬。見利則出兵而略地，無利則堅守而力農。東下漢水以窺秦地，南順江流以震荊揚。所謂用天因地，成功之資。

建武元年（25A.D.）四月，公孫述正式稱帝。並盡有益州之地，巴蜀的獨立性又再度恢復。後漢書 13/536 公孫述列傳載：

> 越巂任貴亦殺王莽大尹而據郡降。述遂使將軍侯丹開白水關，北守南鄭；將軍任滿從閬中下江州，東據扞關。於是盡有益州之地。

公孫述終因猶豫不定而失機。後漢書 13/539-540 公孫述列傳載：

> 述騎都尉平陵人荊邯見東方將平，兵且西向，說述曰：「……臣之愚計，以為宜及天下之望未絕，豪傑尚可招誘，急以此時發國內精兵，令田戎據江陵，臨江南之會，倚巫山之固，築壘堅守，傳檄吳楚，長沙以南必隨風而靡。令延岑出漢中，定三輔，天水、隴西拱手自服。如此，海內震搖，冀有大利。」……述然邯言，欲悉發北軍屯士及山東客兵，使延岑、田戎分出兩道，與漢中諸將合兵并埶。蜀人及其弟光以為不宜空國千里之外，決成敗於一舉，固爭之，述乃止。延岑、田戎亦數請兵立功，終疑不聽。

建武十二年（36A.D.），公孫述為吳漢、臧宮所平定。

　　東漢建都洛陽。三輔因王莽末年的戰亂，人口劇減，作為消費性城市的長安已盛況不再。東漢的新貴遂「遊戲宛與洛」（古詩十九首）。雖

然長安對巴蜀物資的需求量減少。但是國家對巴蜀的糧食和布匹仍是非常仰賴的，有的經關中再到西北邊郡，有的經陳倉道去河西。當然也有運去洛陽的，如下引「鄐君開通褒斜道」碑文所記，所以東漢對穿越秦嶺的棧道仍非常注重。如明帝永平四年（61A.D.）令司隸校尉楊孟文開通石門。隸釋卷四司隸校尉楊孟文石門頌曰：

> 余谷之川，其澤南隆，八方所達。……至於永平，其有四年，詔書開余，鑿通石門。

明帝永平六年（63A.D.），詔漢中郡鄐君開通褒斜道，至九年四月始完成。[14]勞貞一先生論漢代之陸運與水運引中央研究院歷史語言研究所藏「鄐君開通褒斜道碑」曰：

> 永平六年，漢中郡以詔書受廣漢、蜀郡、巴郡徒二千六百九十人，開通褒斜道。……始作橋格六百二十三間，大橋五，為道二百五十八里，郵亭、驛置、徒司空、褒中縣官寺，并六十四所。凡用功七十六萬六千八百餘人。凡三十六萬九千八百四器用錢。百四十九萬九千四百餘斛粟。[15]九年四月成就。益州東至京師，去就安穩。

這次修理褒斜道的時間甚長，據石門谷所存修道碑的記載，此後還有三次。[16]後漢書 6/251 順帝紀載安帝延光四年（125A.D.）十一月乙亥詔曰：

> 乙亥，詔益州刺史罷子午道，通褒斜路。

其下章懷注曰：「子午道，平帝時王莽通之。三秦記曰：子午，長安正

14　根案：碑文只作「九年四月成就」，未書明年號，敝意以為解釋為永平九年於理為順。因文首已書明「永平」，若為章帝建初九年（84A.D.）則為時過長，永平總計十八年，以永平六年起計，為時已逾 21 年。一則若已是章帝建初九年，當書明年號。

15　黃盛璋氏此兩句釋作「瓦三十六萬九千八百四十，器用錢百四十九萬九千四百餘斛粟。」又末句釋作「益州東西京師，去就安穩。」（「川陝交通的歷史發展」）

16　上引「楊君孟文石門頌」及「鄐君開褒斜道碑」均在今褒城北十里之石門，即古褒谷之口，據「褒谷古迹考」。

南。」上引之石門頌紀楊孟文建議修復褒斜道正是此時事，碑文明確記載過去所以取子午代替褒斜是由於「西夷虐殘，橋樑斷絕」，據後漢書安帝紀永初二年（115A.D.）先零羌叛，斷隴道，寇三輔，入益州，殺漢中太守。這次羌禍前後一共達十四年之久，既斷隴道，又入益州，據漢中，則嘉陵、褒斜兩道都要受到影響，所以勢必要恢復子午，……所以等到延光四年羌亂一平，就立刻恢復褒斜道罷子午道。[17]

　　褒斜道所翻越的秦嶺很陡急，遠沒有陳倉道那麼平易，但它的好處是：1、取道近捷，不像陳倉道那樣環秦嶺外圍繞了很大的彎子；2、可以把關中盆地的重心西安跟漢中盆地的重心南鄭聯貫起來，由此通達四川。[18]虞詡任武都太守時曾將嘉陵江上游的航道鑿寬。後漢書58/1868-1869虞詡列傳載：

> 後羌寇武都，鄧太后以詡有將帥之略，遷武都太守。……先是運道艱險，舟車不通，驢馬負載，僦五致一。詡乃自將吏士，案行川谷，自沮至下辯，（章懷注引續漢書曰：下辯東三十餘里有峽，中當泉水，生大石，障塞水流，每至春夏，輒溢沒秋稼，壞敗營郭。詡乃使人燒石，以水灌之，石皆坼裂，因鐫去石，遂無氾溺之患也。）數十里中，皆燒石翦木，開漕船道，以人僦直雇借僦者，於是水運通利，歲省四千餘萬。

據黃盛璋先生的考訂：四川的布、穀利用嘉陵水運可以運到沮縣（今略陽），以上就有兩個去路：一是沿著嘉陵江支流黑峪河經下辯（成縣）運到武都、天水等地，這就是虞詡所開的航道，另一條則先出散關、陳倉運往長安，漢 杶里橋郙閣頌曰：

> 惟斯杶里，處漢之后，……漢水逆瀾，稽滯行旅，路當二州，經用由沮。……常車迎布，歲數千輛。[19]

---

[17]　同15，黃文 P.208。

[18]　同上，P.203-206

[19]　同上，P.209 元注：嘉慶重修一統志卷二三七漢中府古迹郙閣下引略陽縣志。

桓帝 建和二年（148A.D.）漢中太守王升賡續修理褒斜道。石門頌曰：

> 王府君閔谷道□難，分置六部道橋。…造作石積，萬世之基，或解高
> 格，下就平易，行者欣然焉。

文物 1964 年 11 月褒斜道石門附近棧道遺跡及題刻的調查桓帝 永壽元
年（155A.D.）李君修道李君表曰：

> 修閣道愛勤。

桓 靈時期國事日非，靈帝 中平元年（184A.D.），黃巾亂起，羌亂亦轉
劇，關中已為山西軍閥所據，戰亂相尋。益州賊馬相亦自號黃巾，趁機
而起，後為州從事賈龍所破，龍迎劉焉。從此巴 蜀入劉焉之手。後漢
書 75/2432 劉焉列傳載：

> 是時益州賊馬相亦自號「黃巾」，合聚疲役之民數千人，先殺綿竹令，
> 進攻雒縣，殺郗儉，又擊蜀郡、犍為，旬月之間，破壞三郡。馬相自
> 稱「天子」，眾至十餘萬人，遣兵破巴郡，殺郡守趙部。州從事賈龍
> 先領兵數百人在犍為，遂糾合吏人攻相，破之，龍乃遣吏卒迎焉。

後來褒斜道為張魯所斷絕。後漢書 75/2432 劉焉列傳載：

> 沛人張魯，…（母）往來（劉）焉家，遂任魯以為督義司馬，與別部
> 司馬張脩將兵掩殺漢中太守蘇固，斷絕斜谷。

但未幾又修復，而巴 蜀內部亦不穩定，賴「東州兵」之力，劉璋終得
平趙韙之亂。後漢書 75/2433 劉焉列傳載：

> 初，南陽、三輔民數萬戶流入益州，（劉）焉悉收以為眾，名曰「東
> 州兵」。（劉）璋性柔寬，無威略，東州人侵暴為民患，不能禁制，舊
> 士頗有離怨。趙韙之在巴中，甚得眾心，璋委之以權。韙因人情不輯，
> 乃陰結州中大姓，建安五年（200A.D.），還共擊璋，蜀郡、廣漢、犍
> 為皆反應。東州人畏見誅滅，乃同心并力，為璋死戰，遂破反者，進
> 攻韙於江州，斬之。

此後「常車迎布，歲數千輛」的盛況就沒有了。雖然後來魏、蜀都留意

棧道的修護，但已全是為軍事的用途。如三國志 33/896-897 後主禪傳載：

> （建興）六年（228A.D.）春，亮出攻祁山，不克。冬，復出散關，圍陳倉，糧盡退。……八年（230A.D.）秋，魏使司馬懿由西域，張郃由子午，曹真由斜谷，欲攻漢中。……十一年（233A.D.）冬，亮使諸軍運米，集於斜谷口，始斜谷邸閣。……十二年（234A.D.）春二月，亮由斜谷出，始以流馬運。

（四）兩漢時期本區人口及人才之遞增

東漢時期本區的人口，漢中 武都兩郡的減少與鄰近關中有關，其他許多郡都有增長。新增設的永昌郡口數多至 1,897,344，佔全國 3.8603%，顯然是開拓邊境的結果。西漢全國守相 359 人，本區佔 11 人、刺史全國有 56 人，本區佔 7 人；東漢全國守相 1040 人，本區佔 121 人、刺史全國為 227 人，本區有 26 人，均有大幅增長。見書末「西漢巴蜀漢中人士任守相刺史表」（P.272）、「東漢巴蜀漢中人士任守相刺史表」（PP.273-280）、「東漢九卿籍貫分布表」（PP.199-205）。

兩漢巴蜀漢中人口分布表

郡國	前漢		後漢		增減
	口數	佔總人口比例	口數	佔總人口比例	
漢中	300,614	0.5044%	267,402	0.5441%	-33,212
廣漢	662,249	1.1111%	509,438	1.0365%	-152,811
蜀郡	1,245,929	2.0907%	1,350,476	2.7476%	+104,547
巴郡	708,148	1.1883%	1,086,049	2.2097%	+377,901
武都	235,560	0.3953%	81,728	0.1663%	-153,832
犍為	489,486	0.8214%	411,378	0.8370%	-78,108
趙巂	408,405	0.6853%	623,418	1.2684%	+215,013
益州	580,463	0.9740%	110,802	0.2254%	-469,661
牂柯	153,360	0.2573%	267,253	0.5437%	+113,893

郡國	前漢		後漢		
	口數	佔總人口比例	口數	佔總人口比例	增減
永昌			1,897,344	3.8603%	
廣漢屬國			205,652	0.4184%	
蜀郡屬國			475,629	0.9677%	
犍為屬國			37,187	0.0757%	
	4,784,214	8.0278%	7,323,756	14.9008%	+2,539,542

二、長江中下游的發展

（一）敘論

　　本章所論述的區域是兩漢時期的荊 揚兩州（惟南陽郡不在內）；但包括西漢時期的臨淮郡和廣陵國，亦即東漢時期的廣陵郡和下邳國。如前所述，江南土地的肥沃，禹貢的作者尚不明悉。[20]他對荊 揚定的等第都很低（見第三章）。漢初的人對本區的評價也很壞。「南方卑溼」幾乎是朝野一致的看法。如洛陽少年賈誼是如此。史記 84/2492 賈生列傳載：

> 乃以賈生為長沙王太傅。賈生既辭往行，聞長沙卑溼，自以壽不得長，又以適去，意不自得。

後來爰盎叔侄也一樣。漢書 49/2271 爰盎傳載：

> （盎）徙為吳相，辭行，（兄子）種謂盎曰：「吳王驕日久，國多姦。今絲欲刻治，彼不上書告郡，則利劍刺君矣。南方卑溼，絲能日飲，亡何，說王毋反而已，如此幸得脫。

長沙定王 發以母微無寵而封於南方。漢書 53/2426 景十三王傳載：

---

[20]　勞榦：「兩漢戶籍與地理之關係」，P.212，中央研究院歷史語言研究所集刊，第五本第二分，1935。

以孝景前二年立。以其母微無寵，故王卑濕貧之國。

甚至景帝猶說南方卑溼。如漢書 44/2144-45 衡山王傳載：

> 孝景三年，吳楚七國反。……（吳使者）至衡山，衡山王堅守無二心。
> 孝景四年，吳楚已破，衡山王朝，上以為貞信，乃勞苦之。曰：「南
> 方卑溼。」徙王於濟北以褒之。

「江南卑溼，丈夫早夭」是司馬遷的評語。史記 129/3268-3270 貨殖列
傳載：

> 衡山、九江、江南豫章、長沙是南楚也，其俗大類西楚。……江南
> 卑溼，丈夫早夭。多竹木。豫章出黃金，長沙出連、錫，然堇堇物
> 之所有，取之不足以更費。……總之，楚越之地，地廣人稀，飯稻羹
> 魚，或火耕而水耨，果隋嬴蛤，不待賈而足，地埶饒食，無飢饉之患，
> 以故呰窳偷生，無積聚而多貧。是故江淮以南，無凍餓之人，亦無
> 千金之家。

甚至在東漢初期班固的心目中，亦無何改變。漢書 28 下/1666-1668 地
理志載：

> 楚有江漢川澤山林之饒；江南地廣，或火耕水耨。民食魚稻，以漁
> 獵山伐為業，果蓏嬴蛤，食物常足。故呰窳偷生，而亡積聚，飲食還
> 給，不憂凍餓，亦亡千金之家。……豫章出黃金，然堇堇物之所有，
> 取之不足以更費。江南卑溼，丈夫多夭。

東漢明帝時代還有中原的人相信渡長江是有危險的。後漢書 44/1497
張禹列傳載：

> （張禹）建初中，拜揚州刺史。當過江行部，中土民皆以江有子胥之
> 神，難於濟涉。禹將度，吏固請不聽。……遂鼓楫而過，深幽之處，
> 莫不畢到。

漢書記西漢一代的史事確實是非常詳盡的，惟一的缺憾是幾乎完全沒有

長江流域開發的記載。[21]高亞偉先生認為由於歷史造因的不同，東北、東南感染漢化的程度亦因此有異是很對的。他說：

> 秦漢以前，諸夏文化對東北的傳播，較諸對東南的傳播為成功。自從箕子東封朝鮮，中經燕國的拓邊，到秦漢之際，無論在種族上或文化上，皆已與諸夏成為一體，而其語言與燕齊同屬一系。但是反觀向東南的傳播，卻沒有那樣成功。一直至戰國末年，中原人士仍說越人是「斷髮文身」，楚人為「南蠻鴃舌」之人。

> 秦漢時代，東北朝鮮與江左嶺南，雖皆同置郡縣，但武帝對外政策以匈奴為主要目標，為求其達到「斷匈奴左臂」起見，對東北朝鮮曾積極經營。漢武以後諸帝雖對東北、東南一視同仁，執行著平衡發展的政策，但由於過去歷史造因的不同，東北、東南感染漢化的程度亦因此有所殊異。[22]

高氏舉後漢書東夷列傳、南蠻傳及三國志陸遜傳所載，以證明他的論點。後漢書85/2819東夷列傳：

> 辰韓者老自言秦之亡人，避苦役，適韓國，馬韓割東界與之。其名國為邦。弓為弧，賊為寇，行酒為行觴，相呼為徒，有似秦語，故或名之為秦韓。

又同書86/2836南蠻傳：

> 凡交阯所統，雖置郡縣，而言語各異，重譯乃通。

三國志58/1350陸遜傳：

> 珠崖絕險，民猶禽獸。

高氏的論點是對的。不過，吳國和越國向來是斷髮文身，至戰國時越國亡後，便寂然無聞於世。[23]這說明荊揚也一天天在進步之中，「斷髮文

---

[21]　嚴耕望先生提示。

[22]　高亞偉：「孫吳開闢蠻越考」，大陸雜誌第七卷6、7期，1953年10月，PP12-18。

[23]　同註20。

身」的習俗已向南移。更重要的是東南邊境是易於扼守的丘陵地帶，並且又不處於民族遷徙激流的對衝之點，所以東南則是建設一步即增進一步。[24]

（二）兩漢時期的發展

漢初吳王 濞，楚元王 交及稍後的淮南王 安在他們的封國招徠人材，提倡儒學，撰述書籍，對荊 揚自然有莫大的影響。漢書 28 下/1666 地理志載：

> 漢興，高祖王兄子濞於吳，招致天下之娛游子弟，枚乘、鄒陽、嚴夫子之徒興於文 景之際。而淮南王安亦都壽春，招賓客著書。而吳有嚴助、朱買臣，貴顯漢朝，文辭並發，故世傳楚辭。

楚元王交在楚提倡儒學。漢書 36/1921-1922 楚元王傳載：

> 楚元王 交，……好書，多材藝。少時嘗與魯穆生、白生、申公俱受詩於浮丘伯。……及秦焚書，各別去。……元王既至楚，以穆生、白生、申公為中大夫。…元王好詩，諸子皆讀詩，申公始為詩傳，號魯詩。元王亦次之詩傳，號曰元王詩。

淮南王 安招致賓客著書。漢書 44/2145 淮南王傳載：

> 淮南王 安為人好書，鼓琴，不喜弋獵狗馬馳騁，……招致賓客方術之士數千人，作為內書二十一篇，外書甚眾，又有中篇八卷，言神仙黃白之術，亦二十餘萬言。時武帝方好藝文，以安屬為諸父，辯博善為文辭，甚尊重之。……初，安入朝，獻所著內篇，新出，上愛秘之。使為離騷傳，旦受詔，日食時上。又獻頌德及長安都國頌。

吳王 濞以吳三十餘年的積聚，招致天下亡命之徒鑄錢製鹽，對揚域的發展自有很大的影響。其後吳雖因叛亂而國被除，景帝三年於其地

24　同註 20，P.129。

改置東陽郡，鄣郡置江都國，吳郡則直屬於漢（即會稽）。這是揚州一個重要的轉變。

　　西漢吏治著稱的多在中原，而東漢則江南以吏治著稱者不少，可知江南的開發，在東漢是進行得很有成效的。[25]漢書 循吏傳所記六人而揚州居其三，廬江 文翁、朱邑和九江 召信臣都是以郡治著名的。在本篇一章已詳述文翁在蜀郡的施政，朱邑和召信臣是治行常第一的。漢書 89/3635-3642 循吏 朱邑傳載：

> 朱邑，……廬江 舒人也。少時為舒桐鄉嗇夫，……所部吏民愛敬焉。遷補太守卒史，舉賢良為大農丞，遷北海太守，以治行第一入為大司農。

> 召信臣，……九江 壽春人也。以明經甲科為郎，出補穀陽長，舉高第，遷上蔡長。……超為零陵太守，病歸。復徵為諫大夫，遷南陽太守。……遷河南太守，治行常為第一，復數增秩賜金。

召信臣雖然做過很短時期的零陵太守，但漢書未載其在該地的政績，也許實在時間太短了。西漢時期荊 揚地區的守令以政績著稱的確實僅見。但東漢時期就全然不同了。如任延在會稽禮聘鄉彥，在九真推廣牛耕，鑄作田器。後漢書 76/2460-2462 任延列傳載：

> 更始元年（23A.D.），以延為大司馬屬，拜會稽都尉。……延到，皆聘請高行如董子儀、嚴子陵等，敬待以師友之禮。掾吏貧者，輒分奉祿以賑給之。省諸卒，令耕公田，以周窮急。每時行縣，輒使慰勉孝子，就餐飯之。

> 吳有龍丘萇者，隱居太末，志不降辱。王莽時，四輔三公連辟，不到。掾史白請召之，延曰：「龍丘先生躬德履義，有原憲、伯夷之節。都尉掃灑其門，猶懼辱焉。召之不可。」遣功曹奉謁，修書記，致醫藥，吏使相望於道。積一歲，萇乃乘輦詣府門，願得生死備錄。延辭讓再

25　勞榦先生語：魏晉南北朝史，P.1。

三，遂署議曹祭酒。萇尋病卒，延自臨殯，不朝三日。是以郡中賢士大夫爭往宦焉。建武初，……詔徵為九真太守。……九真俗以射獵為業，不知牛耕，民常告糴交阯，每致困乏。延乃令鑄作田器，教之墾闢。田疇歲歲開廣，百姓充給。

後漢書 循吏傳於任延後，附載平帝時錫光為交阯太守，教導民夷，化以禮義。尤以在王莽末年維持一郡之安定，著有貢獻。後漢書 76/2462 循吏 任延傳載：

> 初，平帝時，漢中 錫光為交阯太守，教導民夷，漸以禮義，化聲侔於（任）延。王莽末，閉境拒守。建武初，遣使貢獻，封鹽水侯。領南華風，始於二守焉。

建武時期，衛颯在桂陽提倡教育，起鐵官，改善交通，設亭傳郵驛。後漢書 76/2459 循吏 衛颯列傳載：

> 遷桂陽太守。郡與交州接境，頗染其俗，不知禮則。颯下車，修庠序之教，設婚姻之禮，朞年間，邦俗從化。

> 先是含洭、湞陽、曲江三縣，越之故地，武帝平之，內屬桂陽。民居深山，濱溪谷，習其風土，不出田租。去郡遠者，或且千里，吏事往來，輒發民乘船，名曰「傳役」。每一吏出，傜及數家，百姓苦之。颯乃鑿山通道五百里，列亭傳，置郵驛。於是役省勞息，姦吏杜絕。流民稍還，漸成聚邑，使輸租賦，同之平民。又耒陽縣出鐵石，佗郡民庶常依風聚會，私為冶鑄，遂招來亡命，多致姦盜。颯乃上起鐵官，罷斥私鑄，歲所增五百餘萬。颯理卹民事，居官如家，其所施政，莫不合於物宜。視事十年，郡內清理。

繼衛颯的茨充，在桂陽教民種植桑柘麻紵，養蠶織履。後漢書 76/2460 循吏 衛颯列傳載：

> 南陽 茨充代颯為桂陽。亦善其政，教民種植桑柘麻紵之屬，勸令養蠶織履，民得利益焉。（章懷注引東觀記曰：元和中荊州刺史上言：臣行部入長沙界，觀者皆徒跣。臣問御佐曰：「人無履亦苦之否？」

御佐對曰:「十二月盛寒時並多剖裂血出,燃火燎之,春溫或膿潰。建武中,桂陽太守茨充教人種桑蠶,人得其利,至今江南頗知桑蠶織履,皆充之化也。」)

如王景在廬江郡教民以牛耕田和蠶織,又興修水利,後漢書 76/2466 循吏 王景傳載:

明年(建初八年,83A.D.),遷廬江太守,先是百姓不知牛耕,致地力有餘而食常不足。郡界有楚相孫叔敖所起芍陂稻田。景乃驅率吏民,修起蕪廢,教用犁耕,由是墾闢倍多,境內豐給。……又訓令蠶織,為作法制,皆著于鄉亭,廬江傳其文辭。卒於官。

如劉寵在豫章、會稽。後漢書 76/2478 循吏劉寵列傳載:

後四遷為豫章太守,又三遷拜會稽太守。山民愿朴,乃有白首不入市井者,頗為官吏所擾。寵簡除煩苛,禁察非法,郡中大化。

如許荊在桂陽設喪紀婚姻制度。後漢書 76/2471-2472 循吏許荊列傳載:

許荊……和帝時稍遷桂陽太守。郡濱南州,風俗脆薄,不識學義。荊為設喪紀婚姻制度,使知禮禁。……在事十二年,父老稱歌。

瑯邪 姑幕 童恢,任青州 不其令,政績優異,因而入後漢書 循吏傳,惜遷丹陽郡太守後,暴疾而卒。[26] 後漢書 循吏傳所載在荊 揚治績著稱的上述五人外,在別處所載有善政者亦甚多。如李忠在丹陽墾闢稻田。後漢書 21/756 李忠列傳載:

(建武)六年(30A.D.),遷丹陽太守,……忠以丹陽越俗不好學,嫁聚禮儀,衰於中國,乃為起學校,習禮容,春秋鄉飲,選用明經,郡中向慕之。墾田增多,三歲間,流民占著者五萬餘口。十四年(38A.D.),三公奏課為天下第一。遷豫章太守,病去官,徵詣京師。

如馬援在交阯穿渠灌漑。後漢書 24/838-839 馬援列傳載:

26　後漢書 76/2482。

南擊交阯，……援所過輒為郡縣治城郭，穿渠灌溉，以利其民。

如馬棱在廣陵興水利。後漢書 24/862-863 馬援傳附棱傳載：

> 章和元年（87A.D.），遷廣陵太守，時穀貴民飢，奏罷鹽官，以利百
> 姓，賑貧羸，薄賦稅，興復陂湖，溉田二萬餘頃，吏民刻石頌之。……
> 後數年，江湖多劇賊，以棱為丹陽太守，棱發兵掩擊，皆禽滅之。轉
> 會稽太守，治亦有聲。

如張禹在下邳國興修水利。後漢書 44/1497-98 張禹列傳載：

> （元和）三年（91A.D.），遷下邳相，徐縣北界有蒲陽坡章懷注引東
> 觀漢記曰：「陂水廣二十里，徑且百里，在道西，其東有田可萬頃。」，
> 傍多良田，而埤廢莫修，禹為開水門，通引灌溉，遂成熟田數百頃。
> 勸率吏民，假與種糧，親自勉勞，遂大收穀實。鄰郡貧者歸之千餘戶，
> 室廬相屬，其下成市。後歲至墾千餘頃，民用溫給。

如順帝時，馬臻在會稽立鏡湖。通典 2/17 中食貨二 水利條載：

> 順帝 永和五年（140A.D.），馬臻為會稽太守，始立鏡湖，築塘周迴
> 三百十里，灌田九千餘頃，至今人獲其利。

如張霸在會稽選用處士，培養人才。後漢書 36/1241 張霸列傳載：

> 永元中為會稽太守，表用郡人處士顧奉、公孫松等。奉後為潁川太守，
> 松為司隸校尉，並有名稱。其餘有業行者，皆見擢用。郡中爭屬志節，
> 習經者以千數，道路但聞誦聲。

如宋均在辰陽立學校，禁絕淫祀，任九江太守時也有善政。後漢書
41/1411 宋均列傳載：

> 至二十餘，調補辰陽長。其俗少學者而信巫鬼，均為立學校，禁絕淫
> 祠，人皆安之。……遷九江太守。……浚道縣有唐 后二山，民共祠
> 之，眾巫遂取百姓男女以為公嫗，歲歲改易，既而不敢嫁娶，前後守
> 令莫敢禁。均乃下書曰：「自今以後為山娶者皆娶巫家，……勿擾良
> 民。」於是遂絕。

如第五倫在會稽禁絕淫祀，破除迷信。後漢書 41/1397 第五倫列傳載：

> 追拜會稽太守，雖為二千石，躬自斬芻養馬，妻執炊爨。受俸裁留一
> 月糧，餘皆賤貿與民之貧羸者。會稽俗多淫祀，好卜筮，民常以牛祭
> 神，百姓財產以之困匱，其自食牛肉而不以薦祠者，發病且死先為牛
> 鳴，前後郡將莫敢禁。倫到官，移書屬縣，曉告百姓。其巫祝有依託
> 鬼神詐怖愚民，皆案論之。有妄屠牛者，吏輒行罰。民初頗恐懼，或
> 視詛妄言，倫案之愈急，後遂斷絕，百姓以安。

如欒巴在桂陽興立學校，定婚喪禮則；在豫章破除迷信。後漢書 57/1841
欒巴列傳載：

> 四遷桂陽太守，以郡處南陲，不閑典訓，為吏人定婚姻喪紀之禮，興
> 立學校，以獎進之。雖幹吏卑末，皆課令習讀，程試殿最，隨能升
> 授。……再遷豫章太守。郡土多山鬼怪，小人常破貲產以祈禱。巴素
> 有道術，能役鬼神，乃悉毀壞房祀，翦理姦巫，於是妖異自消。百姓
> 始頗為懼，終皆安之。

如張馴在丹陽亦有惠政。後漢書 79 上/2558 張馴列傳載：

> 少遊太學，能誦春秋左氏傳。……辟公府，舉高第，拜議郎。與蔡邕
> 共奏定六經文字。擢拜侍中，……遷丹陽太守，化有惠政。光和七年，
> 徵拜尚書，遷大司農。

甚至列入後漢書 酷吏傳之樊曄、陽球在揚州刺史、九江太守任內都有
善政。後漢書 77/2491 酷吏 樊曄列傳載：

> （曄）遷揚州牧，教民耕田種樹理家之術。

又同書 77/2498 酷吏 陽球傳載：

> （陽球）辟司徒劉寵府，舉高第。九江山賊起，連月不解。三府上球
> 有理姦才，拜九江太守。球到，設方略，凶賊殄破，收郡中姦吏盡殺
> 之。

經過東漢一朝循吏、良吏的經營，推廣牛耕，興修水利，荊 揚的

農業遂有飛躍的進步。用牛耕後，不僅稻田單位面積的產量增加，而且墾闢的土地也增多，前引後漢書 王景傳所記「墾闢倍多」是完全沒有誇張的。牛耕對水稻種植的效益是遠遠大於旱地農作物的種植，於是荊揚起了顯著的變化。如漢武帝時代，山東河決，連年農作歉收，以致大飢荒，特許災民得流食遷居江 淮間，但需要從巴 蜀循長江輸送糧食來賑救他們，因為當時荊 揚本身的農產也還是很低的，是無法養活這突然湧來的大批人口的，史記30/1437 平準書載：

> 是時，山東被河菑，及歲不登數年，人或相食，方一二千里。天子憐
> 之，詔曰：江南火耕水耨，令飢民得流就食江 淮間，欲留，留處。
> 遣使冠蓋相屬於道，護之。下巴 蜀粟以振之。

漢書6/178 武帝紀載：

> （元狩）四年（119B.C.）冬，有司言關東貧民徙隴西、北地、西河、
> 上郡、會稽凡七十二萬五千口，縣官衣食振業，用度不足，請收銀錫
> 造白金及皮幣以足用。

近人葛劍雄先生在其西漢人口地理（人民出版社，1986）第十章第三節「武帝徙民於會稽辨正」，就有關史料分析，及會稽不具備大量接納移民的條件，斷言上引武帝紀（元狩）四年（119B.C.）冬條「會稽」兩字是衍文，係當時傳鈔時竄入。並認為東漢末崔寔撰政論時所見漢書已衍有「會稽」兩字，或杜佑編通典據唐代通行本漢書補入（通典卷一）葛氏謂「會稽」兩字之衍在漢書刻本行世前已存在，因此通過版本校勘是無法發現的。[27]葛氏言甚辨，惟此條記載確僅見於漢書 武帝紀，而漢書 食貨志（24下/1162）作「其明年，山東被水災，民多飢乏，於是天子遣使虛郡國倉廩以振貧。猶不足，又募豪富人相假貸。尚不能相救，乃徙貧民於關以西及充朔方以南新秦中，七十餘萬口，衣食皆仰給縣官。數歲，貸與產業，使者分部護，……費以億計，縣官大空。」但漢書 食貨志下（24下/1172）又載：

27　葛劍雄：西漢人口地理，P.P.193-195。

> 是時山東被河災，及歲不登數年，人或相食，方二三千里。天子憐之，
> 令飢民得流就食江 淮間，欲留，留處。使者冠蓋相屬於道護之，下
> 巴蜀粟以振焉。

此文葛氏未引，漢志這兩處都係用史記 30/1424-1436 平準書文字，所不同的只是史記 平準書「天子憐之」之下有「詔曰：江南火耕水耨」八字，而班固將之刪除，只用詔書之後半文字。其實隴西、北地、西河、上郡的農業條件也不是那麼好的，和會稽都是在伯仲之間，氣溫與雨量且遠不及會稽郡。漢志說得很明白：「衣食皆仰給縣官，數歲，貸與產業，使者分部護，……費以億計。」而「流食江 淮間，欲留，留處。使者相屬於道護之。下巴 蜀粟以振焉。」並且遷到關以西，朔方以南新秦中飢民的衣食部份出自關中之倉儲外，大部份可能也自巴 蜀運來。因為山東既水災，天子「使虛郡國倉廩以振貧」，已完全用完，而新的糧產不是一蹴可就，則只有自巴 蜀輸入。所以葛氏所言從會稽的農業生產證明會稽不具備大量接納移民的條件是不足為證的。只要會稽人口少，土地空曠，（新秦中也是如此），則就已具有大量接納移民的條件。不過清人王鳴盛十七史商榷卷九，推定此次徙民使會稽「約增十四五萬口，……會稽生齒之煩，當始于此。」恐怕也是過高的估計。未說明其所據為何？怎麼會那麼巧，遷到會稽的飢民正是總數的平均數呢？但是到東漢 安帝 永初元年、七年，已經調荊 揚的租米去賑濟山東和鄰近淮河流域各郡的飢民。如後漢書 5/206-220 安帝紀載：

> （永初）元年（107A.D.）春正月，稟司隸、兗、豫、徐、冀、并州
> 貧民。……秋（九月），癸酉，調揚州五郡租米，贍給東郡、濟陰、
> 陳留、梁國、下邳、山陽。（章懷注曰：五郡謂九江、丹陽、廬江、
> 吳郡、豫章也，會稽最遠，蓋不調也。）……（永初七年，113A.D.）
> 九月，調零陵、桂陽、丹陽、豫章、會稽租米，賑給南陽、廣陵、下
> 邳、彭城、山陽、廬江、九江飢民，又調濱水縣穀輸敖倉。（章懷注
> 引東觀記曰：濱水縣彭城、廣陽、廬江、九江穀九十萬斛，送敖倉。）

東漢 荊 揚地區農業的進步，農產的增加，安帝時甚至已可輸出租

米去賑濟山東的飢民；後漢書 王景傳所載的「地力有餘而食常不足」的情形已完全消失；這固然與東漢 荊 揚地區的循吏、良吏的治理，傳入新的耕種技術如牛耕等有關；但也和兩漢之際山東地區人口大批南移有莫大的關係。勞貞一先生認為南方的開發和王莽時期的混亂，大約有相當的關係。因為王莽時期的混亂，只限於黃河流域，而長江流域各處，大都未曾受到影響。這自然使得黃河流域的難民，大量向長江流域移動。長江流域接受了這些大量的難民，自然形成了開發的原動力。[28]從三國志吳主傳所載：「當農桑時，以役事擾民者，舉正以聞。」可見孫吳仍賡續推行此種重視農桑的政策。我們比較漢書 地理志所載平帝 元始二年（2A.D.）和續漢書 郡國志所載東漢 順帝 永和五年（140A.D.），荊 揚兩州的人口數，就可以獲得清楚的證明。茲繪表如下：

兩漢荊揚人口分布表

郡國	前漢		後漢		
	口數	佔總人口比例	口數	佔總人口比例	增減
廣陵	2,794,960	4.6899%	1,878,382	3.8218%	-916,578
臨淮（下邳）					
廬江					
九江					
六安			—	—	—
會稽	1,032,604	1.7327%	481,196	0.9790%	
吳郡			700,782	1.4258%	+149,374
丹陽	405,171	0.6799%	630,545	1.2829%	+225,374
豫章	351,965	0.5906%	1,668,906	3.3955%	+1,316,941
南郡	718,540	1.2057%	747,604	1.5211%	+29,064
江夏	219,218	0.3678%	265,464	0.5401%	+46,246

28　勞榦先生：「漢代黃金的使用及銅錢使用問題」，中研院史語所集刊，42 本 3 分，PP.341-390，1971，6。

郡國	前漢		後漢		增減
	口數	佔總人口比例	口數	佔總人口比例	
桂陽	156,488	0.2626%	501,403	1.0201%	+344,915
武陵	185,758	0.3117%	250,913	0.5105%	+65,155
零陵	139,378	0.2339%	1,001,578	2.0378%	+862,200
長沙	235,825	0.3957%	1,059,372	2.1554%	+823,547
	6,239,907	10.4705%	9,186,145	18.69%	+2,946,238

　　上表中除靠近淮河流域的廣陵、下邳、九江、廬江郡人口東漢比西漢減少外，其他各郡在這一個半世紀中都有明顯的增加。這些增加的人口絕大部份是從黃河流域在兩漢之際遷來的。他們自然帶來北方先進的耕種技術。所以經過東漢一朝後，荊 揚已完全改變了禹貢中的兩地評價。

　　西漢時荊 揚兩地的工商業是遠遠不及山東、山西和巴 蜀的。其時尚無蠶桑之業，服物惟有麻葛製品；後漢書 循吏衛颯傳述茨充繼衛颯為桂陽太守，勸人養蠶織屨，民得其利。……大抵在一世紀下半期中（即明 章時代）濱江湖郡，漸有養蠶桑業者，後漢書 劉般傳述永平時，禁民二業，般上言：「……今濱江湖郡率多蠶桑，……」此為蠶絲南被之迹。然在東漢一代，南部仍以麻葛製品為主要服物，即至魏晉時猶然。[29]

　　西漢時期荊 揚地區的鹽鐵官，也遠不及山東地區眾多。

西漢時期荊揚地區鹽、鐵、銅、金官分布表

郡縣名	鹽鐵銅金官	備註
臨淮郡　鹽瀆	鐵官	漢書 28 上/1589
堂邑	鐵官	漢書 28 上/1590

---

[29]　李劍農：先秦兩漢經濟史稿，PP.173-174。嚴耕望師云：即在唐代也仍然以麻葛製品為主。

廣陵國		鐵官	漢書 28 下/1638
丹陽郡		銅官	漢書 28 上/1592
豫章郡	鄱陽	黃金采	漢書 28 上/1593
南　郡	巫縣	鹽官、發弩官	漢書 28 上/1566
會稽郡	海鹽	鹽官	漢書 28 上/1591
南陽郡	宛	鐵官	漢書 28 上/1563
廬江郡	皖	鐵官、樓船官	漢書 28 上/1568-1569
桂陽郡		金官	漢書 28 上/1594

西漢全國鐵官四十七個，荊 揚只有四個。（南陽郡併入山東區域，不計入。）全國鹽官三十六個，荊 揚只有二個。以長江中下游地域的廣大，鹽鐵官實在太少了。除丹陽郡銅礦有開採價值外，桂陽與豫章的黃金開採都價值不大。亦即司馬遷史記 129/3268 貨殖列傳所載。

　　豫章出黃金，長沙出連錫，然堇堇物之所有，取之不足以更費。

也因為如此，班固在漢志 長沙國中沒有記及。李劍農先生根據史記 貨殖列傳所記，謂「黃河流域為當時商業活動之主要區域，淮水流域次之，長江流域又次之。就所舉全國都會之數目計，除京師之長安外，共十八：……（在今）安徽省二，曰壽春、曰合肥。湖北省一，曰江陵。江蘇一，曰吳。廣東一，曰番禺。可見當時商業之發達，北部遠在南部之上。……東漢一代，長安之中心地位遂為洛陽所奪。……長江以南人口雖較西漢略有增加，新興之商業都會，仍無特別顯著者。就大體言之，商業繁盛之地域仍屬黃河流域，惟中心都會由長安移至洛陽而已。」[30]

（三）兩漢時期本區政治、學術人才之遞增

　　西漢全國守相有籍貫可據 359 人中本區佔 25 人，全國刺史 56 人，本區有 3 人。東漢全國守相有籍可稽的 1040 人，本區有 233 人，全國刺史有 227 人，本區有 30 人。可見有大幅度的增長。統計見「西漢荊

30　同上，PP.202-205。

揚二州人士任守相刺史表」（PP.281-282），「東漢荊揚二州人士任守相刺史表」（PP.283-292）

　　拙書在增訂完畢時，又見到華南農業大學農史研究室王福昌先生：漢代荊揚二州土地資源的開發利用論略，原載（《江西師範大學學報》哲社版第 34 卷第 2 期，南昌：2001 年 5 月，PP.71-77。）王文勝義甚多，「論略」是自謙之詞。王氏指出漢室重要的措施有 1、移民墾殖；2、興修水利，擴大灌溉面積；3、開發丘陵旱地，種植桑麻；4、開發工礦交通事業。王氏於文中推算西漢荊揚水稻種植面積約為 3,448,540 畝，約合今 23,794,961 市畝，東漢水稻種植面積約為 63,842,940 畝，約合今 44,051,629 市畝，王氏註明考證可參見黃今言主編秦漢江南經濟述略第三章第一節第五部分。王氏文中所言水稻畝產亦是參見此書。王氏對勞動力是生產力的重要因素，分析的非常精彩，他指出西漢平帝元始二年全國總人口是 59,594,978 人，而占全國土地四分之一的荊揚二州僅有 6,803,471 人，只占全國總數 11.4%，東漢順帝永和五年（140 A.D.）全國人口數是 49,150,220 人，荊揚二州約有 10,604,490 人。占全國人口數的 21.6%，……荊揚人口大幅的增長。……長沙、桂陽、零陵、豫章的增長率分別是 349.2%，220.4%，628.6%，374.2%，可見漢代荊揚二州的勞動力大大少於關中、關東，但其增長的速度卻大大超過關中、關東地區。（同上）王氏又根據浙江上虞縣小青壇的青瓷標本經過分析研究，燒成溫度高達 1310＋20℃，瓷胎燒結不吸水，溼氣孔率和吸水率分別是 0.62%和 0.28%，抗彎強中度達 170 公斤/平方厘米（浙江文物考古所：浙江上虞縣發現的東漢瓷窯址，考古，1989，10。），以表明漢代荊揚二州的生產力是在加速發展。特別是東漢得到較大幅度的提高。（同上）王氏所指大量的中原災民流向江南是南方發展的一大際遇，而循吏是國家重農政策的貫徹者。拙文已詳細論列，此處不贅述。

兩漢交州人口分布表

郡國	前漢		後漢		
	口數	佔總人口比例	口數	佔總人口比例	增減
蒼梧	146,160	0.2453%	466,975	0.9501%	+320,815
交趾	746,237	1.2522%	闕		
合浦	78,980	0.1325%	86,617	0.1762%	+7,637
鬱林	71,162	0.1194%	闕		
九真	166,013	0.2786%	209,894	0.4270%	+43,881
日南	69,485	0.1166%	100,676	0.2048%	+31,191
南海	94,253	0.1582%	250,282	0.5092%	+156,029
	1,372,290	2.3028%	1,114,444	2.2673%	+559,553

陸、中國南北地域觀念之形成、強化及其取代東西

一、三國鼎立與南北觀念之取代東西

建安五年（200A.D.），曹操於官渡擊潰袁氏，北方基本上已歸統一。建安十三年（207A.D.）九月，「曹操入荊州，劉琮舉眾降，曹公得其水軍，船步兵數十萬，將士聞之皆恐。」[1]孫權召集群臣會議，商討對策，張昭主張迎降。三國志 52/1222 張昭傳裴松之曰：

> 臣松之以為張昭勸迎曹公，所存豈不遠乎？夫其揚休正色，委質孫氏，誠以厄運初遘，塗炭方始，自策及權，才略足輔，是以盡誠匡弼，以成其業，上藩漢室，下保民物；鼎峙之計，本非其志也。曹公仗順而起，功以義立，冀以清一諸華，拓平荊郢，大定之機，在於此會。若使昭議獲從，則六合為一，豈有兵連禍結，遂為戰國之弊哉！

誠如勞榦先生所言：裴注是對的。張昭是一個志節之士，不是儒怯之人，他之所以提出這樣的主張，完全是漢朝四百年來的教育，歸心中央的緣故。[2]裴松之注三國志當劉宋南北分裂之世，自然更增感觸。張昭的態度與荀彧等人是相同的。荀彧之輔助曹操，本意也在效忠漢室。荀彧反對曹操進爵魏國公。三國志 10/317 荀彧傳載：

> （建安）十七年，董昭等謂太祖宜進爵國公，九錫備物，以彰殊勳，密以諮彧。彧以為太祖本興義兵，以匡朝寧國，秉忠貞之誠，守退讓之實；君子愛人以德，不宜如此。太祖由是心不能平。

曹操的本意逐漸顯露時，荀彧才消沉下去。在這以前，曹氏之政，嘗無

1　三國志 54/1261 周瑜傳。
2　勞榦：魏晉南北朝史，P.18。此節主要係引勞先生說。

大失，漢末人士對他是相當歸心的。如許劭勸劉繇奔豫章，並與曹操連繫。袁宏漢紀曰：

> 劉繇將奔會稽，許子將曰：「會稽富實，策之所貪，且窮在海隅，不可往也。不如豫章，北連豫壤，西接荊州。若收合吏民，遣使貢獻，與曹兗州相聞，雖有袁公路隔在其間，其人豺狼，不能久也。足下受王命。孟德、景升必相敬。」繇從之。

如陸績雖仕孫氏，仍以漢室志士自居，臨終以不見國家統一為恨。三國志 57/1328 陸績傳載：

> 績容貌雄壯，博學多識，星曆算數無不該覽。虞翻舊齒名盛，龐統荊州令士，年亦差長，皆與績友善。孫權統事，辟為奏曹掾，以直道見憚，出為鬱林太守，加偏將軍，給兵二千人。績既有躄疾，又意（在）〔存〕儒雅，非其志也。雖有軍事，著述不廢，作渾天圖，注易釋玄，皆傳於世。豫自知亡日，乃為辭曰：「有漢志士吳郡陸績，幼敦詩、書、長玩禮、易，受命南征，遘疾（遇）〔逼〕厄，遭命不（幸）〔永〕，嗚呼悲隔！」又曰：「從今已去，六十年之外，車同軌，書同文，恨不及見也。」

赤壁之戰後，曹操西破馬超，再南取漢中張魯，遂統一黃河流域的中原區域（同註二）。此時山東山西又已形成一體。

本文第三篇已詳述東漢末年山西山東均因長期之戰爭，水利事業破壞而沒落，而兩地之人口復大批流向漢中、巴蜀、荊揚。晉書 14/407 地理志上亦云：

> 魏武定霸，三方鼎立，生靈版蕩，關洛荒蕪，所置者十二，（新興、樂平、西平、新平、略陽、陰平、帶方、譙、樂陵、章武、南鄉、襄陽。）所省者七。（上郡、朔方、五原、雲中、定襄、漁陽、廬江。）而文帝置七，（朝歌、陽平、弋陽、魏興、新城、義陽、安豐。）明及少帝增二，（明，上庸也；少，平陽也。）得漢郡者五十四焉。

西北邊郡，因匈奴內侵，人民減少更甚。曹操在建安二十年（215A.D.）

於其地設新興郡，三國志 1/45 武帝紀曰：

> 省雲中、定襄、五原、朔方郡，郡置一縣，領其民，合以為新興郡。

闞駰十三州志：

> 漢末大亂，匈奴侵邊。自定襄以西，盡雲中、雁門之間遂空。建安中，丞相曹公集荒郡之戶以為縣，聚之九原界，以立新興郡，領九原等縣，屬幷州。[3]

「西和諸戎」為蜀漢的基本國策之一，蜀並想進一步取得雍、涼，以達到漢初漢高祖據漢中時的局面。魏自然也注意到蜀的企圖，所以對雍、涼和氐羌也特別注意，並派遣許多能吏到涼州去經營。[4] 漢中遂為曹魏與蜀漢相爭的主要戰場。

東漢末年，南北觀念開始出現。三國志 10/317 荀彧傳曰：

> 太祖將伐劉表，問彧策安出？彧曰：「今華夏已平，南土知困矣。可顯出宛、葉，而間行輕進，以掩其不意。」太祖遂行，會表病死……表子琮以州逆降。

又同書 54/1261 周瑜傳曰：

> 其年九月，曹公入荊州，劉琮舉州降，曹公得其水軍，船步兵數十萬，將士聞之皆恐。權延見群下，問以計策，議者咸曰：「……」瑜曰：「不然，……今使北土已安，操無內憂，能曠日持久，來爭疆場，又能與我校勝負於船楫間乎？今北土既未平安，加馬超、韓遂尚在關西，為操後患。

又同書 51/1207 宗室孫皎傳曰：

> （皎）嘗以小故與甘寧忿爭。……權聞之，以書讓皎曰：自吾與北方為亂，中間十年……授卿以精兵，委卿以大任，都護諸將於千里之外，

3　王謨：漢唐地理書鈔，P.145。

4　金發根：永嘉亂後北方的豪族，PP53-56。

欲使如楚任昭奚恤,揚威於北境,非徒相逞私志而已。…

全三國文 63/9A 孫權寬息令曰:

> (黃武五年春,226A.D.)……今北虜縮竄,方外無事,其下州郡,
> 有以寬息。

三國志 13/396 鍾繇傳裴注引魏略云:

> 孫權稱臣,斬送關羽,太子書報繇,繇答書曰:「……顧念孫權,了
> 更嫵媚。」太子又書曰:「得報,知喜南方。至於荀公之清談,孫權
> 之嫵媚,執書嗢噱,不能離手。……」

> 又三國志吳書二,安主傳二,47/1132 松之注引吳錄曰:「是冬魏文
> 帝至廣陵,臨江觀兵,……有渡江之志。權嚴設固守。時大寒冰,舟
> 不得入江。帝見波濤洶湧,歎曰:「嗟呼!固天所以限南北也。」遂
> 歸。

　　黃初元年(220A.D.)曹丕稱帝後,劉備、孫權亦相繼建國。三國
鼎立於焉開始。吳蜀互為犄角,結成與國。後來劉備因關羽之死伐吳而
亂大謀。但在吳蜀夷陵會戰之後不到三四個月,魏主曹丕兩路出兵,
進攻東吳的濡須(今安徽巢縣南)和江陵。孫權遣鄭泉使蜀,劉備派宋
瑋報聘,脆弱的吳蜀聯盟又復活了。[5]劉備於章武三年(223A.D.)四月
去世,諸葛亮輔政,當即恢復吳蜀的外交關係,並遣鄧芝使吳,以加強
兩國的聯盟。三國志 45/1071 鄧芝傳曰:

> 先主薨於永安。先是,吳王孫權請和,先主累遣宋瑋、費禕等與相報
> 答。丞相諸葛亮深慮權聞先主殂殞,恐有異計,未知所如。芝見亮曰:
> 「今主上幼弱,初在位,宜遣大使,重申吳好。」亮答之曰:「吾思
> 之久矣,未得其人耳,今始得之。」芝問其人為誰?亮曰:「即使君
> 也。」乃遣芝修好於權。

5　　王仲犖:魏晉南北朝史,P.87。

蜀漢建興七年（229A.D.），孫權稱尊號，諸葛亮遣陳震賀權踐阼。三國志 39/985 陳震傳曰：

> 震到武昌，孫權與震升壇歃盟，交分天下：以徐、豫、幽、青屬吳，幷、涼、冀、兗屬蜀，其司州之土以函谷關為界。（又卷 47/1134 吳主傳二：黃龍元年六月條同）。

此後吳蜀一直保持盟好。巴、蜀、漢中與荊揚聯成一線，互為犄角抗魏。以秦嶺、淮陽山、脈淮河為南北之天然界線，亦成南北之政治界線。顧祖禹讀史方輿紀要 52/41B 散關條曰：

> 散關在鳳翔府寶雞縣西南五十二里，漢中府鳳縣東北百二十五里，有大散嶺，置關嶺上亦曰大散關，為秦蜀之喉。南山自藍田而西至此方盡，又西則隴首突起汧渭縈流。關當山川之會，扼南北之交。北不得此無以啟梁益，南不得此無以圖關中。

東以淮陽山脈之桐柏山、淮河為分界。如圖

三國時期南北圖

＊　三國圖無郡國界，徵得<u>台大</u>同意借用此為「三國時期南北圖」之底
　　圖。

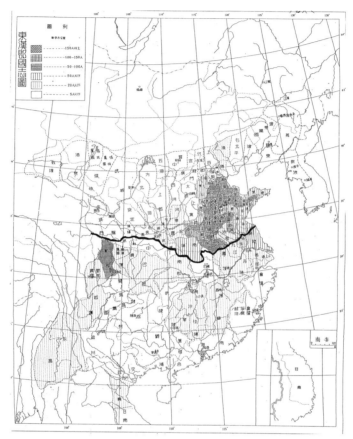

　　　　本圖之影印得到<u>勞先生</u>之同意作為底圖。影印自<u>勞榦</u>：「兩漢郡國
面積之估計及口數增減之推測」<u>中央研究院歷史語言研究所集刊第五本
第二分</u>（1935 年 12 月）

二、東晉的建國與南方地域觀念

　　由於三國（220A.D.－280A.D.）長期的分裂，如果從曹操脅迫獻帝遷到許昌算起（196A.D.），則分裂的時間已超過一個世紀的四分之三。因為長時期的隔閡和不斷的戰爭與衝突然結果，彼此間已形成一種互相敵視的心理。吳和蜀聯盟的時間長，交戰的時間短；而吳與魏卻正好相反，所以吳魏之間敵視的心理非常強烈。而最後滅吳，統一三國的正是繼承魏的西晉。

　　西晉在滅吳後（280A.D.），對於吳國採取的辦法是安撫與控制雙管齊下，對於從前戰場上的敵人——吳國的大將領們與戰死的吳國軍人的家族，強迫遷徙到淮河流域的壽陽（今安徽壽縣），以便就近控制；對於一般大族（尤其是屬於文人知識分子階層），則加以安撫攏絡、任用。晉書 3/71-72 武帝紀曰：

> （太康元年，280A.D.），三月壬寅，王濬以舟師至于建鄴之石頭，……（孫晧）降于軍門。……其牧守以下皆因吳所置，除其苛政，示以簡易，吳人大悅。……五月辛亥，封孫晧為歸命侯，……吳之舊望，隨才擢敘。孫氏大將戰亡之家徙於壽陽。

又同書 43/1232 王戎傳曰：

> 受詔伐吳，……（吳平），戎渡江，綏慰新附，宣揚威惠，吳光祿勳石偉方直，不容晧朝，稱疾歸家。戎嘉其清節，表薦之，詔拜偉為議郎，以二千石祿終其身，荊土悅服。

但原來的吳國中心區域長江下游一帶小規模的動亂，始終未曾停止。晉書 61/658 周浚傳曰：

> 浚既濟江，與（王）渾共行吳城壘，綏撫新附。……明年，移鎮秣陵，時吳初平，屢有逃亡者，頻討平之。賓禮故老，搜求俊乂，甚有威德，吳人悅服。

這充分證明西晉上述的政策要不是沒有徹底的持續的執行，或是執行得

並未成功。也說明原來吳國豪族的地方勢力並未被消滅。

　　西晉王朝對吳國士族的政治出路是相當壓迫的。劉頌任淮南相時曾有長疏，建議以壯主鎮撫吳蜀兩地，並大量任用吳人。晉書46/294-95劉頌傳曰：

> 雖然封幼稚皇子於吳蜀，臣之愚慮，謂未盡善。夫吳越剽輕，庸蜀險絕，此故變亂之所出，易生風塵之地；且自吳平以來，東南六州將士更守江表，此時之至患也。又內兵外守，吳人有不自信之心，宜得壯主以鎮撫之，使內外各安其舊。又孫氏為國，文武眾職，數擬天朝，一旦堙替，同於編戶；不識所蒙更生之恩，而災困逼身，自謂失地，用懷不靖。今得長王以臨其國，隨才授任，文武竝敘，士卒百役不出其鄉，求富貴者取之於國內。內兵得散，新邦乂安，兩獲其所，於事為宜。

華譚至洛陽對晉武帝的策問時也提出任用吳地的賢才。晉書52/450華譚傳曰：

> （武帝）又策曰：「吳蜀恃險，今既蕩平，蜀人服化，無攜貳之心，而吳人趑睢，屢作妖寇。豈蜀人敦樸，易可化誘，吳人輕銳，難安易動乎？今將欲綏靜新附，何以為先？」對曰：「……蜀染化日久，風教遂成，吳始初附，未改其化，非為蜀人敦愨而吳人易動也。然殊俗遠境，風土不同，吳阻長江，舊俗輕悍。所安之計，當先籌其人士，使雲翔閶闔，進其賢才，待以異禮，明選牧伯，致以威風，輕其賦斂，將順咸悅，可以永保無窮，長為人臣者也。

可是西晉群臣中有這樣遠見的人太少了。荊揚二州戶各數十萬，而洛陽西晉政府中居然有一個時期，揚州沒有一個人任郎官，荊州江南無一人任職中央的。晉書68/1824-25賀循傳曰：

> 刺史嵇喜舉秀才，除陽羨令，以寬惠為本，不求課最。後為武康令，俗多厚葬，及有拘忌迴避歲月，停喪不葬者，循皆禁焉。政教大行，鄰城宗之。然無援於朝，久不進序。著作郎陸機上疏推薦循曰：「伏

> 見武康令賀循德量邃茂，才鑒清遠，服膺道素，風操凝峻，歷試二城，
> 刑政肅穆。前蒸陽令郭訥風度簡曠，器識朗拔，通濟敏悟，才足幹事。
> 循守下縣，編名凡悴；訥歸家巷，棲遲有年。皆出自新邦，朝無知己，
> 居在遐外，志不自營，年時倏忽，而邈無階緒，實州黨愚智所為恨恨。
> 臣等伏思臺郎所以使州州有人，非徒以均分顯路，惠及外州而已。誠
> 以庶士殊風，四方異俗，雍隔之害，遠國益甚。至於荊、揚二州，戶
> 各數十萬，今揚州無郎，而荊州江南乃無一人為京城職者，誠非聖
> 朝待四方之本心。至於才望資品，循可尚書郎，訥可太子洗馬、舍人。
> 此乃眾望所積，非但企及清塗，苟充方選也。謹條資品，乞蒙簡察。」
> 久之，召補太子舍人。

這與兩漢時期，全國各地的人士有同等的機會去參預中央政府和地方政
府是太不同了。

西晉平吳時，晉師勝利者的態勢令吳人非常的難堪。如晉書 58/1570
周處傳載：

> 及吳平，王渾登建鄴宮釃酒，既酣，謂吳人曰：「諸君亡國之餘，得
> 無感乎？」處對曰：「漢末分崩，三國鼎立，魏滅於前，吳亡於後，
> 亡國之感，豈惟一人！」渾有漸色。

更嚴重的是原來吳國的人士到洛陽後，受到種種的岐視與揶揄。如華譚
被舉為秀才，他是該次全國秀才孝廉對策中最佳的。他的才學向來極受
東南人士的推崇；但是他到洛陽後，博士王濟竟當眾譏諷他為亡國之
餘。晉書 52/1452 華譚傳曰：

> 時九州秀孝策無逮譚者。譚素以才學為東士所推。同郡劉頌時為廷
> 尉，見之歎息曰：「不悟鄉里乃有如此才也！」博士王濟於眾中嘲之
> 曰：「五府初開，群公辟命，採英奇於仄陋，拔賢儁於巖穴。君吳楚
> 之人，亡國之餘，有何秀異而應斯舉？」

雖然最後華譚以辯才無礙得到王濟的禮遇。與此類似的故事也見於世說
新語。可見在西晉初年是確切發生過的。事實上這種心理可以追溯到曹

魏之時，如袁準獻言於曹爽，宜捐棄淮漢以南時說：「吳楚之民，脆弱寡能，英才大賢不出其土，比技量力，不足與中國相抗。」[6]又如周浚疑吳無君子。晉書61/1658-59周浚傳曰：

> 初，吳之未平也，浚在弋陽，南北為互市，而諸將多相襲奪以為功。吳將蔡敏守于沔中，其兄珪為將在秣陵，與敏書曰：「古者兵交，使在其間，軍國固當舉信義以相高。而聞疆場之上，往往有襲奪互市，甚不可行，弟慎無為小利而忘大備也。」候者得珪書以呈浚，浚曰：「君子也。」及渡江，求珪，得之，問其本，曰：「汝南人也。」浚戲之曰：「吾固疑吳無君子，而卿果吾鄉人。」

在洛陽任職的吳人，有的被岐視而遭犧牲。如周處即因為是吳人，有怨無援而喪身。晉書58/1570-71周處傳曰：

> 及居近侍，多所規諷。遷御史中丞，凡所糾劾，不避寵戚。梁王肜違法，處深文案之。及氐人齊萬年反，朝臣惡處強直，皆曰：「處，吳之名將子也，忠烈果毅。」乃使隸夏侯駿西征。……既而梁王肜為征西大將軍、都督關中諸軍事。處知肜不平，必當陷己，自以人臣盡節，不宜辭憚，乃悲慨即路，志不生還。中書令陳準知肜將逞宿憾，乃言於朝曰：「駿及梁王皆是貴戚，非將率之才，進不求名，退不畏咎。周處吳人，忠勇果勁，有怨無援，將必喪身。宜詔孟觀以精兵萬人，為處前鋒，必能殄寇。不然，肜當使處先驅，其敗必也。」朝廷不從。時賊屯梁山，有眾七萬，而駿逼處以五千兵擊之。處曰：「軍無後繼，必至覆敗，雖在亡身，為國取恥。」肜復命處進討，乃與振威將軍盧播、雍州刺史解系攻萬年於六陌。將戰，處軍人未食，肜促令速進，而絕其後繼……遂力戰而沒。

成都王穎重用陸機時，引起北土舊將之不滿。資治通鑑85/2688載：

> 參軍事王彰諫成都王曰：「陸機吳人，殿下用之太過，北土舊將皆疾

之。」

後來陸機、陸雲、陸耽兄弟終被殺害。晉書 54/1473-1480 陸機傳載：

> 倫之誅也，齊王 囧以機職在中書，九錫文及禪詔疑機與焉，遂收機
> 等九人付廷尉。賴成都王 穎、吳王 晏並救理之，得減死徙邊，遇赦
> 而止。……時中國多難，顧榮 戴若思等咸勸機還吳。機負其才望，
> 而志匡世難，故不從。……時成都王 穎推功不居，勞謙下士，機既感
> 全濟之恩，又見朝廷屢有變難，謂穎必能康隆晉室，遂委身焉，穎以
> 機參大將軍軍事，表為平原內史。太安初，穎與河間王 顒起兵討長
> 沙王 乂，假機後將軍、河北大都督，督北中郎將王粹、冠軍牽秀等
> 諸軍二十餘萬人。(晉書斠注引御覽七百六十七晉起居注曰：「成都王
> 使陸機都督三十七萬眾。」) 機以三世為將，道家所忌，又羈旅入宦，
> 頓居群士之右，而王粹、牽秀等皆有怨心，固辭都督。穎不許。機鄉
> 人孫惠亦勸機讓都督於粹，機曰：「將謂吾首鼠避賊，適所以速禍也。」
> 遂行。……穎左長史盧志心害機寵，言於穎曰：「陸機自比管 樂，擬
> 君闇主，自古命將遣師，未有臣陵其君可以濟事者也。」穎默然。[7]……
> 長沙王 乂奉天子與機戰於鹿苑，機軍大敗，赴七里澗而死者如積
> 焉。……初，宦人孟玖弟超並為穎所嬖寵。超領萬人為小都督，未戰，
> 縱兵大掠，機錄其主者。超將鐵騎百餘人，直入機麾下奪之。顧謂機
> 曰：「貉奴能作督不？」機司馬孫拯勸機殺之，機不能用。超宣言於
> 眾曰：「陸機將反。」又還書於玖，言機持兩端，軍不速決。及戰，
> 超不受機節度，輕兵獨進而沒。玖疑機殺之，遂譖機於穎，言其有異
> 志。將軍王闡、郝昌、公師藩等皆玖所用，與牽秀等共證之。穎大怒，
> 使秀密收機，……遂遇害於軍中，時年四十。二子蔚、夏亦同被害。

另一著名吳士顧榮藉縱酒，終日昏酣，纔免於難。晉書 68/1812 顧榮傳

---

[7]　根按：左長史盧志於成都王穎前中讒陸機亦其來有自，陸機入洛累遷太子洗馬、
　　著作郎時已遭揶揄。晉書 54/1473 陸機傳曰：范陽盧志於眾中問機曰：「陸遜、
　　陸抗於君近遠？」機曰：「如君與盧毓、盧珽。」志默然。既起，雲謂機曰：「殊
　　邦遐遠，容不相悉，何至於此！」機曰：「我父祖名播四海，寧不知邪！」

載：

> 齊王冏召為大司馬主簿。冏擅權驕恣，榮懼及禍，終日昏酣，不綜
> 府事，以情告友人長樂馮熊。熊謂冏長史葛旟曰：「以顧榮為主簿，
> 所以甄拔才望，委以事機，不復計南北親疏，欲平海內之心也。今府
> 大事殷，非酒客之政。」旟曰：「榮江南望士，且居職日淺，不宜輕
> 代易之。」熊曰：「可轉為中書侍郎，榮不失清顯，而府更收實才。」
> 旟然之，白冏，以為中書侍郎。在職不復飲酒。人或問之曰：「何前
> 醉而後醒邪？」榮懼罪，乃復更飲。

最後與吳人紀瞻、陸玩連夜逃回。甘卓、張翰、孫惠等也都棄官回到家
鄉。陸氏兄弟的被殺，不僅使在洛陽的吳人寒心，而紛紛逃回，也使長
江中下游的人士感到憤懣和失望。這些去洛陽尋求機會被岐視而逃回的
人，和原在江南等待機會的大族，自然回想起在從前吳國時代，他們有
充分參預政府的機會。於是都希望吳能復國，在自己的鄉里有一個王
朝，藉以求得政治上的出路。[8]晉書 28/844 五行志載江南童謠曰：

> 武帝太康三年平吳後，江南童謠曰：「局縮肉，數橫目，中國當敗吳
> 當復。」又曰：「宮門柱，且當朽；吳當復，在三十年後。」又曰：「雞
> 鳴不拊翼，吳復不用力。」于時吳人皆謂在孫氏子孫，故竊發為亂者
> 相繼。

歷史真是非常充滿諷刺的，西晉因八王之亂而兵窮財盡，弱點全部暴
露。不久又巴蜀叛變，河內盜起，五胡之亂便一觸即發，西晉王朝就
傾覆了。[9]司馬氏渡江建國。陳寅恪先生對東晉立國與江東士族之關係
有極精闢之解釋：

> 世說新語 言語類云：元帝始過江，謂顧驃騎曰：「寄人國土，心常懷
> 慚。」榮跪對曰：「臣聞王者以天下為家，是以耿亳無定處，九鼎遷

洛邑，願陛下勿以遷都為念。」寅恪案：東晉元帝者，南來北人集團之領袖。吳郡 顧榮者，江東士族之代表。元帝所謂「國土」者，即孫吳之國土。所謂「人」者，即顧榮代表江東士族對此種情勢之態度可於兩人問答數語中窺知。顧榮之答語乃允許北人寄居江左，與之合作之默契。此兩方協定既成，南人與北人戮力同心，共禦外侮，而赤縣神州免於全部陸沉，東晉 南朝三百年之世局因是決定矣。[10]

元帝對三吳首望特加禮遇，並親幸賀循之舟。（晉書卷 68，紀瞻傳、賀循傳）王導在接見吳人時，特地說吳語，[11]並請婚陸氏。又儘量起用吳地的才俊之士。晉書 68/1814 顧榮傳曰：

> 時南土之士未盡才用，榮又言：「陸士光貞正清貴，金玉其質；甘季思忠款盡誠，膽幹殊快；殷慶元質略有明規，文武可施用；榮族兄公讓明亮守節，困不易操；會稽 楊彥明、謝行言皆服膺儒教，足為公望；賀生沈潛，青雲之士；陶恭兄弟才幹雖少，實事極佳。凡此諸人，皆南金也。」書奏，皆納之。

東晉各帝都先後表彰吳國的先賢，來彌補過去的傷痕。[12]東晉政權的建立，固然是由於永嘉之亂，但也和荊 揚士族希望在江東再出現一個王朝的心理有密切的關係。

三、南北朝之長期分裂與南北地域觀念之強化

晉元帝原是東海王 越的黨羽，本無大志，在江南建國之後，但希圖自守，對於忠心為國的人，前後如華軼及周馥都被元帝所摧殘，又如排擠陶侃，後來對祖逖和并州的劉琨也不善為協助，機會一失，再想恢復中原就有困難了（同註二）。桓溫之亂、蘇峻之亂和後來的孫恩、盧

10　陳寅恪：「述東晉王導之功業」，中山大學學報，1956 年第一期。

11　陳寅恪：「東晉南朝之吳語」，中央研究院歷史語言研究集刊，第七本，1936.12。

12　參註 10 及拙作：「王導：一個與東晉立國關係極鉅之政治家」，香港大學東方文化 IV，1976。

循之亂，使國力因而抵銷。僑舊利益的衝突也始終沒有取得徹底的協
調，荊州與中央之間的衝突，更是終東晉 南朝之世一直存在。宋書
66/1739 王敬弘何尚之傳史臣曰：

> 江左以來，樹根本於揚 越，任推轂於荊 楚。揚土自廬、蠡以北，臨
> 海而極大江；荊部則包括湘、沅，跨巫山而掩鄧塞。民戶境域，過半
> 於天下。晉世幼主在位，政歸輔臣，荊、揚司牧，事同二陝。宋室受
> 命，權不能移，二州之重，咸歸密戚。是以義宣藉西楚強富，因十載
> 之基，嫌隙既樹，遂規問鼎。而建郢分揚，矯枉過直，藩城既剖，盜
> 實人單，閫外之寄，於斯而盡。

傅樂成先生的荊州與六朝政局對此有詳瞻的分析，茲不贅述。[13]荊
揚的富庶和其發展的情形，從沈約的評論，可以知道一個大概。宋書
54/1540 孔季恭、羊玄保、沈曇慶傳史臣曰：

> 江南之為國盛矣，雖南包象浦，西括邛山，至於外奉貢賦，內充府實，
> 止於荊、揚二州。自漢氏以來，民戶彫耗，荊 楚四戰之地，五達之
> 郊，井邑殘亡，萬不餘一也。自義熙十一年司馬休之外奔，至于元嘉
> 末，三十有九載，兵車勿用，民不外勞，役寬務簡，呡庶繁息，至餘
> 糧栖畝，戶不夜扃，蓋東西之極盛也。既揚部分析，境極江南，考之
> 漢域，惟丹陽 會稽而已。自晉氏遷流，迄於太元之世，百許年中，
> 無風塵之警，區域之內，晏如也。及孫恩寇亂，殲亡事極，自此以至
> 大明之季，年踰六紀，民戶繁育，將曩時一矣。地廣野豐，民勤本業，
> 一歲或稔，則數郡忘飢。會土帶海傍湖，良疇亦數十萬頃，膏腴上地，
> 畝直一金，鄠、杜之間，不能比也。荊城跨南楚之富，揚部有全吳之
> 沃，魚鹽杞梓之利，充仞八方，絲綿布帛之饒，覆衣天下。

這自然是兩漢以來的發展和孫吳的經營，如討平山越，[14]增設郡縣奠下

13　傅樂成：「荊州與六朝政局」，台灣大學文史哲學報第四期，1952。
14　傅樂成：「孫吳與山越之開發」，台灣大學文史哲學報第三期，1951。

的基礎，使南方的山越和蠻族與漢族融合，促進南方的開發[15]，更和漢末及永嘉之亂前後兩次北人大批南渡有關。後漢書、三國志、晉書記此甚多，茲舉數例如下：

> 後漢書 73/2368 陶謙傳載：及曹操擊謙，徐方不安，（笮）融乃將男女萬口、馬三千匹走廣陵。……因以過江，南奔豫章。

> 晉書 26/784 食貨志：建安初，關中百姓流入荊州者十餘萬家。

> 三國志 11/377 徐奕傳：徐奕……東莞人也。避亂江東，孫策禮命之。

> 三國志 11/337 張範傳：張範……河內脩武人也。祖父歆為漢司徒。父延，為太尉。……弟承……亦知名。以方正徵，拜議郎。遷伊闕都尉。董卓作亂，承欲合徒眾與天下共誅卓。承弟昭時為議郎，適從長安來，……乃解印綬間行歸家，與範避地揚州。

> 三國志 12/386 司馬芝傳：司馬芝……河內溫人也。少為書生，避亂荊州，……居南方十餘年，躬耕守節。

> 三國志 56/1309 呂範傳：少為縣吏……後避亂壽春，孫策見而異之。範遂自委昵，將私客百人歸策。

> 三國志 60/1383 呂岱傳：為郡縣吏，避亂南渡。孫權統事，岱詣幕府。

> 三國志 60/1381 全琮傳：是時中州士人避亂而南，依琮居者以百數。琮傾家給濟，與共有無，遂顯名遠近。

> 三國志 47/1118 吳主傳：（建安）十八年正月，曹公攻濡須，權與相拒月餘。……乃退。初，曹公恐江濱郡縣為權所略，徵令內移，民轉相驚，自廬江、九江、蘄春、廣陵戶十餘萬，皆東渡江。

> 三國志 57/1336-1337 陸瑁傳：少好學篤義，陳國陳融、陳留濮陽逸、沛郡蔣纂、廣陵袁迪等，皆單貧有志，就瑁遊處，（注曰：「迪孫曄……作獻帝春秋，云迪與張紘等俱過江。」）……及同郡徐原，爰居會

　高亞偉：「孫吳開闢蠻越考」，大陸雜誌第七卷 6、7 期。

稽。……

三國志 54/1267-1268 魯肅傳：魯肅……臨淮 東城人也……袁術聞其
名，就署東城長，肅見術無綱紀，不足與立事，乃攜老弱將輕俠少年
百餘人，南行居巢就瑜。瑜之東渡，因與同行。（注引吳書曰：……
後雄傑並起，中州擾亂，肅乃命其屬曰：「中國失綱，寇賊橫暴，淮、
泗間非遺種之地，吾聞江東沃野萬里，民富兵彊，可以避害。寧肯相
隨至樂土？」其屬皆從命，乃使細弱在前，彊壯在後，男女三百餘人
行。……肅渡江往見策，策亦雅奇之。）

三國志 52/1231 諸葛瑾傳：諸葛瑾字子瑜，琅邪 陽都人也。漢末避
亂江東。

三國志 12/378 何夔傳：何夔……陳郡 陽夏人也。曾祖父熙，漢安帝
時官至車騎將軍……避亂淮南。

三國志 11/333 袁渙傳：袁渙……陳郡 扶樂人也。父滂為漢司徒……
後避地江、淮間，為袁術所命。

晉書 33/987 王祥傳：漢末遭亂，（祥）扶母攜弟覽避地廬江，隱居三
十餘年，不應州郡之命。

永嘉之亂，北人南遷者為數更多，史籍記此者，多至不勝枚舉。譚其驤
先生估計，當時北方有八分之一的人口南遷，約有九十萬，南渡民戶以
僑寓今江蘇者為最多，約二十六萬，僑寓今山東者約二十一萬，僑寓今
安徽者約十七萬，僑寓今四川及陝南之漢中者約十五萬，僑寓今湖北者
約六萬，僑寓今河南者約三萬，僑寓今江西、湖南者各一萬餘。[16]譚其
驤先生是根據宋書 州郡志所記僑州僑郡僑縣的戶口數作此論定的。實
際上南遷的人口當遠遠超過此數的。

　　雖然荊 揚兩地經過兩漢和孫吳的開發，已有很好的基礎。但在永
嘉之亂前後逃難的人民如潮水般的自北方湧來，長江中下游也是無法應

---

[16]　譚其驤：「晉永嘉喪亂後之民族遷徙」，燕京學報 15 期，1934.6。

付的,何況江南在此之前也不是非常平靜的。饑荒遂發生了。太平御覽卷35引王洽集曰:

> (三吳沃壤)閭門餓餒,烟火不舉。

晉書 26/791 食貨志也載:

> (太興)二年(319A.D.),三吳大饑,死者以百數。

晉書 71/1889 王鑒傳鑒上疏中說:

> 江州蕭條,白骨塗地,豫章一郡,十殘其八。繼以荒年,公私虛匱,倉庫無旬月之儲,三軍有絕乏之色。

所以熊遠建議元帝於立春之日,帥三公、九卿、諸侯、大夫,躬耕帝藉,以勸農功,晉書 71/1885 熊遠傳載其建議曰:

> 時江東草創,農桑弛廢。……自喪亂以來,農桑不修,遊食者多。

元帝為晉王時,即課督農功,倡導每年種麥三次。晉書 26/791 食貨志曰:

> 詔二千石長吏以入穀多少為殿最。其非宿衛要任,皆宜赴農,使軍各自佃作,即以為廩。太興元年(318A.D.),詔曰:「徐、揚二州土宜三麥,可督令燽地,投秋下種,至夏而熟,繼新故之交,於以周濟,所益甚大。昔漢遣輕車使者氾勝之督三輔種麥,而關中遂穰。勿令後晚。」其後頻年麥雖有旱蝗,而為益猶多。

並鼓勵流人耕作。晉書 26/792 食貨志載後將軍應詹表曰:

> 間者流人奔東吳,東吳今儉,皆已還反。江西良田,曠廢未久,火耕水耨,為功差易。宜簡流人,興復農官,功勞報賞,皆如魏氏故事。……公私兼濟,則倉盈庾億,可計日而待也。

晉元帝的政策是:「寬眾息役,惠益百姓。」王導為東晉政府確立的政策,通過東晉前期實行的土斷制,度田收租和禁止豪強霸佔山澤等措

施。[17]到東晉末年，勉強已可家給人足。晉書 26/792-793 食貨志曰：

> 至於末年，天下無事，時和年豐，百姓樂業，穀帛殷阜，幾乎家給人
> 足矣。

僑民也將北方進步的農業技術帶入，如區種菽麥。晉書 94/2440 郭文傳
曰：

> 洛陽陷，乃步擔入吳興 餘杭 大辟山中窮谷無人之地。……區種菽麥。

自東晉至宋、齊均不斷興修水利。提倡蠶桑，所以到宋時，「荊城跨南
楚之富，揚部有全吳之沃，魚鹽杞梓之利，充仞八方，絲綿布帛之饒，
覆衣天下。」[18]陳時已「良疇美柘，畦畎相望，連宇高甍，阡陌如繡。」[19]

　　長江中下游經魏晉南北朝時期的努力經營，到隋時已成中國的經濟
重心。而此時中原區域的水利設施仍未恢復，所以隋煬帝時遂修運河，
將經濟重心與政治軍事重心聯繫起來。全漢昇先生說：

> 唐 宋數百年內溝通南北的運河是在我國第二次大一統帝國出現客觀
> 形勢的要求下產生出來的。……當日的軍事政治重心，雖然因為國防
> 和地理的關係，仍舊像秦 漢那樣留在北方，可是由於漢末以後北方
> 生產事業的破壞，南方經濟資源的開發，經濟重心卻已遷移到南方去
> 了。……如何把軍事政治重心的北方和經濟重心的南方連繫起來，以
> 便因內在的堅強凝結而生出力量？隋煬帝開鑿的運河正好滿足這個
> 新時代的客觀形勢的要求。[20]

隋書 24/673 食貨志和 31/886 地理志下兩處所云顯然是史臣照抄史記貨
殖列傳和班固漢書 地理志的。前者曰：

> 而江南之俗，火耕水耨，土地卑溼，無有畜積之資。

---

[17]　許輝：「東晉、南朝時期南方經濟發展的原因」，史學月刊 1985 年第五期，P31。

[18]　宋書 54/1540 沈曇慶傳史臣曰。

[19]　陳書 5/82 宣帝紀。

[20]　全漢昇：唐宋帝國與運河，P125。中研院史語所專刊之 24，1944。

又隋書 31/886 地理志下曰：

> 揚州於禹貢為淮海之地。…江南之俗，火耕水耨，食魚與稻，以漁獵
> 為業，雖無畜積之資，然而亦無饑餒。

荊 揚經過魏晉南北朝長時期的發展，怎麼還會是無畜積之資，還會是
用粗放的火耕水耨來種植呢？即使有也是在人煙很稀少的窮鄉僻壤的
地方。唐時韓愈已說：「今賦出天下，江南居十九。」[21] 唐昭宗景福元年
（892A.D.）資治通鑑 259/8430 曰：

> 先是，揚州富庶甲天下，時人稱揚一、益二。

隋書 食貨志和地理志的記載顯然是錯的。

　　桓溫於 347A.D. 平成漢，後來劉裕又於 412A.D. 遣朱齡石伐蜀，破
譙縱，使東晉 南朝得擁有長江流域的上游，南方得以統一。東晉和宋、
齊、梁得荊、揚、四川及嶺南經濟力量之支持，故終能抗拒北朝。中原
地區一直至北魏初期戰亂頻仍，水利事業自未恢復，所以仍然非常凋
疲，亦為主要原因。魏書 47/1056 盧昶傳曰：

> 自比年以來，兵革屢動，荊 揚二州，屯戍不息，鍾離、義陽，師旅
> 相繼，兼荊蠻兇狡，王師薄伐，暴露原野，經秋淹夏，汝 潁之地，
> 相率從戎，河 冀之境，連丁轉運。又戰不必勝，加之退負，死喪離
> 曠，十室而九，……至使通原遙畛，田蕪罕耘，連村接閈，蠶饑莫食。

　　因南北長期的分裂與對抗，於是南北地域觀念日益強化。如北魏稱
南人為「島夷」，南人稱北魏為「魏虜」、「索虜」，其年號與官名上則加
「偽」字，如南齊書 57/986-997 魏虜傳曰：

> 宋明帝末年，始與虜和好。……建元元年（479A.D.），偽太和三年
> 也。……宏又遣偽南部尚書托跋等向司州，分兵出兗、青界。……宏
> 留偽咸陽王 憘圍南陽，進向新野，新野太守劉思忌亦拒守。……永
> 泰元年，城陷，縛思忌，問之曰：「今欲降未？」思忌曰：「寧為南鬼，

---

[21]　韓愈：「陸歙州詩序」，全唐文 555/5612。

不為北臣。」乃死。

乃至互爭正朔所在。如北魏 楊衒之洛陽伽藍記 2/105-107 曰：

> 時朝廷方欲招懷荒服，待吳兒甚厚，褰裳渡於江者，皆居不次之位。
> 景仁無汗馬之勞，高官通顯。永安二年蕭衍遣主書陳慶之送北海入洛
> 陽僭帝位。慶之為侍中。景仁在南之日與慶之有舊，遂設酒引邀慶之
> 過宅。司農卿蕭彪、尚書右丞張嵩並在其座，彪亦是南人。唯有中大
> 夫楊元慎、給事中大夫王昫是中原士族。慶之因醉謂蕭 張等曰：「魏
> 朝甚盛，猶曰五胡，正朔相承，當在江左。秦朝玉璽，今在梁朝。」
> 元慎正色曰：「江左假息，僻居一隅，地多溼墊，攢育蟲蟻，疆土瘴
> 癘，蛙黽共穴，人鳥同群。短髮之君，無杼首之貌；文身之民，稟蕞
> 陋之質。浮於三江，棹於五湖，禮樂所不沾，憲章弗能革。雖復秦餘
> 漢罪，雜以華音，復閩楚難言，不可改變。雖立君臣，上慢下暴。
> 是以劉劭殺父於前，休龍淫母於後，見逆人倫，禽獸不異。加以山陰
> 請婿賣夫，朋淫於家，不顧譏笑。卿沐其遺風，未沾禮化，所謂陽翟
> 之民不知瘦之為醜。我魏膺籙受圖，定鼎嵩 洛，五山為鎮，四海為
> 家。移風易俗之典，與五帝而並跡。禮樂憲章之盛，凌百王而獨高。
> 豈卿魚鱉之徒，慕義來朝，飲我池水，啄我稻粱，何為不遜，以至於
> 此？」

自晉室渡江後，對北方傳記皆名之為偽書。顏氏家訓 書證第十七曰：

> 易有「蜀才注」，江南學士，遂不知是何人。王儉四部目錄不言姓名，
> 題云：「王弼後人」。謝炅、夏侯該（趙曦明注云：當作詠，夏侯詠有
> 漢書音二卷）並讀數千卷書，皆疑是譙周。而李蜀書，一名漢之書，
> 云：姓范，名長生，自稱「蜀才」。（隋書 經籍志：漢之書十卷，常
> 璩撰。）南方以晉家渡江後，北間傳記皆名為「偽」書，不貴省讀，
> 故不見也。

南北所治經學也互有不同，隋書 75/1705-1706 儒林傳曰：

> 南北所治，章句好尚，互有不同。江左周易則王輔嗣，尚書則孔安國，

左傳則杜元凱。河、洛左傳則服子慎，尚書、周易則鄭康成。詩則並
主於毛公，禮則同遵於鄭氏。大抵南人約簡，得其英華，北學深蕪，
窮其枝葉。

南北詞人也有異同，後來隋統一後，齊 梁體且影響於關右。隋書 76/1730
文學傳曰：

然彼此好尚，互有異同。江左宮商發越，貴於清綺，河朔詞義貞剛，
重乎氣質。氣質則理勝其詞，清綺則文過其意，理深者便於時用，文
華者宜於詠歌，此其南北詞人得失之大較也。若能擬彼清音，簡茲累
句，各去所短，合其兩長，則文質斌斌，盡善盡美矣。梁自大同之後，
雅道淪缺，漸乖典則，爭馳新巧。簡文、湘東，啟其淫放，徐陵、庾
信，分路揚鑣。其意淺而繁，其文匿而彩，詞尚輕險，情多哀思。格
以延陵之聽，蓋亦亡國之音乎！周氏吞併梁、荊，此風扇於關右，狂
簡斐然成俗，流宕忘反，無所取裁。

自古以來，南北的風俗本來就互有差異，但經此長期分裂隔閡後，南北
的習俗則相去更遠。晉 宗懍荊楚歲時記、北齊顏之推顏氏家訓所記甚
多，茲不一一列舉。

　　隋、唐末期，關中 關東的動亂，人口又大量南移。至宋時，南方
更富庶，成為強固的經濟中心，南北的觀念也更強化了。

柒、結論

　　周初的分陝而治，是中國歷史上最早的東西分劃。後來演進的結果，東區——兗、冀、靑、豫、徐成為中國古代文化特別發達的地區。春秋時期的經濟都會、學術中心和學術人才都分佈在這區，儒、墨、道、名、法、陰陽家之思想也都產生在這區。這自然是因為此區是廣大的平原，水利建設眾多，農業發達富庶的緣故。西區因為接近邊疆和游牧民族，所以富於草原氣息，和勇敢、剽悍、進取的邊疆精神。東西兩區顯著的差異，就是前者保守，後者進取；前者尚文，後者尚武，這是歷史與環境長久演變累積而成的。從詩經 小戎、無衣、車轔、四載皆言車馬田狩之事就可以知道了。

　　山東山西（關東、關西）兩詞的出現是在戰國中期。自唐 李賢注後漢書，張守節史記正義起，對山東、山西就有陝山、華山不同的說法。晚近各家雖大多主殽山或太行山，也仍有好幾家主用華山的，分岐的主要原因是戰國中期後，秦國國土不斷的擴張，分界之山、關隨之變動；而前人忽畧歷史的演進；漢代對山東山西（關東、關西）的用法又並不十分嚴格；漢武時期函谷關的遷徙；東漢的都洛；和後來建置潼關。

　　秦經孝公、惠王的努力，得復有全部關中及河西之地，並發展到陝。秦惠王時在弘農建函谷關以備東方。再經武王、昭王、莊襄王之向東發展，終於通車三川，得到全部的函 殽地區及太原、上黨、河東，即從前晉國 汾河流域之地。其時已經以「天下之脊」太行山、函谷關與東方分界。但秦時太行山與函谷關並未相聯。漢武帝 元鼎三年冬（114B.C.），東遷函谷關三百里到新安 殽山，「益廣關，置左右輔。」從新安越河是河南的濟源縣，即太行山之起點，於是函谷關與太行山相接。函谷關與太行絕頂之天井關，羊腸阪道之壺關，代郡之五阮關相聯。南以宜陽 都亭為南塞，函谷關與太行山諸關構成東西分界線。至此，

漢武帝將函 穀險要之形勢全部納入關中。並於徙關之次年（元鼎四年，113B.C.）將三輔行政區域重新規劃，從右內史分出弘農、上雒、商縣，從南陽郡分出析縣、丹水，從河南郡分出陝縣、黽池、新安、宜陽、陸渾、盧氏，以增置弘農郡。東漢建都洛陽，函谷關位置不變，惟將其改隸河南 穀城縣。東漢末年韓遂、馬超等據潼關以與曹軍相抗。省函谷關為西晉 明帝 景初二年或稍後事。

　　廣義之山東是太行山迤邐向南，經長江之巫山到湖南之雪峯山，再迤邐向西南，此線以東之地。山之東側陡峻刻峭，西側平坦。廣義之山西，即上述分界線以西之地，包括全部黃土高原、漢中盆地、四川盆地和雲貴高原。惟漢朝人日常習用者為狹義之山東、山西。山東為太行山、函谷關以東，「北邊除去燕 代舊疆，南邊除荊 揚兩郡。」[1]但荊部之南陽本文將其歸屬山東區。山西為函谷關與太行山之西，秦之舊疆與晉之汾河流域。揚雄方言用的即此狹義之山東、山西。秦 晉為強固之方言區，兩地文化亦有共同處。所以此一分界線，不僅有政治的意義，也有語言及文化上的意義。本文所用即此狹義，亦即漢人習用之山東山西。

　　西漢時期之山東山西，是全國的精華所在，前者是經濟、工商業、學術、文化的中心，後者是政治、軍事的中心。漢志所載全國設鐵官47 個，山西有 10 個，山東有 29 個，全國鹽官 36 個，山西有 12 個，而山東有 16 個，全國工官 8 個，有 6 個在山東，漢代官府工業如三服官亦在山東之齊，長安有東西織室及三工官，而漢武帝後，鑄幣機構亦在長安 上林菀。全國的水利主要都集中在兩區，對山西的水利設施又尤為注重。因為建都長安後，京師人口日增。如引渭水為渠，穿渠引汾溉皮氏、汾陰與引河溉汾陰 蒲阪，修褒斜道及漕，穿龍首渠和開建六輔渠與白渠，而且都是在漢武一朝興建完成的。因為其時連續對匈奴、西域用兵，築衛朔方，經營河西，關中又因伐胡而盛養馬，又安置七十多萬關東災民到關西及新秦中，所以山西需糧更殷。自關東漕運糧食到關中，由漢初每年的數十萬石、二百萬石，遞增到六百萬石。並且還有

---

[1]　勞貞一先生說，同第二篇註 51。

自巴蜀運來的。所以漢廷群臣殫盡竭慮地設計如何增加山西本身的糧產，以減少關東的漕運，如水利的設施、新農具的推廣，新種植方法如區田、代田，都率先在三輔和居延推行。西漢一朝雖然特別注意關中的水利，但發展的結果仍然遠遠不及山東，主要是關中河流含泥量太重。「涇水一石，其泥數斗。」「水流的沖刷不僅浸蝕原的地形，而且也使它自己的河床一再加深。」[2]使水渠的入水量減少，卒無法入水。

　　漢高祖能接受劉敬和張良的建議，當天車駕西馳關中，定都長安，實在有無比的勇氣和政治智慧的。因為秦末中國內部擾亂，匈奴復振。匈奴 河南 白羊、樓煩王離長安近的只有七百里，輕騎一天一夜就可以到達秦中。西漢敢於面對敵人，終於戰勝敵人。但是一般的鄙儒就無此認識了。直到元帝時，東海 下邳人翼奉還主張因天變而遷都洛陽，亦以「遠羌 胡之難」。

　　西漢在政策上對山西人民雖無岐視或差別待遇之處，但實際上漢初的政治操縱在功臣集團手中，山西人是被征服者，自然無平等之政治機會。漢武時期官僚政治逐漸成立，察舉制度完全以州郡國為單位。選拔博士弟子員也完全沒有任何地域的限制。但是這兩種選拔人才的制度，對山東人士特別有利。因春秋 戰國以來，齊 魯是學術的中心，流風所被，山東的文化遠遠高過山西，即使最初被推舉的人數相同，到後來出類拔萃，晉入中央和地方權力中心的幾乎多是山東人士，而山西人是比較吃虧的；所以六郡良家子弟最好的出路是「選給羽林、期門，以材力為官」，充任宿衛。

　　西漢一朝，邊疆政策爭辯得最激烈的是昭帝 始元六年（81B.C.）的鹽鐵會議。賢良文學都認為邊郡是無用之地，不當弊疲中國以事四夷，強調山東的重要，是全國的腹心，對四夷主張德化，「修文德以徠之」。

　　東漢建都洛陽雖然滿足了山東大族的願望，但也衍生無窮的後患，因為建都洛陽必須在西北駐紮重兵，遂形成後來的軍閥。

　　東漢一朝山東大族對政治的控制力很強，特別是南陽地區的大族。

2　史念海：「古代的關中」，河山集，P.31。

其強度與深度是空前的，不是西漢初期豐 沛的功臣可以比擬的。[3]因為他們大多是知識份子，有些更在太學讀過書的，且與光武同學。光武的功臣多為山東人，又特多南陽人，而且他又喜歡用家鄉人，終東漢一朝南陽人任高職者都佔很高的比例。勞貞一先生賜書指正：東漢初重用南陽人是事實，但也不是全部用關東人；尤其在東漢外戚中，如梁、竇、馬姓皆不是關東人（同註 3）。東漢一朝任九卿者共 322 人，無籍可考者 48 人，山東佔 177 人，而其中南陽即有 37 人。而東漢任守相有籍可考者 1040 人，山東有 486 人，而其中南陽多達 100 人。汝 潁有多士之稱。因為東漢崇尚儒術，山東的經學至此益盛。山西地區的有志之士惟以軍功自奮，所以東漢的傑出軍人，仍以山西軍人佔絕大多數。[4]

羌亂是東漢一朝最大的外患。建武初年即有朝臣主張放棄金城 破羌以西，經馬援反對，才打消此議。其後每有羌亂，輒主張放棄其地，遷居邊郡人民於三輔。御史中丞樊準堅主關東利益為先，「宜先東州之急。」而邊郡的太守、令、長又大多是內郡人，毫無戰守的意思，所以動輒遷民以避難，甚至發徹人民屋室營壁，刈其禾稼，逼民遷徙。後來平定西北羌亂的仍是山西人士，而他們的軍隊並未解散，遂演變成軍閥。

山西因久遭羌亂，董卓死後又有李傕、郭汜、樊稠、韓遂、馬騰等的相互混戰，人民四出逃亡，長安也因而徹底破壞，山西遂沒落了。

東漢晚期的黃巾之亂雖波及全國，但以山東受禍最深，尤以潁川、陳國、東郡、鉅鹿、南陽、清河為甚。雖其主力被朱儁、皇甫嵩、盧植等所平定，但殘餘勢力仍在，而且分佈得更廣，最後為曹操等所收編。董卓之亂後，山東又有軍閥互相混戰。山東因長期的戰爭，水利建設遭到破壞，人民紛紛逃向幽州、荊、揚等地，於是也殘破沒落了。

北方自建安七年（202A.D.）曹操在官渡擊潰袁紹後，基本上已趨於統一；赤壁戰後，曹操又西平馬超，南收張魯，山東山西復成一體。

3　勞貞一先生：1955-1956 於台灣大學講授秦漢史時語。貞一先生來示謂：「東漢初重用南陽人是事實，但也不是全部用關東人，尤其在東漢外戚中，如梁、竇、馬姓皆不是關東人。」

4　傅樂成：同四篇，註 11。

　　巴 蜀 漢中與楚之關係自然早於秦國，但由史記 貨殖列傳所記，秦
與巴蜀 漢中的往來也不是很晚。秦惠王聽取司馬錯的意見，出兵伐蜀，
於後九年（316B.C.）擊滅之（從史記正義說）。秦得到巴 蜀後，不僅更
富更強，且以巴 蜀位居長江上游的形勢，逐步侵蝕楚國。巴 蜀在秦時
最重要的成就是李冰的興修水利。秦國遷徙到巴 蜀的人民中有勤勞的
秦民、荊楚的貴族和趙 魏的富戶。這些勞動力、資金、生產技術、貨
殖本領的移入，使巴 蜀的發展一日千里。秦藉巴 蜀 漢中而統一六國，
後來劉邦據以成漢業。

　　文翁治蜀時挑選資質優異的郡縣小吏張叔等十餘人去長安受業博
士，或學律令。又在成都興起學官，招下縣子弟以為學官弟子，遂使巴
蜀的文風日益提高，也影響到中央建立太學。漢武帝朝兩次通西南夷，
雖使巴、蜀、廣漢、漢中四郡人民的負擔增加，但也促使四郡之農工商
業更趨發達。因為通西南夷道，作者數萬人，皆須就地取得給養。成都
在漢武和昭 宣時期，尚不是全國著名的大城市，但到王莽時，已為五
均司市之一。此即漢武以來發展迅速的證明。東漢建都洛陽，三輔因王
莽末年的戰亂人口劇減，作為消費性城市的長安已盛況不再，雖然長安
對巴 蜀物資的需求量大減，但國家對巴 蜀的糧食和布匹仍是非常仰賴
的，有的經關中再運到西北邊郡。所以東漢對穿越秦嶺的棧道仍非常注
重，如明帝 永平六年（63A.D.）詔漢中郡 鄐君開通褒斜道，據石門谷
所存修道碑記載，此後又再修理三次。後來安帝 元初二年（115A.D.）
因先零羌亂事擴大，陳倉、褒斜兩道受到影響，只有用子午道。亂事平
定後又復褒斜道罷子午道。靈帝 中平元年，黃巾亂起。後來關中為軍
閥所據，戰亂相尋。褒斜道遭到人為的破壞，雖又修復，但益州賊馬相
亦自號黃巾，趁機而起，復為州從事賈龍所破，並迎劉焉，巴 蜀遂入
劉焉之手。後來魏 蜀都注意棧道的修復，但已全為軍事的用途，從前
「常車迎布，歲數千輛」的盛況就不再了。

　　長江的中下游在東漢有快速的發展，主要是王莽末年因北方動亂，
有大量的人民南移。這比較漢書 地理志和續漢書 郡國志人口的記載就
明顯的可以看出來。後漢書 循吏傳所記的循吏多數是荊 揚地區的守

相，牛耕也在東漢初期傳入，水利建設也很有成績，使得荊 揚稻田產量增加，墾闢的田地也增多了。例如西漢 武帝時因為山東 黃河決口形成重大的災害，詔許災民得流移就食江 淮間，但要下巴蜀粟來救濟，因為當時荊 揚糧產量還很低，對驟然湧來的大批災民是無法負擔的。但是到東漢 安帝永初元年（107A.D.）和永初七年已經調荊 揚的租米去賑濟山東和鄰近淮河各郡的饑民。足證東漢 荊 揚地區農業進步的快速。

　　另外從政治人才的分佈也可證明長江流域在東漢的進步。西漢一朝丞相45人，山東區域有31人，山西區域7人，北方邊郡1人，籍貫無考者6人。但東漢 312 位九卿中巴 蜀有9人，荊 揚有24人。西漢守相有籍可考者359人，巴 蜀 漢中地區有11人，長江中下游荊 揚有25人。但是在東漢有籍可考的1040位守相中，巴 蜀 漢中地區已有121人，荊 揚地區有233人（不計入南陽郡。）可見兩地人才增長之快。

　　三國時期，孫吳能在長江中下游建國，就是兩漢的開發奠下基礎的，而東漢的成績尤為顯著。孫吳又繼續努力南方的經營，如討伐山越，融合山越和南方的蠻族，對南海貿易的進一步加強。[5]孫吳後來政權逐漸開放，起用三吳之士，取得更穩固的地方基礎，上層權力結構變化的結果，孫吳便逐漸江南化了。[6]

　　蜀漢的建國使巴 蜀與山西完全疏離，而與長江中下游孫吳的關係則日趨密切。因吳 蜀互為犄角，結成與國。雖然後來劉備因關羽之死伐吳，但在吳 蜀 夷陵之戰後，不到三四個月魏兩路出兵，進攻吳之濡須和江陵，孫權遣鄭泉使蜀，劉備令宗瑋報聘，兩國的聯盟便迅即恢復了。劉備死後由諸葛亮輔政，即遣鄧芝使吳，以加強兩國的聯盟。此後吳 蜀一直保持盟好，巴 蜀 漢中與荊 揚聯成一線抗魏。使秦嶺、淮陽山脈、淮河成為南北之天然分界線，也成南北之政治界線。東漢末年「南」「北」的地域觀念開始出現，至此南北二個地域觀念遂取代了秦 漢時

5　　勞貞一先生云：「劉宋 裴松之注三國志，補充吳 魏處很多。可惜四夷傳全用魏書，而吳之四夷記載未收入。此時南海在三國時代已很重要，因他只注意魏代四夷，把南洋記述漏掉了。」（魏晉南北朝史，P.114）

6　　王霜媚：孫吳政權的成立與南北勢力的興替，食貨復刊第十卷第三期，1980,6,10.

代的山東、山西（關東、關西）。

　　西晉平吳時，對待吳人的態度完全是勝利者的態勢，三吳的士人在洛陽也遭到岐視和不公平的待遇，周處的遇害、陸機兄弟三人的被殺，使得吳人憤懑和懷念孫氏政權，希望孫吳復國，藉以在家鄉就可取得發展的機會。

　　歷史真是充滿諷刺的，西晉三十多年就覆亡了。司馬氏竟然要到江南來立足，經過王導兄弟的設計，終於為三吳舊姓所接受。東晉各帝都先後表彰吳國的先賢，來彌補過去的傷痕。

　　永嘉之亂前後，北方的人民大批南渡，譚其驤先生根據宋書 州郡志僑州僑郡僑縣的戶口數，推論南遷的人口約有九十萬。實際上可能遠遠超過此數。怎麼會只有僑州僑郡僑縣才有僑民呢？例如福建省的四大姓林 鄭 吳 黃就是這時期遷入去的，而福建並無僑郡僑縣。唐人張籍的永嘉行：「晉人避胡多在南，南人至今能晉語。」（全唐詩 382/4282）是沒有多大誇張的。

　　風景之殊，新亭對泣，很快就淡忘了，稍後到來的，三吳已沒有插足的餘地，於是紛紛到浙東求田問舍，建立富足舒適的莊園。會稽有崇山峻嶺，茂林秀竹，蘭亭雅集、曲水流觴，浙東的風景遠勝瑯琊與陳郡呢！此等僑姓大族至此不僅已全無北伐之念，而且還掣肘庾亮、桓溫等人的北伐。

　　桓溫於 347A.D.滅成漢，後來劉裕又於 412A.D.遣朱齡石伐蜀，破譙縱，使東晉 南朝得擁有長江流域的上游，南方復歸統一。東晉、宋、齊和梁得荊 揚、四川及嶺南經濟力量的支持，終能抗拒北朝。

　　因為南北二百七十多年長期的分裂與敵對（311 A.D.-589A.D.），於是南北的地域觀念日益強化。如北魏稱南人為「島夷」，宋人稱北魏為「魏虜」、「索虜」，對其年號與官名均加以「偽」字。對北方之書籍均名之為「偽書」。南北的經學、文學也互有不同，風俗的差異就更大了。北方長期以來，「胡人漢化，漢人胡化」，在北魏 孝文遷都及推行漢化後，很多郡姓大族都認同邊裔民族建立的政權，如楊元慎竟與陳慶之互爭正朔所在。

　　雖然荊 揚地區經過兩漢和孫吳的開發，已奠下很好的基礎。但在永嘉之亂前後，逃難的人民如潮水般的自北方湧來，長江中下游也還是無法應付的。所以豫章、江州，甚至沃壤的三吳，在東晉初年都曾一度發生嚴重的饑荒。但是經過元帝的提倡鼓勵與課督農功，「躬耕藉田」，「二千石長吏以入穀多少為殿最。」在徐、揚二州提倡一年種麥三次。同時並鼓勵流人耕作。僑民也將北方先進的農業技術，如區種菽麥帶入。到東晉末年勉強已可以家給人足。自東晉至宋不斷的興修水利，提倡蠶桑。又將一些人口稠密地區如山陰的無貲之家遷到人口稀少的餘姚、鄞、鄮三縣，墾起湖田。所以到宋、陳時已漸臻富庶之境。長江中下游經南朝長時期的努力經營，隋時已成中國的經濟中心。因此隋煬帝要興修運河，將經濟重心的長江中下游與政治軍事重心的北方聯繫起來。隋書 食貨志和地理志仍完全照抄史記 貨殖列傳和班固漢書 地理志謂「江南之俗，火耕水耨，……無有畜積之資。」「江南之俗，火耕水耨，……以魚獵為業，雖無畜積之資，然而亦無饑餒。」是完全不足採信的。唐時韓愈已說：「今賦出天下，江南已十九。」[7]揚一益二是唐代盛行的俗語[8]。

　　經濟重心的南移，使得政治重心的南移成為可能，這中間自然還有邊疆民族入侵的因素。漢 魏是中國地域觀念轉變的時期，到三國時南北的地域觀念已取代從前的山東山西（或關東、關西）。宋時又一次的向南播遷，南方的經濟更繁榮。此後中國人南北的地域觀念就更強固了。

[7]　韓昌黎文集第四卷，送陸歙州詩序（馬其昶：韓昌黎文集校注第四卷，上海古籍出版社，1986 年，P231.）

[8]　宋 洪邁。客齋隨筆卷 9「唐揚州之盛」條：唐世，鹽鐵轉運使在揚州，盡斡利權，判官多至數十人，商賈如織。故諺稱「揚一益二」，謂天下之盛，揚為一而蜀次之也。

附　錄

東漢九卿籍貫分布表[1]

姓名	籍貫	備註	姓名	籍貫	備註
邳彤	信都	後書 21/757	馮勤	魏郡 繁陽	後書 26/909
李通	南陽 宛	後書 15/573	趙憙	南陽 宛	後書 26/912
岑彭	南陽 棘陽	後書 17/653	馮魴	南陽 湖陽	後書 33/1147
劉延	南陽	後書 1 上/1	耿國	扶風 茂陵	後書 19/703
賈復	南陽 冠軍	後書 17/664	桓榮	沛郡 龍亢	後書 37/1249
歐陽歙	樂安 千乘	後書 79 上/2555	郭賀	河南 雒（陽）	後書 26/908
朱鮪	淮陽	後書 17/655	李訢	東萊	後書 1/83
宣秉	馮翊 雲陽	後書 27/927	鮑昱	上黨 屯留	後書 29/1017
朱浮	沛國 蕭	後書 33/1137	陰就	南陽 新野	後書 32/1129
郭伋	扶風 茂陵	後書 31/1091	梁松	安定 烏氏	後書 34/1165
侯霸	河南 密	後書 26/901	伏恭	琅邪 東武	後書 79/2571
伏黯	琅邪 東武	後書 26/893	劉平	南陽 宛	後書 39/1303
張湛	扶風 平陵	後書 27/928	范遷	沛國	後書 27/941
銚期	潁川 郟	後書 20/731	包咸	會稽 曲阿	後書 79 下/2570
王梁	漁陽 安樂[2]	後書 22/774	牟融	北海 安丘	後書 26/915

---

[1]　此表九卿人名係據清 萬斯同撰東漢九卿年表（廿五史補編第二冊，PP.1963-1974，
開明 1967 台二版）。籍貫係據中華書局標點本後漢書（1971）及三國志（1982）
繙檢，並參考商務百衲本 後漢書及台灣 藝文影印之王先謙後漢書集解。本表以
人、地為統計根據，凡一人任兩卿或兩卿以上者，概以一人計。萬表所收東漢九
卿，錯誤太多，不僅包括河內太守，甚至小黃門、孝明帝之女劉吉亦收入。校正
時已分別注明。稍後（清）練恕撰述之東漢九卿年表遠勝萬表。練氏撰述時未見
萬、全二前輩之作。萬表將尚書令亦計入，實則自光武將三公權力移歸尚書臺後，
尚書令權力已遠在九卿之上，為方便計，本表亦未將任尚書令者除去。

[2]　根案：百衲本 後漢書作漁陽 安陽；中華標點本後漢書改作漁陽 要陽。疑並誤。
續漢書 郡國志漁陽郡有漁陽、狐奴、潞、雍奴、泉州、平谷、安樂、傂奚、獷平

姓名	籍貫	備註	姓名	籍貫	備註
韓歆	南陽	後書 26/902	陰嵩	南陽 新野	後書 32/1131
郭憲	汝南 宋	後書 82 上/2708	宋均	南陽 安眾	後書 41/1411
寇恂	上谷 昌平	後書 12/620	周澤	北海 安丘	後書 79 下/2578
申屠剛	扶風 茂陵	後書 29/1011	孫堪	河南 緱氏	後書 79 下/2578
杜林	扶風 茂陵	後書 27/934	劉匡	南陽 宛	後書 14/564
洼丹	南陽 育陽	後書 79 上/2551	祭肜	潁川 潁陽	後書 20/738
高詡	平原 般	後書 79 下/2569	魏應	任城	後書 79 下/2571
鮑永	上黨 屯留	後書 29/1017	王敏	西河	後書 2/120
陰興	南陽 新野	後書 32/1130	樓望	陳留 雍丘	後書 79 下/2580
陰識	南陽 新野	後書 32/1129	袁安	汝南 汝陽	後書 45/1517
張純	京兆 杜陵	後書 35/1193	鄧彪	南陽 新野	後書 44/1495
郭汎	真定 槀	後書 10 上/402	馬廖	扶風 茂陵	後書 24/835
劉昆	陳留 東昏	後書 79 上/2549	竇固	扶風 平陵	後書 23/809
竇融	扶風 平陵	後書 23/795	劉寬	弘農 華陰	後書 25/886
劉般	沛郡 沛	後書 39/1303	黃香	江夏 安陸	後書 80 上/2613
鄭弘	會稽 山陰	後書 33/1154	呂蓋	丹陽 宛陵	後書 4/184
馬光	扶風 茂陵	後書 24/852	魯恭	扶風 平陵	後書 25/873
馬防	扶風 茂陵	後書 24/855	張敏	河間 鄚	後書 44/1502
任隗	南陽 宛	後書 21/753	巢堪	太山 南城	後書 4/185
鄭眾	河南 開封	後書 36/1223	徐防	沛國 銍	後書 44/1500
丁鴻	潁川 定陵	後書 37/1262	戴封	濟北 剛	後書 81/2683
韋彪	扶風 平陵	後書 26/917	劉愷	沛	後書 39/1306
耿秉	扶風 茂陵	後書 19/716	魏霸	濟陰 句陽	後書 25/886
李育	扶風 漆	後書 79 下/2582	梁鮪	河東 平陽	後書 4/196
朱暉	南陽 宛	後書 43/1457	周章	南陽 隨	後書 33/1157
宋由	京兆 長安	後書 3/156	何熙	陳國	後書 47/1593
召馴	九江 壽春	後書 79 下/2573	夏勤	九江 壽春	後書 5/212
郭躬	潁川 陽翟	後書 46/1543	李修	豫州 襄城	（屬潁川郡）後

九縣；疑當作<u>漁陽</u>或<u>安樂</u>。

姓名	籍貫	備註	姓名	籍貫	備註
					書 5/216
韓稜	潁川 舞陽	後書 45/1534	司馬苞	山陽 東緍	後書 5/221
竇篤	扶風 平陵	後書 23/813	袁敞	汝南 汝陽	後書 45/1524
竇景	扶風 平陵	後書 23/813	馬英	太山	注云克州蓋縣，見後書 5/223
桓虞	馮翊	後書 3/137	樊準	南陽 湖陽	後書 32/1125
竇嘉	扶風 平陵	後書 23/809	楊震	弘農 華陰	後書 54/1759
鄭據	魏郡	後書 45/1531	鄧豹	南陽 新野	後書 16/617
鄧鴻	南陽 新野	後書 16/605	朱倀	九江 壽春	後書 6/252
張酺	汝南 細陽	後書 45/1528	陳褒	廬江 舒縣	後書 5/231
竇瓌	扶風 平陵	後書 23/813	馮石	荊州 湖陽	後書 5/242
桓郁	沛郡 龍亢	後書 37/1254	張皓	犍為 武陽	後書 56/1815
劉方	平原	後書 45/1522	來歷	南陽 新野	後書 15/590
尹睦	河南 鞏	後書 4/177	朱寵	京兆 杜陵	後書 16/618 又 6/252
陳寵	沛國 洨	後書 46/1547	王龔	山陽 高平	後書 56/1819
張奮	京兆 杜陵	後書 35/1198	劉授	彭城國 彭城	後書 5/235
張禹	趙國 襄國	後書 44/1496	劉熹	東萊	注云青州長廣，見後書 5/237
耿寶	扶風 茂陵	後書 10下/437	竇章	扶風 平陵	後書/821
閻顯	河南 滎陽	後書 10下/435	趙戒	蜀郡 成都	後書 6/271
桓焉	沛郡 龍亢	後書 37/1257	張喬	南陽	後書 86/2838
陳忠	沛國 洨	後書 46/1555	梁不疑	安定 烏氏	後書 34/1179
閻景	河南 滎陽	後書 10下/436	吳雄	河南	後書 46/1546
鄧康	南陽 新野	後書 16/606	胡廣	南郡 華容	後書 44/1504
劉珍	南陽 蔡陽	後書 80上/2617	黃昌	會稽 餘姚	後書 77/2496
陶敦	河南 京縣	後書 6/251	李固	漢中 南鄭	後書 63/2073
閻晏	河南 滎陽	後書 10下/436	趙峻	下邳 徐	後書 6/272
陳禪	巴郡 安漢	後書 51/1684	房植	清河	後書 63/2081
劉光	沛國 蕭	後書 76/2476	杜喬	河內 林慮	後書 63/2091

姓名	籍貫	備註	姓名	籍貫	備註
虞詡	陳國 武平	後書 58/1865	張歆	趙國 襄國	後書 44/1496
郭鎮	潁川 陽翟	後書 46/1345	祝恬	中山國 盧奴	後書 7/306
袁彭	汝南 汝陽	後書 45/1522	梁胤	安定 烏氏	後書 34/1179
許敬	汝南 平輿	後書 6/254	尹頌	河南 鞏	後書 7/300
左雄	南陽 涅陽[3]	後書 61/2015	韓演	潁川 舞陽	後書 45/1536
龐參	河南 緱氏	後書 51/1686	孫朗	北海	後書 7/303
劉崎	弘農 華陰	後書 25/886	楊秉	弘農 華陰	後書 54/1769
梁商	安定 烏氏	後書 34/1175	袁盱	汝南 汝陽	後書 45/1525
孔扶	魯國	後書 6/262	种暠	河南 洛陽	後書 56/1826
宋漢	京兆 長安	後書 26/905	尹勳	河南 鞏	後書 67/2208
施延	沛國 鄲縣	後書 6/263	盧放	陳留 東昏	後書 33/1154
王卓	河東 解	後書 6/264	劉矩	沛國 蕭	後書 76/2476
黃尚	南郡	注云河南郡邔人，見後書 6/264	陳蕃	汝南 平輿	後書 66/2159
周舉	汝南 汝陽	後書 61/2023	周景	廬江 舒縣	後書 45/1538
黃瓊	江夏 安陸	後書 61/2032	劉祐	中山 安國	後書 57/2199
梁冀	安定 烏氏	後書 34/1178	馮緄	巴郡 宕渠	後書 38/1280
郭虔	馮翊 池陽	後書 6/266	霍諝	魏郡 鄴	後書 48/1615
劉壽	長沙 臨湘	後書 6/268	許栩	潁川 郾	後書 7/311
鄧萬世	南陽 新野	後書 16/618	陳耽	東海	後書 8/335
爰延	陳留 外黃	後書 48/1618	劉逸	南陽 安眾	後書 8/338
趙典	蜀郡 成都	後書 27/947	袁滂	陳國	後書 8/340
應奉	汝南 南頓	後書 48/1606	孟有彧	河南	後書 8/340
劉茂	彭城國 彭城	後書 7/315	張顥	常山	後書 8/341
左稱	河南 平陰	後書 78/2520	蔡質	陳留 圉	後書 60 下/2001
李膺	潁川 襄城	後書 67/2191	羊陟	太山 梁父	後書 67/2209
宣酆	汝南	後書 7/318	張濟	汝南 細陽	後書 8/342

---

[3] 根案：百衲本後漢書原作南郡 涅陽，此從中華標點本改。續漢書 郡國志南陽郡有涅陽縣，中華標點本是。

姓名	籍貫	備註	姓名	籍貫	備註
杜密	潁川　陽城	後書 67/2197	楊賜	弘農　華陰	後書 54/1775
袁逢	汝南　汝陽	後書 45/1523	陽球	漁陽　泉州	後書 77/2498
劉寵	東萊　牟平	後書 76/2477	劉郃	河間	後書 56/1834
聞人襲	沛國	後書 8/329	曹節	南陽　新野	後書 78/2524
劉囂	長沙	後書 8/330	許有彧	會稽　陽羨	後書 76/2472
張奐	敦煌　淵泉	後書 65/2138	何進	南陽　宛	後書 69/2246
朱寓	沛	後書 67/2190	鄧盛	弘農	後書 8/348
許訓	汝南　平輿	後書 8/330	張溫	南陽　穰	後書 69/2246
郭禧	陳留　扶溝	後書 8/331	張延	河內	後書 8/351
橋玄	梁國　睢陽	後書 51/1695	崔烈	涿郡　安平	後書 52/1731
董寵	河間	後書 10 下/446	劉虞	東海　郯	後書 73/2353
段熲	武威　姑臧	後書 65/2145	何苗	南陽　宛	後書 69/2246
來豔	南陽　新野	後書 8/332	劉焉	江夏　竟陵	後書 75/2431
宗俱	南陽　安眾	後書 8/333	丁宮	沛國	後書 8/354
楊賜	弘農　華陰	後書 54/1775	黃琬	江夏　安陸	後書 61/2039
李咸	汝南　西平	後書 8/332	劉弘	南陽　安眾	後書 8/356
陳球	下邳　淮浦	後書 56/1831	楊彪	弘農　華陰	後書 54/1786
宋酆	扶風　平陵	後書 10 下/448	曹嵩	沛國　譙	後書 78/2519
袁隗	汝南　汝陽	後書 45/1523	張馴	濟陰　定陶	後書 79 上/2558
劉猛	琅邪	後書 37/1261	李燮	漢中　南鄭	後書 63/2089
唐珍	潁川	後書 8/335	荀爽	潁川　潁陰	後書 62/2050
楊奇	弘農　華陰	後書 54/1768	王邑	北地　泾陽	後書 72/2340
王允	太原　祁	後書 66/2172	耿紀	扶風　茂陵	後書 19/718
袁紹	汝南　汝陽	後書 74 上/2373	劉軼	陳留　東昏	後書 79 上/2550
趙謙	蜀郡　成都	後書 27/949	華歆	平原　高唐	三國志 13/401
袁基	汝南　汝陽	後書 45/1523	尹勤	南陽	後書 36/1555
士孫瑞	扶風	後書 66/2178	張郴	汝南	後書 46/1554
朱儁	會稽　上虞	後書 71/2308	梁淑	安定　烏氏	梁冀親從，見後書 34/1186
馬日磾	扶風　茂陵	後書 60 上/1972	董重	河間	孝仁皇后兄子，

姓名	籍貫	備註	姓名	籍貫	備註
					見後書 8/358，10 下/446
种拂	河南 洛陽	後書 56/1829	張喜	汝南 細陽	後書 45/1534
魯旭	扶風 平陵	後書 25/883	王斌	趙國	王美人兄，見後書 10 下/451
趙岐	京兆 長陵	後書 64/2121	韓融	潁川 舞陽	後書 52/2063
周奐	扶風 茂陵	後書 9/373	周暘(暢)	汝南 安城	暘，後漢公卿表作暢，見後書 81/2676
李傕	北地	後書 72/2332	劉據	南陽	練恕後漢公卿表列之於順帝永和二年條下，見後漢書 61/2022
趙溫	蜀郡 成都	後書 27/949	江馮	不詳	後書 36/1233
皇甫嵩	安定 朝那	後書 71/2299	傅亢	不詳	後書 1 下/53 「亢」字當作「抗」，疑萬表誤
周忠	廬江 舒縣	後書 45/1539	張伋	不詳	後書 1 下/66
伏完	琅邪 東武	後書 10/452	劉吉	南陽	後書 10 下/461 （吉係顯宗女，非九卿，當刪）
曹操	沛國 譙	後書 78/2519	蘇鄴	不詳	後書 1 下/74
荀彧	潁川 潁陰	後書 70/2280	席廣	不詳	後書 32/1131
陳紀	潁川 許	後書 62/2067	郭霸	不詳	後書 2/114
鍾繇	潁川 長社	後書 62/2065	王康	不詳	後書 2/115
桓典	沛郡 龍亢	後書 37/1257	薛昭	不詳	後書 2/116 根按：昭為河南尹，當刪
鄭玄	北海 高密	後書 35/1207	成封	不詳	後書 37/1264
孔融	魯國	後書 70/2261	蔡嵩	不詳	

姓名	籍貫	備註	姓名	籍貫	備註
徐璆	廣陵　海西	後書 48/1620	王調	不詳	後書 41/1416、43/1478，和帝時河南尹，不應列入，當刪。
郗慮	山陽　高平	後書 9/385	朱徽	不詳	後書 4/179、180
蒯越	南郡	後書 74 下/2419	晏稱	不詳	後書 45/1533
韓嵩	南陽　義陽	後書 74 下/2422	龐奮	不詳	後書 4/181
馬騰	扶風	後書 8/354	龐雄	不詳	後書 5/213
劉瑋	南陽	後書 15/591、593	管郃	不詳	查無此人
崔據	不詳	後書 47/1588	劉艾	南陽	後書 9/376
綦毋參	不詳	後書 47/1588	張音	不詳	後書 32/1124 根按：音為小黃門，當刪
荀遷	不詳	後書 39/1308			
祋諷	不詳	後書 15/591			
劉宣	南陽	後書 25/872			
馬訪	不詳	後書 61/2029			
羊溥	不詳	後書 61/2035			
陳豨	不詳	後漢公卿表作豨			
張种	不詳	後書 61/2028			
羊溥	不詳	後書 52/1730 根按：「傅」原作溥，萬表誤。羊溥為太常，羊傅為大司農，係二人			
邯鄲義	不詳	後書 34/1188			
張彪	不詳	後書 38/704			
黃雋	不詳	後書 38/1283			
馮羨	不詳	後書 6/272			

姓名	籍貫	備註	姓名	籍貫	備註
何豹	不詳	後書 16/629			
周靖	不詳	後書 65/2140			
王寓	不詳	後書 65/2141			
廉忠	不詳	後書 55/1798			
偉璋	不詳	查無此人			
徐灌	不詳	後書 8/350 灌係河南尹，當 刪			
陰循	南陽 新野	後書 74 上/2376			
胡母班	泰山	後書 74 上/2376			
宣播	不詳	後書 9/378 後書章懷註：獻 帝春秋「播」作 「璠」			
胡种	不詳	後書 66/2177			
王絳	不詳	查無此人，當刪			
榮邵	不詳	查無此人，當刪			
張義	不詳	後書 9/378			
田芬	不詳	後書 9/378			
鄧泉	不詳	後書 9/378 （光祿勳，萬表 未收）			

西漢山東人士任守相剌史表[4]

姓名	籍貫	任職郡國	時間	資料來源	嚴表頁次	附註
張蒼	河南 陽武	代國	高帝三年	高祖功臣侯表、張蒼傳	92	
		淮南國	高祖十一年		67	
		趙國	高帝初年		34	
		常山	高祖三年或四年	史漢高祖功臣侯表，史記陳丞相世家、漢書張蒼傳	33	
賈光	河南 雒陽	常山	昭宣時	後漢書賈逵傳	33	
卜式	河南	齊國	元鼎六年遷	公卿表、史記平準書、史記卜式傳。	57	
鄭季	河南	趙國	元成之世	後漢書鄭興傳補注引世系	35	
鄧義	河內	京兆尹	成帝鴻嘉	公卿表	11	
		鉅鹿			32	
		太原			84	
司馬楷	河內	武都	前漢某時	元和姓纂二	77	
銚猛	潁川 郟縣	桂陽	西漢末	後漢書銚期傳	64	
李武	潁川	東郡	西漢末	新唐書宰相世系表	40	
韓千秋	潁川 郟縣	濟北國	武帝元鼎四年前	史記漢書南粵傳	42	

4　本表係唐煥星、葉永恆根據嚴耕望兩漢太守剌史表而作。以下「西漢山西人士任守相剌史表」、「東漢山東人士任守相剌史表」、「東漢山西人士任守相剌史表」、「西漢巴蜀漢中人士任守相剌史表」、「東漢巴蜀漢中人士任守相剌史表」同。謹此致謝。嚴表 2005 年已再版，惟增改修正甚少，故仍以其首版作底本。兩漢書列傳中甚多附述其子孫任剌史守相者，因無州郡名，嚴表未收入，對拙著則甚重要，再版時當補入。

姓名	籍貫	任職郡國	時間	資料來源	嚴表頁次	附註
晁錯	潁川	內史	文帝後元七年，景帝即位時	公卿表、史記漢書錯本傳	7	
灌夫	潁川 潁陰	燕國	武帝建元中	公卿表、灌夫傳	96	
		代國	景帝破吳、楚後數年	灌夫傳	92	
		淮陽	景帝後元三年	史漢灌夫傳	43	
孫寶	潁川 鄢陵	京兆尹	元延二年	公卿表、寶本傳	11	
		廣漢		孫寶傳	72	
翟宣	汝南上蔡	南郡	成帝末	翟方進傳	63	
范延壽	汝南安成	北海	成帝和平二年	公卿表	57	
何成	汝南汝陰	膠東國	文景之世	後漢書何敞傳注引東觀漢記	58	
吳公	汝南上蔡	河南	高后時	公卿表、史記賈誼傳	20	
翟義	汝南上蔡	南陽	成帝末	翟方進傳	62	
		東郡	莽	翟方進傳、王莽傳	40	
		弘農郡	哀帝時	翟方進傳	20	
		河南			21	
丙昌	汝南博陽	東郡	平帝元始二年	公卿表	40	
翟方進	汝南上蔡	京兆尹	鴻嘉	公卿表、方進傳	11	
周苛	沛	內史	高帝元年	公卿表、史記漢書周昌傳	7	
弘譚	沛	右扶風	元壽元年	公卿表	18	
范方渠	沛	弘農郡	武帝天漢四年	公卿表	19	
陳咸	沛郡 相人	南陽	成帝永始元年	公卿表、陳萬年傳、翟方進傳	62	
		北海	河平中	陳萬年傳、翟方進傳	58	
		東郡	陽朔元年		40	

姓名	籍貫	任職郡國	時間	資料來源	嚴表頁次	附註
周昌	沛	內史	高祖時	史漢高祖功臣年表、周昌本傳	7	
		趙國	高祖九年	史漢高帝紀、惠帝紀、王表、周昌傳、韓信傳	35	
周亞夫	沛	河內	文帝十五六年	史漢文帝本紀及周勃傳	23	
戚□	沛	勃海	中葉或末葉	隸釋戚伯著碑	92	
冷耳	沛	楚國	高祖十一年	高帝功臣侯表	50	
薛鑑	沛	長沙		薛廣德傳、新唐書宰相世系表、通志氏族志	64	
徐屬	沛	常山國	高祖四年	史記漢書高后功臣侯表	33	
任敖	沛	上黨	高祖初年	公卿表、高祖功臣表、任敖傳	84	
曹參	沛	齊國	高祖六年	公卿表、史漢曹參傳	56	
劉交	沛	會稽	成帝永始四年	公卿表	69	
孫信	沛	左馮翊	元始四年	公卿表	16	
慶咸	沛	豫章	成帝	儒林傳	69	
陳萬年	沛郡相人	右扶風	神爵	公卿表、萬年本傳	17	
		廣陵國			51	
孔安國	魯	臨淮	武帝時	孔光傳、儒林傳	50	
孔霸	魯	高密國	宣帝末	孔光傳	59	
韋宏	魯國鄒人	東海	神爵中	韋賢傳	49	
韋玄成	魯國鄒人	河內	宣帝神爵四年	公卿表、韋氏本傳	23	

姓名	籍貫	任職郡國	時間	資料來源	嚴表頁次	附註
公孫宏	魯國薛人	左內史	武帝元光五年	公卿表、史漢宏本傳	23	
公孫度	魯國薛人	昌邑	元封四年（免）	公孫宏傳、外戚恩澤侯表	41	
欒布	梁	燕國	孝文	欒布傳	96	
楊榮	梁	琅邪	成哀之際	儒林傳	49	
申屠嘉	梁	淮陽	孝文	文帝紀、公卿表、嘉本傳、功臣侯表	43	
魯賜	碭	東海	武帝	儒林傳	49	
傅寬	魏	代國	高祖十年前後	史漢寬傳	92	
		齊國	高帝時	史漢功臣表、寬本傳	56	
馮揚	魏郡繁陽	弘農	宣帝時	後漢書馮勤傳	19	
路溫舒	鉅鹿	臨淮	宣帝末	路溫舒傳	50	
尹賞	楊	江夏	成帝元延中	酷吏尹賞傳	64	
張忠	鉅鹿	東平國	成帝建始	公卿表	45	
尹立	楊	京兆尹	哀帝	漢書酷吏尹賞傳	12	
陳嬰	清河東陽	楚國	高后四年	高祖功臣侯表	50	
孫意	清河	京兆尹	元壽二年	公卿表	12	
田叔	趙陘城	漢中	高祖末文、景	史漢叔傳	72	
		魯國			29	
孟舒	趙	雲中	高祖末	史漢田叔傳	87	
蔡癸	趙國邯鄲	弘農	宣帝	漢書藝文志	19	
邳吉	信都	遼西	西漢末	後漢書邳彤傳	94	
竇嬰	信都觀津	吳國	孝文	嬰傳	68	
京房	東郡頓丘	魏郡	元帝建昭二年	漢書五行志房傳	32	
司馬安	東郡濮陽	淮陽	武帝元狩四年	公卿表、鄭當時傳	43	
		河南	武帝末	汲黯傳	20	

姓名	籍貫	任職郡國	時間	資料來源	嚴表頁次	附註
汲黯	東郡濮陽	右內史	元朔五年	公卿表、史漢黯傳	8	
		淮陽	元狩五年	史漢汲黯傳	43	
		東海	武帝建元四、五年	公卿表、汲黯傳	49	
假倉	陳留	膠東國	元帝	儒林傳	59	
蕭奮	山陽瑕邱	淮陽	武帝	儒林傳	44	
吳霸	山陽	牂柯	武帝末昭帝初	後漢書西南夷傳、華陽南中志	74	
龔遂	山陽南平陽	勃海	宣帝初	公卿表、循吏傳	91	
丁□	山陽瑕邱	盧江	宣帝末或元帝時	外戚傳	67	
呂更始	山陽單父	楚國	高后元年	外戚侯表	50	
魏相	濟陰定陶	河南	昭帝元鳳四年	公卿表、史記建元以來侯者表末附褚先生補表及漢書本傳	20	
陳豨	濟陰宛句	趙國	高祖七年	史漢高祖功臣侯表、史記高帝紀、韓信盧綰傳附豨傳、漢書盧綰傳	34	
鄭昌	泰山剛	太原	宣帝末	刑法志、鄭宏傳	84	
		涿郡			91	
馬嘉	泰山	右扶風	綏和二年	公卿表	18	
屯莫如	泰山	常山	元成時	李尋傳、儒林傳	34	
鄭弘	泰山剛	南陽	宣帝末元帝初	鄭弘傳	62	
		淮陽國	元帝初元三年	公卿表、弘本傳	44	
		右扶風	初元三年		17	

姓名	籍貫	任職郡國	時間	資料來源	嚴表頁次	附註
王章	泰山鉅平	京兆尹	河平四年	公卿表、成帝紀、章傳	10	
朱壽	淮陽	鉅鹿	昭帝元鳳五年遷	公卿表	32	
冷豐	淮陽	淄川	元帝或成帝時	儒林傳	58	
彭宣	淮陽陽夏	右扶風	永始三年	公卿表、宣本傳	18	
		太原	元延二年		84	
枚乘	淮陽	弘農	景帝時	通志氏族略、漢書本傳	20	
黃霸	淮陽陽夏	潁川		宣帝紀、公卿表、地理志、韓延壽傳、循吏霸本傳	27	
		京兆尹	元康三年	公卿表、循吏霸本傳	9	
夏侯定國	東平	豫章	成帝	夏侯勝傳	69	
王崇	琅邪皐虞	河南	哀帝建平三年	公卿表、王吉傳	21	
房鳳	琅邪不其	九江	哀帝時	儒林傳	68	
魯伯	琅邪	會稽	宣帝末或元帝時	儒林傳	68	
遂義	琅邪	左馮翊	綏和元年	公卿表	15	
王賞	琅邪	東郡	鴻嘉元年	公卿表	40	
邧漢	琅邪	京兆尹	綏和二年	公卿表、龔勝傳	11	
張譚	琅邪	京兆尹	永元四年	公卿表	10	
王駿	琅邪皐虞	京兆尹	陽朔四年	公卿表、王吉傳	11	
王延平	琅邪	濟南	天漢元年	公卿表並錢大昭辨疑引荀紀	56	
薛宣	東海郯	臨淮	成帝時	宣傳	50	
		左馮翊	河平四年	公卿表、宣本傳	15	
		陳留	成帝陽朔元年		40	

姓名	籍貫	任職郡國	時間	資料來源	嚴表頁次	附註
褚大	東海蘭陵	梁國	武帝元封中	兒寬傳、儒林傳	29	
馬宮	東海戚	汝南	成哀之際	宮本傳	28	
		九江			68	
徐明	東海	涿郡	元帝時	藝文志、王尊傳	91	
		河內	元成時	藝文志	23	
毋將隆	東海蘭陵	南郡	哀帝元壽中	毋將隆傳	63	
		潁川	成帝綏和二年	公卿表、隆本傳	27	
		京兆尹	哀帝建平三年		11	
嚴延年	東海下邳	河南	宣帝元康神爵之際	宣帝紀、酷吏傳	21	
		涿郡	宣帝神爵中	酷吏傳	91	
魏章	東海	右扶風	建平三年	公卿表	18	
蕭望之	東海蘭陵	平原郡	宣帝元康元年	公卿表、望之傳	55	
		左馮翊	元康二年		14	
成公敞	東海人	東平郡	哀帝建平三年至平帝元始元年間	孔光傳並錢大昭辨疑	45	
薛明	東海郯	南陽	成哀之際	薛宣傳	62	
蕭闡	東海蘭陵	濟陰	西漢末際	新唐書宰相世系表	42	
嚴彭祖	東海下邳	河南	元帝初元五年	公卿表、儒林傳	21	
		左馮翊		公卿表並王氏補注及儒林傳	14	
		東郡		公卿表補注及儒林傳	40	
薛修	東海郡	京兆尹	綏和元年	薛宣傳、公卿表並錢大昕考異	11	
		淮陽國	綏和元年四月	公卿表並錢大昕說	44	
方賞	東海	左馮翊	元壽二年	公卿表	16	
		左馮翊	哀帝建平元年		15	
劉歆	楚	河內	哀帝	楚元王傳附歆傳	23	
龔舍	楚武原	泰山	哀帝	兩龔傳	42	

姓名	籍貫	任職郡國	時間	資料來源	嚴表頁次	附註
劉襄	楚	淮南國		漢書高祖功侯表	67	
朱建	楚	淮南國		朱建傳	67	
龔勝	楚彭城	勃海	哀帝元壽元年	龔勝傳	92	
		右扶風	建平四年	公卿表、勝本傳	18	
季布	楚	河東	高后時	史漢布本傳	22	
董仲舒	廣川	江都國	武帝初	仲舒傳	51	
		膠西國			59	
高嘉	平原	上谷	元帝	後漢書儒林傳	94	
趙彭祖	平原	河內	昭帝元鳳四年	公卿表	23	
王賞	平原	右扶風	河平二年	公卿表	17	
		漢中	河平二年遷		72	
兒寬	千乘	左內史	元鼎四年	公卿表、溝洫志及寬本傳	13	
主父偃	齊	齊國	元朔三年坐罪誅	齊悼惠王傳、主父偃傳	57	
樓護	齊	廣漢	哀帝至平帝	游俠傳	72	
		天水	成帝		78	
即墨成	齊	城陽國	武帝時	儒林傳	43	
徐仲	齊	膠西郡	昭帝始元三年	公卿表	59	
王山	齊	代郡	昭帝元鳳元年	史記建元以來侯表末附褚先生補	93	
王黽	齊	右內史	元狩六年	公卿表	8	
周堪	齊	河東	元帝永光元年	公卿表、儒林本傳、劉向傳	22	
王訢	齊	右扶風	征和四年	公卿表、訢本傳	16	
宋登	齊	京兆尹	河平二年	公卿表、王章傳	10	
		楚國	河平二年（遷）	公卿表	50	
劉順	東萊	千乘國	成帝和平	公卿表	55	
彭宏	南陽宛	漁陽	哀帝時	漢書何武傳、後漢書彭寵傳	94	

姓名	籍貫	任職郡國	時間	資料來源	嚴表頁次	附註
張堪	南陽宛	蜀郡	西漢末	律曆志	73	
郭稚	南陽穰	廬江	成帝時	後漢書郭丹傳	67	
杜緩	南陽杜衍	雁門	宣帝甘露三年遷	公卿表、杜周傳	88	
張釋之	南陽堵陽	淮南國	景帝初	淮南王長傳、釋之本傳	67	
杜延年	南陽杜衍	西河	宣帝元康二年	史記建元以來侯者表褚先生補、公卿表、丙吉傳及杜周傳	86	
		北地	元康元年	杜周傳	79	
寧成	南陽穰	內史	武帝建元元年	公卿表、史記酷吏傳	7	
鄧馮	南陽	右扶風	元始五年	公卿表	19	
杜□	南陽杜衍	河東		史記褚補田叔傳、漢書杜周傳	22	
		河南			20	
翟萌	南陽	京兆尹		公卿表	12	
郝党	南陽	左馮翊		公卿表	16	
王尊	涿郡高陽人	安定	元帝初元五年	王尊傳	78	
		京兆尹	建始四年	公卿表及尊本傳	10	
		東平國	元帝建昭中	尊傳	44	
		東郡	成帝河平二年		40	
王伯	涿郡高陽人	京兆尹	成帝時	王尊傳	11	
趙昌	涿郡人	河內	建平四年	公卿表及毋將隆傳	23	
趙廣漢	涿郡蠡吾人	潁川	宣帝本始二年	公卿表及廣漢本傳	26	
		京兆尹	元平元年	廣漢本傳	9	

姓名	籍貫	任職郡國	時間	資料來源	嚴表頁次	附註
酈商	涿郡高陽人	梁國	高帝時	商本傳	29	
		趙國	高祖十年		34	
雋不疑	渤海	京兆尹	昭帝始	公卿表、昭帝紀及不疑傳	9	
劉不惡	渤海	陳留	哀帝建平	公卿表	40	
溫疥	燕人（東郡）	燕國	高祖時	高祖功臣侯表	95	
韓延壽	燕人（東郡）	潁川	地節元康之際	地理志及延壽本傳	26	又見杜陵一表
		東郡	宣帝時	公卿表及延壽傳	39	
		淮陽	昭帝時	延壽本傳	44	

刺史

姓名	籍貫	任職州、司隸	時間	資料來源	嚴表頁次	附註
李仲	河南雒陽	司隸校尉		公卿表	277	
孫寶	潁川鄢陵	益州	成帝鴻嘉	寶本傳	282	遷冀州
		司隸（校尉）	建平	孫寶傳	278	
		冀州	鴻嘉	寶本傳	279	
翟義	汝南上蔡	青州		翟方進傳	280	
翟方進	上蔡	朔方州	成帝陽朔中	方進本傳	283	
武襄	沛	冀州	平帝元始四年	公卿表	279	
陳咸	沛郡相	冀州	成帝	陳萬年傳	279	
蓋寬饒	魏郡	司隸校尉		宣帝紀、寬饒本傳	277	
魏相	濟陰定陶	揚州	昭帝	相本傳	281	
王章	泰山鉅平	司隸校尉	河平年間	章本傳及公卿表	278	河平四年遷京兆尹

姓名	籍貫	任職州、司隸	時間	資料來源	嚴表頁次	附註
黃霸	淮陽陽夏	揚州	宣帝本始四年	循吏霸本傳及夏侯勝傳	281	逾三年，遷潁川太守
王吉	琅邪皋虞	益州	宣帝	吉本傳	282	
王駿	琅邪皋虞	幽州	元帝末、成帝初	王吉傳	282	
		司隸校尉	建始	公卿表、王吉傳	282	
貢禹	琅邪	涼州	宣帝	禹本傳	282	
諸葛豐	琅邪	司隸校尉	元帝初元	豐本傳	277	
房鳳	琅邪不其	青州		儒林傳	280	蓋與翟義相先後
東門雲	琅邪	荊州		儒林傳	281	元成時坐拜江賊誅
劉德	楚	青州	昭帝元鳳	公卿表、楚元王傳	280	
馬宮	東海戚	青州	成帝末	宮本傳	280	遷汝南太守
毋將隆	蘭陵	冀州	綏和元年	隆本傳	279	遷潁川太守
方賞	東海	司隸校尉		公卿表	278	哀帝元年遷左馮翊
鄧勳	南陽新野	交州	元成時	後漢書鄧晨傳注引東觀記	283	
鄧隆	南陽新野	揚州	宣元時	後漢書鄧晨傳注引東觀記	281	鄧勳之曾祖
王尊	涿郡	司隸校尉	成帝	尊本傳	277-278	
		益州			282	
		徐州			280	

姓名	籍貫	任職州、司隸	時間	資料來源	嚴表頁次	附註
鮑宣	渤海高城	豫州	哀帝	宣本傳	279	
		司隸校尉			278	
雋不疑	渤海	青州	武帝至昭帝	公卿表、昭帝紀、武五子傳、不疑本傳	280	

西漢山西人士任守相刺史表

姓名	籍貫	任職郡國	時間	資料來源	嚴表頁次	附註
蕭由	京兆杜陵	陳留	平帝元始中	蕭望之傳	41	
		安定	成帝末		79	
		江夏	平帝元始中	蕭望之傳	64	
孫寵	京兆長安	南陽	哀帝建平四年	哀帝紀、息夫躬傳、王嘉傳	62	
		汝南	成帝末	息夫躬傳	28	
谷永	京兆長安	北地	成帝元延元年	公卿表、谷永傳	79	
		安定	建始後某年	谷永傳	78	
張卬	京兆杜陵	漢中	武帝元狩、元鼎之際	河渠書、溝洫志	72	
田雲中	京兆鄭	淮陽	征和四年	酷吏田廣明傳	44	
蘇建	京兆杜陵	代郡	元朔六年	建傳	93	
馮野王	杜陵	隴西	元帝時	公卿表、馮奉世傳	77	父奉世，上黨人
		上郡	成帝時		85	
		左馮翊	永光二年	公卿表、野王傳	14	
		琅邪	成帝陽朔元年	野王本傳、元后傳	48	
馮立	杜陵	五原	成帝建始中	馮奉世傳	86	父奉世，上黨人
		東海	建始、河平中		49	
		太原	成帝初	馮立本傳	84	
		西河	建始中	馮奉世傳	86	
		上郡	建始中		85	
馮參	杜陵	代郡	永始中	馮奉世傳	93	父奉世，上黨人
		安定	成帝末		79	
馮逡	杜陵	隴西	建始以後	馮奉世傳	77	父奉世，上黨人

姓名	籍貫	任職郡國	時間	資料來源	嚴表頁次	附註
韓延壽	杜陵	左馮翊	神爵二年	公卿表、宣帝紀、延壽本傳	14	本為燕人，後徙杜陵
甄尊	京兆杜陵	右扶風	陽朔元年	公卿表、王尊傳	17	
		京兆尹	建始二年		10	
				公卿表	22	
		河內	陽朔元年遷	公卿表	23	
		河南	建始四年		21	
辛伯	京兆	南郡	平帝時死	辛慶忌傳	63	
韓勳	京兆杜陵	左馮翊	河平元年	公卿表	15	
龐真	京兆杜陵	河南	永始三年	公卿表	21	
		左馮翊			15	
金欽	京兆	泰山	元帝	金日磾傳	42	
		弘農郡	哀帝		20	
		京兆尹	元帝元始元年	公卿表、金日磾傳	12	
朱博	京兆杜陵	琅邪	成帝永始二年	公卿表、博本傳	48	
		犍為	成帝永始四年		73	
		京兆尹	綏和二年		11	
		山陽	成帝元延元年	博本傳	41	
		左馮翊	永始二年	公卿表、博本傳	15	
陳遂	京兆杜陵	京兆尹	元帝初元元年	公卿表、游俠傳	10	
蕭咸	京兆杜陵	河東	成帝之際	蕭望之傳	22	
		弘農	成帝末	張禹傳、咸本傳	20	
		張掖	成帝鴻嘉、永始間	蕭望之傳、張禹傳	80	

姓名	籍貫	任職郡國	時間	資料來源	嚴表頁次	附註
蕭育	京兆杜陵	南郡	成帝綏和二年至哀帝建平四年	蕭望之傳	63	
		泰山	元延二年	公卿表、蕭望之傳、王章傳	42	
		右扶風	元延三年	公卿表、育本傳	18	
田廣明	京兆鄭	淮陽	征和二年	公卿表、酷吏田廣明傳	43	
		左馮翊	元鳳三年	公卿表、外戚恩澤侯表、霍光傳、酷吏廣明傳	13	
王□	京兆霸陵	上郡	西漢末	後漢書隗囂傳	85	
張武	京兆杜陵	梁國	宣帝神爵五年	張敞傳	29	
張敞	京兆	太原	宣帝甘露二年	敞本傳	84	
		膠東相	神爵元年遷	公卿表、張敞傳、循吏朱邑傳	58	
		山陽	地節三年五月	武五子傳、敞本傳	41	
陳遵	京兆杜陵	河南	哀帝時	游俠傳	21	
宗正	京兆長安	京兆尹	永始二年	公卿表	11	
		信都	永始二年遷		36	
		河南	永始四年		21	
石慶	長安	齊國	武帝初	史記石奮傳	57	
		內史	建元二年	公卿表、史記石奮傳	7	
		沛郡	武帝元狩二年前後遷	史記石奮傳	28	
張延壽	京兆杜陵	北地	宣帝元康元年	公卿表、張湯傳	79	
張竦	京兆	丹陽	王莽時	游俠傳	69	

姓名	籍貫	任職郡國	時間	資料來源	嚴表頁次	附註
班伯	京兆昌陵	定襄	成帝河平四年	敘傳	88	父本雁門人
班穉	京兆昌陵	廣平國	平帝元始	元帝紀、班氏敘傳	35	父、兄雁門人
王溫舒	馮翊陽陵	河內	武帝元狩	公卿表、史記酷吏本傳	23	
		右內史			8	
田延年	陽陵	河東	昭帝元鳳	公卿表、酷吏本傳、尹翁歸傳	22	
田順	長陵	雲中	宣帝本始	宣帝紀、車千秋傳、匈奴傳	87	
魏尚	扶風槐里	雲中	文帝	馮唐傳	87	
王嘉	扶風平陵	京兆尹	綏和二年	公卿表、嘉本傳	11	
		河南	元延三年		21	
趙禹	扶風斄	燕國	元封二年	公卿表、酷吏傳	96	
平當	平陵	鉅鹿	元延元年	公卿表、當傳	32	
爰盎	安陵	齊國	文帝中葉	史漢爰盎傳	57	
		吳國	文帝後元		68	
		楚國	景帝四年	盎本傳	50	
逢信	扶風平陵	弘農郡	陽朔元年	公卿表	19	
		京兆尹			10	
張敞	扶風茂陵	京兆尹	元康元年	公卿表、敞傳	10	徙杜陵
何並	扶風平陵	潁川	哀帝	何並本傳	27	
秦襲	扶風茂陵	潁川	元成之世	後漢書循吏秦彭傳	27	
曹□	扶風茂陵	京兆尹	武帝	漢書游俠傳	9	
申屠博	扶風茂陵	京兆尹	建平四年	公卿表	12	
王嘉	扶風平陵	九江	成帝鴻嘉二年	公卿表、嘉傳	68	
竇猛	扶風平陵	安定	成哀之世	新唐書宰相世系表	79	

姓名	籍貫	任職郡國	時間	資料來源	嚴表頁次	附註
郭梵	扶風茂陵	蜀郡	成哀之世	後漢書郭伋傳	73	
苟諫	扶風	上黨	平帝	後漢書鮑永傳	85	
范隆	扶風平陵	東萊	成帝元延元年	公卿表	58	
耿豐	扶風茂陵	陳留	元壽元年	公卿表	40	
竇邑	扶風平陵	張掖	宣帝時	後漢書竇融傳	80	
		南陽	西漢中葉	新唐書宰相世系表	63	
郭欽	扶風隃麋	南郡	哀帝	王貢等傳	63	
馮唐	扶風安陵	楚國	文帝後元七年	馮唐傳	50	
原□	扶風茂陵	南陽	哀帝	游俠傳	62	
滿黔	扶風茂陵	左馮翊	鴻嘉二年	公卿表	15	
		泗水國			51	
張孺	河東平陽	上谷	景帝時	張敞傳	93	
柳隗	河東	齊國	漢初	新唐書宰相世系表	57	
宏孺	河東	廣陵國	宣帝	尹翁歸傳	51	
郅都	河東楊	雁門	景帝中元二年或三年	史漢酷吏傳	88	
		濟南	景帝七年遷	公卿表、史漢酷吏傳	55	
咸宣	河東楊	左內史	元封六年	公卿表、史漢酷吏傳	13	
		右扶風	武帝太初元年	公卿表、史漢酷吏傳	16	
尹翁歸	河東平陽	東海	宣帝地節中	公卿表、本傳	49	
		右扶風	元康元年		17	
義縱	河東	南陽	武帝元朔三年或四年	縱本傳、公孫弘、杜周傳、公卿表	62	
		定襄			87	
		右內史			8	

姓名	籍貫	任職郡國	時間	資料來源	嚴表頁次	附註
李廣	隴西成紀	隴西	武帝元光元年遷	公卿表、漢書李廣傳	77	
		雁門	景帝末或武帝建元初	漢書李廣傳	88	
		上谷	景帝時	李廣傳	94	
		右北平	武帝元朔中	公卿表、李廣傳	94	
		北地	景帝末	李廣傳	79	
		雲中	武帝初	史漢李廣傳	87	
		上郡	景帝時		85	
		代郡	景帝末或武帝建元初	史記廣本傳	93	
李椒	隴西成紀	代郡	元朔前後	李廣傳	93	
辛柔	隴西狄道	左馮翊	中葉	新唐書宰相世系表	16	
辛慶忌	隴西狄道	雲中	成帝陽朔三年	公卿表、辛武賢傳	87	
		張掖	元帝	辛武賢傳	80	
		酒泉	元帝末葉	辛慶忌傳、並公卿表王先謙補注	81	
辛武賢	隴西狄道	酒泉	宣帝神爵元年	宣帝紀、武賢本傳	80	
段會宗	天水上邽	雁門	成帝河平年中	會宗傳	88	
		金城			78	
		沛郡			28	
甘延壽	北地郁郅	遼東	宣帝	延壽傳	95	
公孫昆邪	北地	隴西	文帝、景帝	史記景帝紀、史漢景帝功臣侯表、晁錯傳、公孫賀傳	77	
路博德	西河平州	右北平	元狩四年	武帝功臣侯表、曾霍傳	94	

姓名	籍貫	任職郡國	時間	資料來源	嚴表頁次	附註
☆班長	雁門樓煩	上谷	景帝	班氏敘傳上	93	
范守	代郡	京兆尹	初元二年	公卿表	10	

刺史

姓名	籍貫	任職州、司隸	時間	資料來源	嚴表頁次	附註
谷永	京兆長安	涼州	成帝永始二年	永本傳	282	任逾三年遷北地太守
張敞	京兆	豫州	宣帝	敞本傳	278	
		冀州			279	
陳級	京兆杜陵	荊州	王莽時	游俠傳	281	
朱博	杜陵	冀州	成帝	博本傳	279	
		幷州			282	
蔣詡	杜陵	兗州		王貢兩龔傳	280	
李彊	京兆杜陵	益州	西漢末	王貢傳序	282	
蕭育	杜陵	冀州	成帝中葉	蕭望之傳	279	
		青州			280	
		朔方			283	
		司隸			278	
杜能	扶風茂陵	荊州		新唐書宰相世系表	281	
杜鄴	扶風茂陵	涼州	哀帝時	鄴本傳及後漢書杜林傳	282	
士孫張	扶風平陵	揚州（牧）	西漢末	儒林傳	281	
任安	扶風武功	益州	武帝末	司馬遷傳及史記田叔傳	282	
平當	祖父梁國下邑人，徙平陵	朔方州	成帝中葉	當本傳	283	

東漢山東人士任守相刺史表

姓名	籍貫	任職郡國	時間	資料來源	嚴表頁次	附註
鄧晨	南陽 新野	常山國	更始、後從光武	晨本傳	143	
		汝南			127	
		中山國			144	
任光	宛	安平國(信都)	更始至光武之際	光武紀、本傳	145	
彭寵	宛	漁陽郡	更始、光武建武	寵本傳、光武紀	265	
岑彭	棘陽	潁川郡	更始	彭本傳	24	
劉順	春陵	南陽	光武、建武	成武侯順傳	190	
		六安	建武八年		211	
劉章	蔡陽	梁郡	建武	齊武王縯傳	130	
趙匡	南陽	右扶風	光武、建武	馮異傳	119	
任延	宛	九真郡	建武	循吏延本傳	275	
		武威郡			247	
		河內郡			110	
		潁川郡			125	
陳俊	西鄂	泰山郡	建武	俊本傳	160	
		琅邪郡	建武五年			
馬成	棘陽	天水郡	建武	成本傳	240	
劉興	春陵	弘農郡	建武	齊武王縯傳	113	
劉隆	安眾	南郡	建武	隆本傳	194	
馮魴	湖陽	魏郡	建武	魴本傳	139	
韓歆	南陽	沛郡	建武	光武紀、侯霸傳	131	
樊曄	新野	天水郡	建武	酷吏曄本傳	240	
張宗	魯陽	琅邪郡	建武至明帝	宗本傳、王扶傳	170	
張堪	宛	蜀郡	建武中、末	堪本傳、張衡傳	228	
		後遷漁陽郡			265	
趙熹	宛	平原郡	建武	熹本傳	181	
孔嵩	南陽	南陽郡	建武	獨行范式傳	272	

姓名	籍貫	任職郡國	時間	資料來源	嚴表頁次	附註
鄧邯	新野	渤海	建武中、末	鄧彪傳	150	
馬成	棘陽	中山國	建武	光武紀、南蠻傳、成本傳	144	
茨充	宛	桂陽	建武	循吏衛颯傳、耒水注引東觀記	199	
宋均	安眾	九江	建武至明帝	均本傳並通鑑胡注	207	
		東海	明帝		168	
		河內郡			110	
胡著	南陽	日南郡	建武	比水注引著本碑	275	
李善	淯陽	日南郡	明帝	獨行善本傳、楚國先賢傳	275	
郭丹	穰	左馮翊	明帝	明帝紀、丹本傳	117	
郭濟	穰	趙國	明帝	郭丹傳	149	
郭宇	穰	常山國	章帝	郭丹傳	143	
鄧融	南陽	隴西郡	明帝	郭丹傳、廉范傳、馮魴傳	239	
鄧彪	新野	桂陽	明帝	彪本傳	199	
鄧鴻	南陽	張掖郡	章帝	南匈奴傳	248	
鄧訓	南陽	張掖郡	元和	訓本傳、西羌傳	248	
魏滿	南陽	弘農郡	明帝	儒林戴憑傳	113	
朱暉	宛	臨淮郡	明帝	暉本傳	175	
刑穆	宛	鉅鹿	明帝	明帝紀	142	
賈宗	冠軍	朔方郡	章帝	賈復傳	259	
宋京	安眾	遼東郡	明、章	宋意傳	267	
李續	淯陽	河間國	和帝	獨行李善傳	146	
郭芝	南陽	漢中郡	東漢中	隸釋唐公房碑	222	
樊準	南陽 湖陽	鉅鹿	安帝	樊宏傳並集解	142	
		河內郡			110	五年轉

姓名	籍貫	任職郡國	時間	資料來源	嚴表頁次	附註
朱頡	宛	陳留郡	安帝	朱暉傳作陳相	155	
鄧豹	新野	河南尹	安帝	鄧太后紀、鄧騭傳	106	
宗□	安眾	長沙	安順	隸釋宗俱碑	202	
張衡	西鄂	河間國	順帝	衡本傳、續百官志注、古文苑平子本碑	147	
駱肅	犍	益州郡	順桓	隸釋州輔碑陰	232	
岑豫	棘陽	南郡	順桓	岑晊傳	195	
馮龔	南陽	常山國	本元	金石補正卷四三公山神傳	143	
李文德	犍	越巂郡	桓帝	延篤傳補注引州輔碑	232	
延篤	犍	左馮翊	桓帝	延篤本傳	118	
		京兆尹			116	
鄧萬世	南陽	河南尹	桓帝	桓帝紀、鄧后紀、鄧騭傳、爰延傳	107	
桓□	南陽	東海	桓帝	隸釋東海廟碑	169	
溫貢	犍	東平國	桓帝	隸釋州輔碑陰	159	
川郡	犍	上黨郡	桓帝	隸釋州輔碑陰	255	
橋術	冠軍	交趾郡	桓帝	隸釋州輔碑陰	274	
蔡瓚	南陽	下邳國	桓帝	風俗通過譽篇	175	
宗俱	安眾	汝南	桓帝	隸釋俱本碑	129	
宗資	安眾	汝南	桓帝	黨錮傳序	128	
五世公	南陽	廣漢郡	桓帝	風俗通過譽篇	226	
陰修	南陽	潁川郡	桓靈	魏志鍾繇傳注引謝承漢書	126	
韓術	南陽	河東郡	桓靈	楚國先賢傳	112	

姓名	籍貫	任職郡國	時間	資料來源	嚴表頁次	附註
朱野	南陽 宛	河南尹	桓靈	朱穆傳	108	
文□	南陽	吳郡	靈帝	隸釋外黃令高君碑並洪氏跋	215	
何進	宛	穎川郡	光和	進本傳	126	
		河南尹	中平元年		108	
馮巡	冠軍	常山國	靈帝	隸釋三公山碑、無極山碑、白石山碑	144	
文□	南陽	穎川郡	中平	隸釋外黃令高君碑	126	
孟扶	宛	安定屬國	中平	隸續劉寬門生題名碑	251	
曹□	南陽	穎川郡	中平	蔡邕集陳寔碑	126	
何苗	南陽	河南尹	中平	靈帝紀、何進傳	108	
范津	南陽	漢陽郡	中平	傅燮傳	242	
		北地郡	靈帝		246	
郭異	順陽	會稽	中平	隸續劉寬門生題名碑	214	
韓純	南陽	南郡	靈帝	魏志韓暨傳注引楚國先賢傳	195	
張羨	南陽	長沙	建安	魏志劉表傳並注引英雄記	203	
		零陵	靈獻之際		198	
		桂陽			200	
蔡伯起	南陽	東萊郡	獻帝	風俗通過譽篇	185	
樂仁	南陽	武陵	東漢末	新唐書宰相世系表	202	
張伯大	南陽	益州郡	獻帝	風俗通愆禮篇	233	
張懌	南陽	長沙	建安	魏志劉表傳並注引英雄記	203	

姓名	籍貫	任職郡國	時間	資料來源	嚴表頁次	附註
韓暨	南陽	平原	建安	魏志暨本傳	182	
文聘	宛	江夏	建安	魏志武帝紀、文帝紀、聘本傳	197	
張存	南陽	廣漢郡	建安	蜀志楊戲傳季漢輔臣贊注	227	
李嚴	南陽	犍為郡	建安	蜀志嚴本傳、華陽蜀志	230	
陳震	南陽	汶山郡	建安	蜀志震本傳	230	
胡瑒	南陽	桂陽	與廖祈先後	比水注引胡瑒母墓梁銘	199	
樂平	南陽	清河郡	——	新唐書宰相世系表	148	
王子雅	西鄂	蜀郡	——	淯水注	229	
夏□	冀州	東萊郡	安帝	隸釋淳于長夏承碑	185	
侯霸	河南	臨淮郡	莽時、建武	霸本傳、東觀記、隸釋侯成碑	175	
孫堪	河南	左馮翊	永平	儒林周澤傳	117	
鄭眾	河南	武威郡	永平、章帝	眾本傳	247	
		左馮翊			118	
慶鴻	河南	琅邪國	章、和	廉范傳	171	
		會稽			213	
龐參	河南	漢陽郡	永初末任、順帝	參本傳、西羌傳	241	
		遼東郡			267	
韓勅	河南	魯國	永壽	兩漢金石記韓勅造孔廟禮器碑、脩孔廟後碑	135	
种暠	河南	遼東郡	桓帝	暠本傳	268	
		漢陽郡			242	
		南郡			195	

姓名	籍貫	任職郡國	時間	資料來源	嚴表頁次	附註
邵慶	河南	汝南	桓帝	周舉傳、郭鎮傳	128	
李盛	河南	巴郡	桓帝	華陽巴志	224	
單匡	河南	濟陰郡	延熹初	宦者單超傳、第五種傳、楊秉傳	163	
羊元羣	河南	北海國	桓帝	黨錮李膺傳	184	
左敏	河南	陳留郡	桓帝	宦者單超傳	156	
尹勳	河南	汝南	延熹中	黨錮本傳	128	
單安	河南	河東郡	延熹	宦者單超傳	112	
孟郁	河南	濟陰郡	延熹至永康	隸釋孟郁修堯廟碑	163	
單遷	河南	山陽郡	延熹	馮緄傳	162	
史晨	河南	魯國	靈帝	隸釋史晨饗孔廟碑，隸續孔扶碑	135	
張寵	河南	濟陰郡	熹平	隸釋帝堯碑	164	
樊毅	河南	弘農郡	光和	古文苑及隸釋華山亭碑、復華下民田租碑，華嶽廟碑	114	
服虔	河南	九江	中平	儒林虔本傳、朱儁傳	208	
种拂	河南	潁川郡	中平	獨行劉翊傳、种拂本傳	126	
鄭渾	河南	左馮翊	建安	魏志渾本傳	119	
		京兆尹			117	
		上黨郡			255	
張德	河南	弘農郡	東漢	洧水注引德墓碑	115	
李章	河內	千乘郡	建武	酷吏章本傳	182	
		琅邪郡			170	

姓名	籍貫	任職郡國	時間	資料來源	嚴表頁次	附註
杜詩	河內	南陽	建武	詩本傳、伏堪傳、郭丹傳	190	
衛颯	河內	桂陽	建武	循吏颯本傳	199	
李子春	河內	琅邪國	建武	趙憙傳	170	
蔡茂	河內	廣漢郡	建武	茂本傳、光武紀	226	
藥崧	河內	南陽	永平	鍾離意傳	191	
杜喬	河內	東海	順帝	喬本傳	168	
		南郡			195	
司馬量	河內		順帝	晉書宣帝紀	?	
孫□	河內	山陽郡	順帝	隸釋麟鳳碑洪氏跋隸續山陽麟鳳瑞像	162	
蔡□	河內	吳郡	順帝	隸釋稟長蔡湛碑	214	
杜宣	河內	會稽	順帝	清水注引太公廟碑	213	
司馬雋	河內	潁川郡	順、桓	魏志司馬朗傳注引司馬彪序傳	126	
趙越	河內	河南尹	建寧、桓帝	清水注引越墓碑	108	
		桂陽			200	
王奐	河內	漢陽郡	桓帝	獨行范冉傳	241	
郭□	河內	濟北國	桓帝	隸釋郭仲奇傳	161	
		中山國			145	
趙仲讓	河內	江夏	桓帝	風俗通過譽篇	197	
江沛	河內	東海	中平	隸釋劉寬門生題名碑	169	
白栩	河內	趙國	靈帝	獨行栩本傳	150	
司馬防	河內	京兆尹	靈、獻	晉書宣帝紀	117	
		河南尹			109	

姓名	籍貫	任職郡國	時間	資料來源	嚴表頁次	附註
張導	河內	鉅鹿	獻帝	濁漳水注引漳河神壇碑	142	
楊俊	河內	平原郡	建安	魏志俊本傳	181	
		南陽			193	
司馬芝	河內	甘陵國	建安	魏志芝本傳	149	
常林	河內	安平國	建安	魏志林本傳	146	
		平原郡			182	
張承	河內	趙郡	建安	魏志張範傳	150	
友道	河內	平原郡	———	氏族典447引萬姓統譜	181	
吳匡	河內	弘農郡	東漢	風俗通衍禮篇	115	
王常	潁川 舞陽	南陽	更始	常本傳、劉玄傳注	190	
丁綝	潁川 定陵	河南尹	光武	丁鴻傳	105	
銚期	潁川 郟	魏郡	建武	期本傳、馮勤傳	139	
馮異	潁川 父城	安定郡	建武	異本傳	244	
		天水郡			240	
		北地郡			245	
王霸	潁川 潁陽	上谷郡	建武	霸本傳	264	
臧宮	潁川 郟	廣漢郡	建武	宮本傳	226	
韓尋	潁川 舞陽	隴西郡	建武	韓棱傳	239	
祭肜	潁川 潁陽	遼東郡	建武	肜本傳、光武紀、明帝紀	267	
祭午	潁川 潁陽	酒泉郡	建武	祭遵傳	249	
尹□	潁川	東平國	東漢	兩漢金石記尹宙碑	158	
		會稽			213	
李鴻	潁川	安定郡	章帝	李恂傳	245	
韓棱	潁川 舞陽	南陽	永元	棱本傳	191	

姓名	籍貫	任職郡國	時間	資料來源	嚴表頁次	附註
郭旺	潁川 陽翟	南陽	章帝	郭躬傳	191	
杜安	潁川 定陵	巴郡	和帝	杜根傳、樂恢傳、並引注華嶠書、魏志杜襲傳注引先賢行狀	223	
祭參	潁川 潁陽	遼東郡	和帝	和帝紀、續天文志、祭肜傳、鮮卑傳	267	
韓輔	潁川 舞陽	趙國	安帝	韓棱傳	149	
郭鎮	潁川 陽翟	河南尹	順帝	鎮本傳	106	
李益	潁川 襄城	趙國	順帝	黨錮李膺傳	150	
杜根	潁川 杜陵	濟陰郡	順帝	根本傳、魏志杜襲傳。	163	
韓演	潁川 舞陽	丹陽	順帝、桓帝	韓棱傳、風俗通窮通篇	209	
		沛國			131	
韓季朝	潁川	南陽	順、桓	風俗通窮通篇	192	
陳稚叔	潁川 定陵	蒼梧郡	桓帝	魏志鍾繇傳注引先賢行狀	273	
李膺	潁川 襄城	漁陽郡	桓帝	黨錮膺本傳	266	
		蜀郡			228	
		河南尹			107	
杜密	潁川 陽城	河南尹	桓帝	黨錮密本傳	108	
		泰山郡			160	
		北海國			184	
		代郡			264	
郭旻	潁川	丹陽	桓帝	隸續旻本傳、郭躬傳	209	
辛通達	潁川 陽翟	蜀郡	延熹	隸釋辛君造橋碑	234	

姓名	籍貫	任職郡國	時間	資料來源	嚴表頁次	附註
劉勝	潁川	蜀郡	桓帝	黨錮杜密傳、風俗通十反篇	229	
荀曇	潁川 潁陰	廣陵	桓帝	荀淑傳、魏志荀攸傳、東觀記	174	
唐鳳	潁川	會稽	桓、靈	朱儁傳補注引會稽典錄	213	
劉翊	潁川	汝南	靈帝	蜀志許靖傳	129	
荀昱	潁川 潁陰	沛國	靈帝	靈帝紀、荀淑傳、黨錮傳序、東觀記、荀曇傳	132	
唐□	潁川	蜀郡	桓靈	隸釋咸陽令唐扶碑	229	
		東萊郡			185	
		南陽			193	
郭鴻	潁川	五原郡	靈帝	郭躬傳、隸續郭旻碑	257	
劉陶	潁川 潁陰	京兆尹	中平	陶本傳	116	
沈子琚	潁川 長社	廣漢郡	靈帝	隸釋縣竹江堰碑	227	
陳紀	潁川 許	平原郡	靈帝	古文苑紀本碑	181	
荀緄	潁川	濟南	靈帝	荀彧傳	180	
唐翔	潁川	丹陽	漢末	新唐書宰相世系表	210	
唐瑁	潁川	會稽	靈、獻	何后紀、隸續咸陽令唐扶頌、新唐書宰相世系表	214	
李瓚	潁川 襄城	東平國	靈帝	黨錮李膺傳	159	
許瑒	潁川	陳國	獻帝	蜀志許靖傳	133	

姓名	籍貫	任職郡國	時間	資料來源	嚴表頁次	附註
張咨	潁川	南陽	獻帝	獻帝紀、董卓傳、魏志袁術傳注引英雄記、蜀志許靖傳、吳志孫堅傳	193	
荀攸	潁川	汝南	建安	魏志攸本傳	129	
許靖	潁川	巴郡	建安	蜀志靖本傳	225	
		廣漢郡			227	
		蜀郡			229	
趙儼	潁川 陽翟	章陵	建安	魏志儼本傳	194	
		右扶風			120	
周業	汝南 安成	天水郡	建安	周磐傳	240	
黃讜	汝南	會稽	建武	儒林包咸傳、御覽 253 引鍾離意別傳	212	
周嘉	汝南 安城	零陵	建武	獨行嘉本傳	198	
李□	汝南	江夏	東漢初、中	蔡邕集太尉李咸碑	197	
		東郡			157	
袁安	汝南 汝陽	楚郡	明帝	安本傳、魏志袁紹傳注引華嶠書、說郛 58 汝南先賢傳	172	
		河南尹			106	
張酺	汝南 細陽	東郡	章帝、和帝	酺本傳	157	
		河南尹			106	
		魏郡			139	
郅壽	汝南 西平	京兆尹	章帝、和帝	郅惲傳	115	
李統	汝南	趙國	章帝	風俗通十反篇	149	

姓名	籍貫	任職郡國	時間	資料來源	嚴表頁次	附註
應順	汝南 南頓	東平國	和帝	應奉傳注引華嶠書陳寵傳	159	
		左馮翊			118	
		河南尹			106	
張郴	汝南	中山國	和帝	陳寵傳	144	
袁京	汝南 汝陽	蜀郡	和帝	袁安傳、魏志袁紹傳注引華嶠後漢書	228	
袁敞	汝南 汝陽	東郡	和帝	敞本傳	157	
周防	汝南 汝陽	陳留郡	永元	儒林防本傳、周章傳	155	
陳□	汝南 平輿	河東郡	和、安	陳蕃傳	112	
周暢	汝南 安城	河南尹	安帝	獨行周嘉傳	106	
廖□	汝南 平輿	北地郡	安帝	方術廖扶傳	246	
袁彭	汝南 汝陽	南陽	安帝	袁安傳	191	
		廣漢郡			226	
應疊	汝南 南頓	江夏	安帝	應奉傳	197	
應融	汝南	廬江	安帝	應奉傳集觸引廬州府志	211	
應郴	汝南 南頓	武陵	安順	應舉傳	201	
周舉	汝南 汝陽	蜀郡	順帝	舉本傳	228	
		河內郡			111	
蔡玄	汝南 南頓	弘農郡	順帝	儒林玄本傳	114	
薛勤	汝南	山陽郡	順帝	風俗通衍禮篇、魏志王粲傳注	162	
袁湯	汝南 汝陽	陳留郡	順帝	袁京傳補注引袁宏漢紀	155	
袁賀	汝南 汝陽	彭城	順、桓	賀本傳、應奉傳	173	

姓名	籍貫	任職郡國	時間	資料來源	嚴表頁次	附註
李咸	汝南 西平	河南尹	桓帝	蔡邕集李咸碑	108	
		漁陽郡			266	
應奉	汝南 南頓	武陵	桓帝	奉本傳、桓帝紀、南蠻傳	201	
陳翔	汝南 邵陵	定襄郡	桓帝	黨錮翔本傳	258	
黃浮	汝南	東海	延熹	陳蕃傳、宦官單超傳	169	
蔡禽	汝南 富波	常山國	延熹	金石補正卷4元氏封龍山碑	143	
陳蕃	汝南 興	樂安郡	桓帝	蕃本傳	183	
		豫章			216	
袁逢	汝南 汝陽	弘農郡	延熹	西嶽華山碑	114	
		京兆尹			116	
應劭	汝南 南頓	泰山郡	靈帝	劭本傳獻帝紀、朱儁傳	161	
袁騰	汝南	蜀郡	靈帝	陰溝水經引諸袁墓碑	229	
陳逸	汝南 平輿	魯國	靈、獻	陳蕃傳	135	
封祈	汝南	豫章	獻帝	風俗通十反篇	216	
周乘	汝南	泰山郡	獻帝	風俗通十反篇、及世說賞譽篇注引汝南先賢傳	161	
李叔堅	汝南	桂陽	獻帝	風俗通怪神篇	200	
袁忠	汝南 汝陽	沛國	靈、獻	袁閬傳、朱儁傳、魏志武帝紀注引曹瞞傳	132	
袁術	汝南 汝陽	河南尹	董卓廢立前	術本傳	109	
		南陽			139	
袁紹	汝陽	渤海	獻帝	袁紹本傳	151	

姓名	籍貫	任職郡國	時間	資料來源	嚴表頁次	附註
袁遺	汝南	山陽郡	獻帝	袁紹傳、魏志武帝紀	163	
李術	汝南	盧江	建安	吳志孫策傳注引江表傳、魏志劉馥傳、荀彧傳注引三輔決錄	212	
呂範	細陽	彭澤	建安	吳志範本傳	217	
呂蒙	汝南 富陵	盧江	建安	吳志蒙本傳	212	
		漢昌郡			203	
		南郡			195	
郅惲	西平	長江	建武	郅惲本傳	202	
吳範	細陽	丹陽	建安	吳志範本傳	210	
彭翼	宜春	北海國	獻帝	氏族典 314 引萬姓統譜	184	
應季先	汝南	巴郡	——	華陽巴志	224	
應頊	汝南	東郡	——	書鈔 75 汝南先賢傳	158	
李敬	汝南	趙國	——	孫志祖謝氏後漢書補逸、輯自書鈔 156、藝文類聚	84	
陳□	汝南	魯國	——	豫州從事孔君碑	135	
范遷	沛國	漁陽郡	建武	郭丹傳	265	
		河南尹			105	
朱立	沛國	下邳國	永平	朱浮傳補注、新唐書宰相世系表	175	
陳寵	洨	泰山郡	和帝	寵本傳	160	
		廣漢郡			226	
徐防	銍	魏郡	永元	防本傳、張酺傳	140	

姓名	籍貫	任職郡國	時間	資料來源	嚴表頁次	附註
曹騰	譙	潁川郡	順、桓	犍為士女志、陰溝水注引曹君墓碑	126	
文穆	沛國	彭城	靈帝	泒水注引穆本傳	173	
		九江			208	
		陳留郡			156	
曹□	沛人	吳郡	桓帝	魏志曹休傳注引魏書	215	
曹鼎	譙	河間國	桓帝	蔡衍傳	147	
劉矩	蕭	常山國	靈	循吏矩本傳	143	
曹操	譙	東郡	光和、初平	獻帝紀、魏志武帝紀	157	
		濟南			180	
夏侯惇	譙	陳留郡	建安	魏志惇本傳	156	
		東郡			158	
		濟陰郡			164	
		河南尹			109	
夏侯淵	譙	潁川郡	建安	魏志淵本傳	127	
		陳留郡			156	
橋基	梁國 睢陽	廣川國	安帝	蔡邕集橋玄碑	149	
橋肅	睢陽	東萊郡	順、桓	橋玄傳	185	
橋玄	睢陽	上谷郡	桓帝延熹	玄本傳	264	
		齊國			186	
		漢陽郡			242	
		鉅鹿			142	
		河南尹			108	
陳□	碭	東萊郡	靈帝	隸釋涼州刺史魏君碑	185	

姓名	籍貫	任職郡國	時間	資料來源	嚴表頁次	附註
橋瑁	梁國	東郡	靈帝、獻帝	袁紹傳、何進傳、臧洪傳、魏志武帝紀注引英雄紀	157	
橋羽	睢陽	任城國	靈帝	橋玄傳	160	
孔尚	魯國	鉅鹿	東漢初	孔融傳補注引續漢書	142	
曹褒	薛人	潁川郡	章、和	魏志曹仁傳注、褒本傳	125	
		河內郡			110	
寒朗	薛人	清河國	和帝	朗本傳	148	
麃季公	魯人	樂安國	順帝	隸釋韓勅造孔廟禮器傳	183	
孔□	魯人	潁川郡	順、桓	隸釋孔彪碑	126	
傅世起	魯人	會稽	桓帝	隸釋韓勅造孔廟禮器碑	213	
孔疇	魯人	陳國	桓帝	陰溝水注引孔子廟碑、魏志倉慈傳注引孔氏譜	133	
麃次公	魯人	涿郡	桓帝	隸釋孔廟禮器碑	262	
孔彪	魯人	下邳國	桓帝	隸釋、彪本傳	175	
		河東國			113	
		安平國			146	
孔融	魯國	北海國	獻帝	融本傳、鄭玄傳、朱儁傳、蜀志先主傳、魏志崔琰傳並注引張璠漢紀	184	
劉琰	魯國	固陵郡	劉備時	蜀志琰本傳	226	

姓名	籍貫	任職郡國	時間	資料來源	嚴表頁次	附註
鹽津	魯人	北海國	後漢	氏族典 370 引魯國先賢傳	184	
王閎	魏郡	琅邪郡	更始建武	張步傳	170	
鄭璩	魏郡 黎陽	漢陽郡	章帝	梁統傳、東觀記	241	
欒巴	內黃	桂陽	安、順	巴本傳	199	
		豫章			216	
		沛國			131	
霍諝	鄴	金城郡	順帝世或桓帝初	諝本傳	244	
		河南尹			107	
		北海國			184	
具恭	元城	沛國	延熹	宦官單超傳	131	
霍雋	鄴	安定郡	靈帝	霍諝傳	245	
審晃	陰安	濟陰郡	靈帝	隸釋咸陽靈台碑	164	
欒架	內黃	雲中郡	靈帝	欒巴傳	258	
耿艾	鉅鹿 宋子	濟南郡	更始	耿純傳	179	
耿純	宋子	東郡	建武	純本傳、東觀記	157	
鄐□	鉅鹿	漢中郡	明帝	隸釋及兩漢金石記鄐召開石門刻字	221	
耿宿	宋子	代郡	東漢初	耿純傳	264	
趙雲	常山 真定	桂陽	建安	蜀志雲本傳注引雲別傳	200	
郭竟	真定	東海	建武	郭后紀	168	
張況	趙國 襄陽	涿郡	建武	張禹傳	262	
張歆	襄國	淮陽國	建武	張禹傳、東觀記	133	
張禹	襄國	下邳國	章帝	禹本傳	175	

姓名	籍貫	任職郡國	時間	資料來源	嚴表頁次	附註
劉祐	中山 安國	河東郡	延熹、永壽	黨錮祐本傳、趙岐傳	112	
		河南尹			107	
		河南尹			108	
張□	盧奴	南陽	延熹	古文苑桐柏廟碑	192	
祝括	中山	豫章	獻帝前	風俗通窮通篇	216	
郭唐	信都	河南尹	建武末	任光傳	105	
阮況	信都	南陽	與盧延相先後	任光傳、朱暉傳	191	
趙□	安平	廣漢郡	靈、獻	隸續梁休碑	227	
郭永	安平 廣宗	南郡	靈帝	魏志郭后傳注引魏書	195	
孫璆	安平 信都	弘農郡	延熹	西嶽華山碑	114	
房植	甘陵	河南尹	桓帝	黨錮傳序	107	
趙苞	東武城	遼西郡	靈帝	獨行苞本傳	267	
		武威郡			247	
張岐	甘陵	樂浪郡	靈帝	劉虞傳、魏志公孫瓚傳注引九州春秋	269	
張敏	河間 鄚人	汝南	永元	敏本傳	128	
		潁川郡			125	
鄭勤	河間	漢中郡	永初	安帝紀、西羌傳、漢中志、漢中士女志	222	
劉胤	成平	遼東郡	靈帝	隸續劉寬門生題名碑	268	
刑顒	鄚	左馮翊	建安	魏志顒本傳	119	
趙咨	東郡 燕人	東海	靈帝	咨本傳	169	
		敦煌郡			250	
劉儒	陽平	任城國	靈帝	黨錮傳序及儒本傳	160	

姓名	籍貫	任職郡國	時間	資料來源	嚴表頁次	附註
王瓌	東郡	潁川郡	中平	隸釋都鄉正衛彈碑	126	
薛悌	東郡	泰山郡	建安	魏志陳矯傳	161	
		魏郡			141	
程昱	東郡 東阿	東平國	獻帝	魏志昱本傳	159	
		濟陰郡			164	
董宣	陳留 圉人	北海國	建武	酷吏宣本傳、說郭58陳留耆舊傳	183	
		江夏			196	
劉昆	東昏	弘農郡	建武	儒林昆本傳	113	
虞延	東昏	南陽	建武	延本傳、帝紀	191	
董竝	圉	齊國	建武	酷吏董宣傳	186	
高慎	陳留	東萊郡	建武	魏志高柔傳注引陳留耆舊傳	185	
吳恢	長垣	南海郡	安帝	吳祐傳	272	
百里嵩	陳留	濟南國	安帝	御覽256、232謝承書	180	
濮陽潛	外黃	上黨郡	順帝	爰延傳、補注引高士傳	255	
吳祐	長垣	齊國	順帝	祐本傳	186	
		河間國			147	
邊鳳	陳留	京兆尹	桓帝	延篤傳	116	
邊韶	浚儀	陳國	延熹	文苑韶本傳、隸釋及陰溝水注老子銘	133	
		北地郡			246	
吳鳳	長垣	樂浪郡	桓帝	吳祐傳	269	
爰延	外黃	魏郡	桓帝	延本傳	140	

姓名	籍貫	任職郡國	時間	資料來源	嚴表頁次	附註
史弼	考城	平原國	桓、靈	弼本傳、蔡邕傳注引謝承書	181	
		河東郡			113	
		山陽郡			163	
		彭城			173	
秦周	平邱	北海國	靈帝	黨錮傳序	184	
王吉	浚儀	沛國	光和	酷吏吉本傳、桓榮傳、列女劉長卿妻傳	132	
韓卓	陳留	涿郡	靈帝	酈炎遺令	263	
高聯	陳留	蜀郡	光和	隸釋高聯修周公禮殿記、華陽蜀志	229	
邊讓	陳留 浚儀	九江	初平	文苑讓本傳	209	
何夔	陽夏	長廣郡	建安	魏志夔本傳	186	
高柔	陳留	潁川郡	建安	魏志柔本傳	127	
范式	山陽 全縣	盧江	建武	獨行式本傳隸釋式本碑	211	
王龔	高平	汝南	安帝	龔本傳黃憲傳	128	
侯□	山陽	上黨郡	東漢中	隸釋侯成碑	255	
王暢	高平	齊國	桓帝	暢本傳	186	
		漁陽郡			265	
		南陽			192	
魯峻	山陽 昌邑	九江	桓帝	隸釋峻本碑	208	
度尚	湖陸	桂陽	延熹	度尚傳	200	
		遼東郡			268	
張成	高平	江夏	桓帝	張儉傳	197	
滿□	山陽	東海	熹平	隸釋東海廟碑	169	
單颺	湖陸	漢中郡	靈帝	方術颺本傳	222	

姓名	籍貫	任職郡國	時間	資料來源	嚴表頁次	附註
□遵	山陽	河間國	靈帝	隸釋劉寬故吏題名碑	147	
諒(涼)茂	昌邑	泰山郡	建安	魏志茂本傳	161	
		魏郡			141	
		甘陵國			149	
滿寵	昌邑	汝南	建安	魏志寵本傳	129	
范□	山陽	常山國	東漢末	范式傳、隸釋范式碑	144	
曹祉	濟陰	河南尹	永平	儒林本傳	105	
魏霸	勾陽	鉅鹿	和帝	霸本傳、東觀記霸本傳	142	
祝睦	濟陰	常山國	延熹	隸釋睦本碑	143	
		山陽郡			162	
仲訢	濟陰 成陽	鉅鹿	熹平	隸釋帝堯碑成陽靈台碑	142	
張訓	濟陰 定陶	丹陽	中平	儒林訓本傳	209	
丁從	勾陽	河內郡	中平	隸釋劉寬門生題名碑	111	
董昭	定陶	鉅鹿	興平、建安	魏志昭本傳	142	
		河南尹			109	
		魏郡			140	
劉訢	泰山 肥城	濟南郡	更始	任光傳	180	
周生豐	南武陽	豫章	建武	馮衍傳注引豫章舊志	215	
吳資	泰山	巴郡	順帝	華陽巴志	223	
但望	泰山	巴郡	桓帝	華陽巴志、風俗通十反篇	224	

姓名	籍貫	任職郡國	時間	資料來源	嚴表頁次	附註
羊陟	梁父	河南尹	光和	文苑趙壹傳、蔡邕傳、陟本傳、風俗通愆禮篇	108	
王匡	泰山	河南尹	獻帝	袁紹傳、魏志武帝紀注引英雄記	111	
羊續	太山 平陽	南陽	中平	續本傳、魏志公孫瓚傳注引英雄記	193	
		廬江			211	
劉洪	泰山	山陽郡	靈帝	續律歷志中注引袁山松書	163	
臧霸	泰山	琅邪國	建安	魏志霸本傳	171	
吳文章	泰山	陳留郡	獻帝	太平御覽516引風俗通	156	
戴封	濟北 剛人	中山國	永元	獨行封本傳	144	
戴宏	濟北	酒泉郡	桓帝	吳祐傳	249	
甯□	濟北	涿郡	蓋衛郡後	鄗炎遺令	263	
薛漢	淮陽	千乘國	明帝	儒林漢本傳	182	
汝郁	陳國	魯國	章帝	賈逵傳	134	
袁良	扶樂	廣陵	安帝、順帝	隸釋國三老袁良碑	174	
		梁國			130	
虞詡	武平	武都郡	元初	詡本傳、漾水經引續漢書、陰溝水注引詡本碑	243	
虞恭	武平	上黨郡	順、桓	虞詡傳	255	
何臨	陳國	平原國	桓帝	李固傳注引百家譜	181	

姓名	籍貫	任職郡國	時間	資料來源	嚴表頁次	附註
地餘	陳國	蒼梧郡	獻帝	御覽 500 引風俗通義	273	
何夔	陳郡 陽夏	樂安郡	建安	魏志夔本傳	183	
袁渙	扶樂	梁國	獻帝	魏志渙本傳	130	
爰曾	東平	東萊郡	更始	任光傳	185	
衡農	東平國 東平陸	左馮翊	安帝	太平御覽 444 引三輔決錄、隸釋衡方碑、衡立碑	118	
衡□	東平陸	盧江	安、順	隸釋衡方碑	211	
		雁門郡			258	
		左馮翊			118	
衡方	東平陸	右北平郡	桓帝	隸釋衛尉衡方碑	266	
		潁川郡			126	
		京兆尹			116	
張邈	壽張	陳留郡	靈、獻	魏志邈本傳、臧洪傳、袁紹傳、蜀志許靖傳	156	
劉曜	無鹽	河內郡	——	隸釋曜本碑	112	
魏應	任城	上黨郡	章帝	儒林應本傳	255	
呂虔	任城	泰山郡	建安	魏志本傳	161	
伏湛	琅邪 東武	平原郡	更始、建武	湛本傳、袁山松書	180	
徐業	琅邪	右扶風	建武	儒林張玄傳	119	
伏恭	琅邪 東武	常山國	建武	儒林恭本傳	143	
伏壽	東武	東郡	明、章	儒林伏恭傳	157	
承疊	姑幕	濟陰郡	章、和	承官傳注引續漢書	163	

姓名	籍貫	任職郡國	時間	資料來源	嚴表頁次	附註
劉勳	琅邪	河內郡	中平中	魏志華佗傳注引佗別傳	111	
		盧江			212	
童恢	姑幕	丹陽	靈帝	循吏恢本傳	209	
趙昱	琅邪	廣陵	初平、興平	魏志陶謙傳注引謝承書、吳志劉繇傳	174	
劉邈	琅邪	九江	初平	琅邪王京傳	208	
圈基	琅邪	陳留郡	──	通志氏族略引陳留風俗傳	156	
姜□	彭城廣戚	豫章	章、和	姜肱傳、蔡邕集、姜肱碑	215	
		任城國			159	
刁韙	彭城	魯國	靈帝	黃琬傳	135	
		東海			169	
呂虔	彭城	涿郡	靈帝	汳水注引文穆冢碑	263	
蕭苞	東海	中山國	東漢中	新唐書宰相世系表	145	
郭□	東海	吳郡	漢安	隸釋費鳳別碑	214	
劉舒	郯人	丹陽	桓、靈	劉虞傳注引謝承書	209	
劉虞	郯人	甘陵國	靈帝、中平	虞本傳、魏志公孫瓚傳注引吳書及英雄記	148	
王朗	東海	會稽	獻帝	魏志朗本傳、吳志虞翻傳注引會稽典錄	214	
		魏郡			141	

姓名	籍貫	任職郡國	時間	資料來源	嚴表頁次	附註
麋芳	朐人	南郡	建安	蜀志芳本傳、關羽傳	195	
龔賜	楚國	上谷郡	建武	卓茂傳	264	
蔣濟	平阿	丹陽	建安	魏志濟本傳	210	
魯肅	臨淮 東城	漢昌郡	建安	吳志孫權傳、肅本傳	203	
步騭	淮陰	鄱陽	建安	吳志騭本傳	217	
高□	平原	濟陰郡	桓帝	隸釋卷8某碑	163	
乙瑛	高唐	魯國	桓帝	隸釋孔廟置百石卒吏碑並洪氏跋引圖經	134	
劉瓆	高唐	太原郡	桓帝	陳蕃傳、桓帝紀、續天文志、劉般傳、襄楷傳注引謝承書、隸釋馮緄碑	255	
華歆	高堂	豫章	獻帝	魏志歆本傳	216	
劉□	濟南 東平陵	琅邪國	桓帝	隸釋劉衡碑	171	
劉衡	東平陵	趙國	中平	隸釋衡本碑	150	
甄承	北海 安邱	梁國	章帝	儒林甄宇傳	130	
景□	任城	益州郡	順帝	兩漢金石記景君本碑	232	
撫勝	劇人	左馮翊	質帝	勝本傳	118	
公沙穆	膠東	遼東屬國	永壽	方術穆本傳	269	
滕延	北海	京兆尹	桓、靈	宦官侯覽傳	116	
		濟北國			161	
滕述	劇	樂浪郡	靈帝	隸釋魏元丕碑	269	
公沙孚	膠東	上谷郡	靈帝	方術公沙穆傳	265	

姓名	籍貫	任職郡國	時間	資料來源	嚴表頁次	附註
王脩	營陵	魏郡	建安	魏志脩本傳	141	
李忠	東萊 黃人	丹陽	建武	忠本傳	209	
		豫章			215	
李□	東萊	牂柯郡	東漢初	隸釋李翊碑	231	
劉寵	牟平	豫章	順、桓	循吏寵本傳	216	
		會稽			218	
王璋	東萊	陳國	延熹	蔡邕集王子喬碑	133	
		梁國			130	
劉方	牟平	山陽郡	靈帝初	循吏劉寵傳	162	
歐陽歙	樂安 千乘	河南尹	光武、建武	王梁傳、儒林歙本傳	105	
		汝南			127	
牟長	臨濟	河內郡	建武	儒林長本傳	110	
國淵	蓋人	魏郡	建安	魏志淵本傳	141	
車伯奇	樂安	下邳國	獻帝	廣韻十虞引風俗通	175	
孫邃	青州	清河郡	——	新唐書宰相世系表	148	
孫軼	青州	漢陽郡	——	新唐書宰相世系表	242	
郭涼	右北平	雁門郡	建武`	杜茂傳	258	
程普	右北平	江夏	建安	吳志普本傳	197	
		南郡			195	
崔瑗	涿郡 安平	濟北國	順帝	崔駰傳、杜喬傳、文苑崔琦傳、張懷瓘書斷	161	
崔寔	安平	五原郡	桓帝	寔本傳	257	
盧植	涿人	九江	靈帝	植本傳、魏志盧毓傳注	208	
		廬江			211	
崔鈞	安平	西河郡	靈、獻	崔寔傳	256	

姓名	籍貫	任職郡國	時間	資料來源	嚴表頁次	附註
劉備	涿人	平原國	獻帝	蜀志先主傳	181	
孫禮	容城	魯國	建安	魏志禮本傳	135	
張飛	涿郡	宜都	劉備時	蜀志飛本傳	196	
		南郡			195	
		巴西郡			226	
任峻	渤海	泰山郡	順、桓	循吏王渙傳	160	
苑康	重合	泰山郡	桓末	黨錮康本傳	160	
張納	南皮	巴郡	中平	隸釋張納碑	224	
高承	渤海	東莞郡	建安	新唐書宰相世系表	172	
高延	渤海	漢中郡	東漢末	新唐書宰相世系表	222	
寇恂	上谷 昌平	河內郡	光武	恂本傳	110	
		潁川郡			124	
		汝南			127	
閔業	上谷	遼西郡	建武	寇恂傳	266	
王梁	漁陽 要陽	山陽郡	建武	梁本傳	162	
		河南尹			105	
		濟南郡			180	
蓋延	要陽	左馮翊	建武	延本傳並注引續漢書、第五倫傳注引華嶠書	117	
劉郃	泉州	濟陰郡	熹平	隸釋帝堯碑、蔡邕傳	164	
陽球	泉州	九江	靈帝	酷吏球本傳	208	
		平原國			181	
田豫	雍奴	南陽	建安	魏志豫本傳	194	
		汝南			130	
徐邈	燕國 薊人	隴西	建安末	魏志邈本傳	240	
		南安郡			242	
公孫度	遼東 襄平	遼東郡	中平	魏志度本傳	268	

姓名	籍貫	任職郡國	時間	資料來源	嚴表頁次	附註
李敏	遼東	河內郡	靈帝	魏志公孫度傳	111	
公孫康	襄平	遼東郡	建安	公孫度傳	268	
王景	樂浪誦邯	盧江	章帝	循吏景本傳	211	

刺史

姓名	籍貫	任職州、司隸	時間	資料來源	嚴表頁次	附註
鄭興	河南 開封	涼州	更始時	卷 36 興本傳	304	
种暠	河南 洛陽	益州	順、質、桓初	卷 56 暠本傳、卷 63 杜喬傳	303	
		涼州			305	
李邵	河內 野王	冀州	靈帝世	魏志 15 司馬朗傳	292	
司馬朗	河內 野王	兗州	建安廿二年卒	魏志 15 朗本傳	295	
蔡□	河內 脩武	青州	安帝中葉	隸釋 5 稟長蔡湛碑	297	
郭□	河內人	徐州	桓帝時	隸釋 9 郭仲奇傳	296	
常林	河內 溫人	幽州	建安中葉	魏志 23 林本傳	309	
蔡湛	河內 脩人	并州	光和四年	隸釋五稟長蔡湛傳	307	
李膺	潁川 襄城	司隸		卷 67 黨錮膺本傳、卷 7 桓帝紀	287	延熹九年下獄
		青州	桓帝	卷 67 黨錮膺本傳、卷 66 陳蕃傳	297	
鍾繇	潁川 長社	司隸	建安中葉	卷 62 鍾皓傳、魏志 13 繇本傳、卷 11 田疇傳	289	
郭鴻	潁川 陽翟	司隸	靈帝	卷 46 鴻本傳	288	
韓演	潁川 舞陽	司隸	延熹八年	卷 45 韓棱傳、卷 78 宦者單超傳、五行志一	287	

姓名	籍貫	任職州、司隸	時間	資料來源	嚴表頁次	附註
韓馥	潁川	冀州	初平元年	卷 72 董卓傳、卷 73 劉虞傳、卷 74 袁紹傳、魏志 1 武帝紀、蜀志 8 許靖傳	293	
朱輔	梁國 寧陵	益州	永平	卷 24 馬援傳附卷 86 西南夷傳	305	
喬玄	睢陽	涼州	桓帝	蔡邕太尉喬玄碑	305	
周乘	汝南	交州	桓、靈	氏族典 224 引尚友錄	310	
		冀州		卷 61 舉本傳	292	陽嘉三年徵為尚書
		司隸	永和初	券 61 舉本傳	286	遷蜀太守
		幷州	順帝永建陽嘉之際	卷 61 舉本傳	307	
袁熙	汝南 汝陽	幽州	獻帝初	卷 74 袁紹傳	309	
李咸	汝南 西平	徐州	順帝	蔡邕集李咸碑	295	
蔡衍	汝南 項	冀州	桓帝	卷 67 衍本傳	292	
郅壽	汝南 西平	冀州	明帝	卷 29 壽本傳	291	
應順	汝南 南頓	冀州	和帝	卷 48 應奉傳注引華嶠漢書	291	
袁紹	汝南 汝陽	司隸	中平六年	卷 74 紹本傳、卷 8 靈帝紀、卷 72 何進傳	288	
		冀州	初平二年	卷 74 袁紹傳、魏志 1 武帝紀	293	
袁譚	汝南 汝陽	青州	初平四年至建安五年	卷 73 公孫瓚傳、卷 74 袁紹傳、魏志卷 6 袁紹傳、蜀志 2 先主傳	298	

姓名	籍貫	任職州、司隸	時間	資料來源	嚴表頁次	附註
陳溫	汝南	揚州		卷9獻帝紀、魏志1武帝紀、魏志卷6袁術傳注引英雄記、魏志卷9曹洪傳	302	初平四年為袁術所殺
應奉	汝南 南頓	司隸	延熹	卷48奉本傳、卷16寇恂傳、卷38馮緄傳、卷67黨錮李膺傳	287	
陳珍	汝南 邵陵	司隸	安、順之世	卷67黨錮陳翔傳	286	
陳茂	汝南	荊州		風俗通4過譽篇	300	
陳翔	汝南 邵陵	揚州	桓	卷67黨錮翔本傳	302	
應志	汝南 南頓	徐州	順帝永和三年	卷6順帝紀並注引續漢書	295	
朱龜	沛國 譙	幽州	靈帝	隸釋卷10朱龜本碑、陰溝水注引龜碑	308	
徐防	沛國 銍	司隸	永元十年前	卷44防本傳	285	
劉馥	沛國 相	揚州	建安十三年卒	魏志卷15馥本傳	303	
朱浮	沛國 蕭	幽州	建武元年	光武紀、卷33浮本傳	308	
陳忠	沛國 洨	司隸	延光三年	卷46忠本傳	285	
曹嵩	沛國	司隸		魏志1武帝紀注引續漢書	288	靈帝世遷大司農
曹操	沛國 譙	司隸	建安元年	卷9獻帝紀	289	
		冀州	建安九年	卷9獻帝紀、魏志1武帝紀	293	
		兗州	初平三年	魏志1武帝紀、卷10荀彧傳	295	

姓名	籍貫	任職州、司隸	時間	資料來源	嚴表頁次	附註
曹丕	沛國譙	冀州	建安二十五年	魏志 2 文帝紀	293	
公孫志節	陳國	揚州		太平御覽 500 引風俗通	302	
虞詡	陳國 武平	司隸	順帝永建元年	卷 58 詡本傳、卷 78 宦者孫程傳	286	
何熙	陳國	司隸	和帝	卷 47 班超傳附熙本傳、魏志 12 何夔傳注引華氏漢書	285	
梁習	陳郡柘	幷州		魏志 15 習本傳	308	建安十八年他遷
孔融	魯國	青州	建安元年	卷 70 融本傳	298	
鄭璩	魏郡 黎陽	司隸		東觀記璩本傳	285	與宗意相先後
李暠	魏郡	司隸	桓、靈	卷 31 蘇章傳	287	
霍諝	魏郡 鄴	司隸	桓帝	卷 48 諝本傳	287	
張禹	趙國 襄國	揚州	章帝建初中至元和二年	卷 44 禹本傳	301	
		兗州			293	
祝恬	中山	司隸	元嘉元年	卷 61 黃瓊傳、風俗通 7 窮通篇	286	
劉祐	中山 安國	司隸	延熹末、桓帝	卷 67 黨錮祐本傳	287	
		揚州			302	
張敏	河間 鄚	司隸	永元	卷 44 敏本傳	285	
劉稱	樂成	司隸	安、順	卷 67 黨錮劉淑傳	286	
孔伷	陳留	豫州	獻帝初平中	卷 58 臧洪傳、卷 72 董卓傳、卷 74 袁紹傳、魏志 1 武帝紀注引英雄	290	

姓名	籍貫	任職州、司隸	時間	資料來源	嚴表頁次	附註
				記、蜀志 8 許靖傳		
高賜	陳留	司隸	桓帝世	魏志 24 高柔傳注	287	
百里嵩	陳留	徐州	和、安之世	事類賦注 3、御覽 256 引謝承書	295	
陳琦	陳留	徐州	永和四年稍前	後漢紀	295	
王子香	陳留	荊州	和帝時	江水注引子香本碑	299	
邯鄲商	陳留	雍州	建安初	獻帝紀、卷 65 張奐傳、魏志卷 18 龐淯傳注引典略	306	
賈琮	東郡 聊城	冀州	中平中	卷 31 琮本傳、卷 67 黨錮巴肅傳	293	
		交州			310	
劉表	山陽 高平	荊州	初平元年任	卷 74 劉表傳、魏志 6 表本傳	300	任至四年進位為牧
李剛	山陽 高平	荊州	熹平元年卒	濟水注引剛本碑	300	
王暢	山陽 高平	司隸	桓帝初	卷 56 暢本傳	286	
王龔	山陽 高平	司隸	建光元年	卷 56 龔本傳	285	
		青州	——	——	297	
度尚	山陽 湖陸	荊州	延熹三年	卷 38 度尚傳、卷 7 桓帝紀、卷 38 馮緄傳、卷 86 南蠻傳	299	逾四年、遷桂陽太守
侯參	山陽 防東	益州	延熹八年	卷 54 楊秉傳、卷 78 宦者侯覽傳	304	
魯峻	山陽 昌邑	司隸	延熹七年	隸釋 9 峻本碑	287	
范式	山陽 金鄉	荊州	建武中	卷 81 獨行式本傳	298-99	

姓名	籍貫	任職州、司隸	時間	資料來源	嚴表頁次	附註
龐萌	山陽	冀州	更始時	卷 12 劉永傳	291	嚴書作卷四二，今據范書作十二。嚴誤。
王思	濟陰	豫州	建安	魏志 15 梁習傳	291	
仲定	濟陰 成陽	豫州	順、桓之際	金石錄仲定碑	290	
班孟堅	太山 咸人	兗州	靈帝初	濟水注引孟堅本碑	294	
羊侵	太山 平陽人	司隸	安帝時	卷 31 羊續傳	286	
羊陟	太山 梁父人	冀州	熹平世	卷 67 黨錮陟本傳	292	
但望	泰山	幷州	桓帝永興二年	華陽巴郡志	307	
孫觀	泰山	青州	建安中	魏志 18 臧霸傳	298	
臧霸	泰山 華人	徐州	建安中葉	魏志 18 霸本傳	296	
王考	東平 壽張	冀州	靈帝	卷 67 黨錮傳序	292	
王望	琅邪	青州	明帝時	卷 39 劉平傳	297	
劉威	琅邪	豫州		魏志 12 司馬芝傳注引魏略	291	
劉□	琅邪	豫州	建安初卒	魏志 12 司馬芝傳注引魏略	291	
徐弈	東莞	雍州	建安中葉	魏志卷 12 弈本傳	306	
劉虞	東海 郯	幽州	中平五年至獻帝初平四年	卷 73 虞本傳	309	
步騭	臨淮 淮陰	交州	建安十五年	吳志士燮傳、卷 7 騭本傳、卷 15 呂岱傳、泿水注引王氏交廣春秋	310	

姓名	籍貫	任職州、司隸	時間	資料來源	嚴表頁次	附註
牟融	北海 安邱	司隸	永平五年至八年	卷 26 牟融傳	284	
孫嵩	北海 安丘	青州	興中	卷 64 趙岐傳	298	
水丘岑	北海	司隸	光武末	卷 77 酷吏董宣傳	284	
炅褒	北海 朱虛	豫州	靈帝	隸釋 10 魏元丕碑	290	
孫賓碩	北海	豫州	靈帝	魏志 18 閻溫傳注引魏略	290	
歐陽歙	千乘	揚州	建武六年	卷 79 儒林本傳、卷 12 張步傳、卷 12 李憲傳	301	
李訢	東萊	司隸		卷 1 光武紀	284	
吳幹	盧鄉	徐州	靈帝中平二年	隸續 12 劉寬門生題名碑	296	
劉岱	牟平	兗州		卷 9 獻帝紀、卷 58 臧洪傳、卷 72 董卓傳、卷 74 袁紹傳、卷 76 循吏劉寵傳、魏志 1 武帝紀、蜀志 8 許靖傳	296	
成□	東萊	豫州	靈帝	隸續 12 劉寬故吏題名碑	290	
劉隆	南陽	揚州	東漢初	東觀記鄧晨傳	301	
樊曄	南陽 新野	揚州	建武中	卷 77 酷吏本傳	301	
左雄	南陽 涅陽	司隸	陽嘉、永和之際	卷 61 雄本傳	286	
		冀州	安帝末	——	292	
張喬	南陽	益州	安帝元初	安帝紀、卷 31 王堂傳、卷 86 西南夷傳、華陽巴志	303	

姓名	籍貫	任職州、司隸	時間	資料來源	嚴表頁次	附註
劉譙	南陽 章陵	益州	中平二年	隸續 12 劉寬門生題名碑	304	
朱穆	南陽 宛	冀州	桓帝永興元年	卷 43 穆本傳、卷 38 度尚傳	292	
宋意	南陽 安眾	司隸	章和二年	卷 41 意本傳	285	
宋均	南陽 安眾	司隸	永平七年	卷 41 均本傳	284	
張津	南陽	交州	建安六年	吳志卷 1 孫策傳注引江表傳、卷 4 士燮傳	310	
郭丹	南陽 穰	并州	建武末	卷 27 丹本傳	306	
橋瑁	涿	兗州	靈帝末	魏志 1 武帝紀注引英雄記	294	
李立	涿	荊州	建安十三年	魏志 6 劉表傳注引搜神記	301	
劉備	涿郡	豫州	興平中	蜀志 2 先主本傳	291	
		益州	建安十九年	蜀志 2 先主本傳	304	
		徐州	興平元年	魏志 1 武帝紀、蜀志 2 先主傳	296	
		荊州		蜀志 2 先主傳	301	赤壁戰後備自領牧
☆陽球	漁陽 泉州	司隸	光和二年	卷 77 酷吏球本傳、卷 78 宦者曹節傳、卷 51 橋玄傳	288	
☆公孫度	遼東 襄平	冀州	靈帝末	魏志 8 度本傳	293	
☆王景	樂浪 詉邯	徐州	章帝建初	卷 76 循吏景本傳	295	明年為廬江郡守

東漢山西人士任守相刺史表

姓名	籍貫	任職郡國	時間	資料來源	嚴表頁次	附註
龐述	京兆	零陵	建武	馬援傳、御覽259引三輔決錄	198	
王元	京兆	東平國	建武	隗囂傳	158	
宋嵩	京兆	河南尹	建武	宋弘傳	105	
玉況	京兆	陳留郡	建武	光武紀、侯霸傳、虞延傳	155	
丁邯	京兆	漢中郡	建武	續百官志注引三輔決錄	221	
第五倫	京兆	會稽	建武	倫本傳、鄭宏傳	212	
		蜀郡	明帝		228	
廉范	京兆	雲中郡	明帝、章帝	范本傳	257	
		漁陽郡			265	
		武威郡			247	
		武都郡			243	
		蜀郡			228	
杜度	京兆	齊國	章帝	御覽749書斷	186	
馮豹	京兆	武威郡	和帝	馮衍傳	247	
第五頡	京兆	廬江	和、安	第五倫傳	211	
		南陽			191	
		桂陽			199	
宋漢	京兆	西河郡	安帝、順帝	宋弘傳	256	
		東平國			159	
趙牧	京兆	彭城	安帝、和帝	彭城王恭傳	173	
		會稽			213	
朱寵	京兆	穎川郡	元初	兩漢金石記嵩山太室神道石闕前銘、嵩山開母廟石闕、穎水注引	125	

姓名	籍貫	任職郡國	時間	資料來源	嚴表頁次	附註
				許由廟碑、鄧騭傳		
宋登	京兆	穎川郡	順帝	儒林登本傳	125	
		趙國			149	
第五訪	京兆	南陽	順帝	循吏訪本傳	192	
		張掖郡			248	
趙襲	京兆	敦煌郡	桓、靈	藝文類聚 74 引三輔決錄	250	
韋著	京兆	東海	靈帝	韋彪傳、風俗通十反篇	169	
金旋	京兆	漢陽郡	靈、獻	蜀志先主傳注引三輔決錄	242	
杜畿	京兆	汝南	建安	魏志畿本傳	129	
		西平郡			244	
		河東郡			113	
王遵	京兆	河南尹	——	新唐書宰相世系表	110	
蕭彪	京兆	巴郡	——	東觀	224	
田邑	馮翊	上黨郡	更始	馮衍傳	254	
		漁陽郡			265	
景丹	馮翊	弘農郡	光武	丹本傳	113	
宣彪	馮翊	玄菟郡	建武	宣秉傳注引東觀記	268	
桓虞	馮翊	南陽	建武	章帝紀、朱暉記	191	
田威都	馮翊	武都郡	獻帝	風俗通十反篇	243	
寵勃	馮翊	魏郡	獻帝	御覽 444 及藝文類聚 33 引三輔決錄	140	
		河內郡			112	
郭典	馮翊	鉅鹿	中平	皇甫嵩傳	142	

姓名	籍貫	任職郡國	時間	資料來源	嚴表頁次	附註
游楚	馮翊	隴西郡	建安	魏志張既傳注引三輔決錄	240	
楊沛	馮翊	東平國	建安	魏志賈逵傳注引魏略	159	
		京兆尹			117	
嚴幹	馮翊	弘農郡	建安	魏志斐潛傳注引魏略	114	
張既	馮翊	京兆尹	建安	魏志既本傳	117	
殷濟	馮翊	漢陽郡	——	河水注	242	
馬員	扶風	上郡	莽末、建武初	馬援傳並注、河水注	256	
郭伋	扶風	左馮翊	更始末、建武	伋本傳	117	
		中山國			144	
		漁陽郡			265	
		潁川郡			124	
竇林	扶風	武威郡	莽末、更始	竇融傳、新唐書宰相世系表	246	
耿況	扶風	上谷郡	莽末、光武建武	耿弇傳、光武紀、寇恂傳、朱浮傳	264	
張湛	扶風	左馮翊	光武建武	湛本傳	117	
蘇竟	扶風	代郡	莽末、建武	竟本傳	263	
馬援	扶風	隴西郡	建武	援本傳、光武紀、廣韻 18 尤引風俗通、氏族典 350 引姓氏急就篇	239	
孔奮	扶風	武都郡	建武	奮本傳	243	
魯□	扶風	武陵	建武	魯恭傳	201	

姓名	籍貫	任職郡國	時間	資料來源	嚴表頁次	附註
馬棱	扶風	漢陽郡	永平、永元、永初	馬援傳	241	
		丹陽			209	
		會稽			213	
		河內郡			110	
		廣陵			174	
韋彪	扶風	魏郡	明帝、章帝	彪本傳	139	
魯恭	扶風	樂安國	明帝永平	恭本傳	182	
蘇純	扶風	南陽	永平	蘇竟傳	191	
耿秉	扶風	酒泉郡	明帝	耿恭傳	249	
公孫伯達	扶風	上黨郡	明帝	陶氏羣輔錄引三輔決錄	254	
杜敦	扶風	西河郡	明帝	新唐書宰相世系表	256	
秦彭	扶風	山陽郡	章帝	循吏彭本傳	162	
		穎川郡			125	
馬嚴	扶風	陳留郡	章帝	馬援傳附本傳、曹褒傳、東觀記	155	
魯丕	扶風	趙國	元和	丕本傳	149	
		東郡			157	
		陳留郡			155	
竇環	扶風	魏郡	永元	竇憲傳	140	
		穎川郡			125	
何敞	扶風	汝南	和帝	敞本傳	128	
耿夔	扶風	遼東郡	和帝、安帝	夔本傳、和帝紀、安帝紀、梁慬傳、南匈奴傳、東夷高句麗傳	267	
		五原郡			257	
		雲中郡			257	

姓名	籍貫	任職郡國	時間	資料來源	嚴表頁次	附註
魯謙	扶風	隴西郡	和、安	魯恭傳	239	
何□	扶風	蜀郡	中元	隸釋何君閣道碑	228	
法雄	扶風	南郡	安帝	雄本傳、胡廣傳、蜀志法正傳注引三輔決錄	194	
耿种	扶風	漢陽郡	延光	西羌傳、耿弇傳	241	弇傳、耿秉子沖為漢陽太守，當與羌傳為一人。今籍貫從弇傳。時代從羌傳。
曹成	扶風	齊國	安帝	列女班昭傳	186	
班雄	扶風	京兆尹	安帝	班超傳	115	
馬融	扶風	武都郡	順帝、桓帝	融本傳	243	
		南郡			195	
竇奉	扶風	定襄郡	順、桓	竇武傳	258	
耿援	扶風	河東郡	桓帝	耿弇傳並注引三輔決錄，傳作河陽守，錄作河東。	112	
蘇謙	扶風	金城郡	桓、靈	蘇章傳	244	
耿勳	扶風	武都郡	熹平	隸續勳本碑	243	
臧□	右扶風	魯國	獻帝	風俗通怪神篇	135	
蘇則	扶風	酒泉郡	建安	魏志則本傳	249	
		安定郡			245	
		金城郡			244	
		武都郡			243	

姓名	籍貫	任職郡國	時間	資料來源	嚴表頁次	附註
段熲	武威	遼東屬國	桓帝	熲本傳	269	
		穎川郡		熲本傳	126	
		河南尹				
法正	扶風	蜀郡	建安	蜀志正本傳、許靖傳	229	
龐迪	扶風	河南尹	建安	魏志邴原傳	109	
孫晨	三輔	鉅鹿	東漢初	北堂書鈔38引三輔決錄	142	
韋□	三輔	清河郡	明、章	韋彪傳補注引京兆舊事	147	
射登	三輔	蜀郡	漢末	廣韻40引三輔決錄、又見說郛卷59	229	
史敞	河東	京兆尹	順帝	史弼傳	116	
張時	河東	京兆尹	建安	魏志杜畿傳注引魏略	117	
斐潛	河東	代郡	建安	魏志潛本傳	264	
賈逵	河東	弘農郡	建安	魏志逵本傳	115	
		魏郡			141	
關羽	河東	襄陽	劉備時	蜀志羽本傳	196	
楊秉	弘農	河南尹	延熹、順帝	秉傳	107	
		任城國			159	
劉寬	弘農	東海	延熹、靈帝	隸釋寬本碑、寬本傳	169	
		南陽			192	
成瑨	弘農	南陽	延熹	續天文志、劉般傳、陳蕃傳、黨錮傳序、襄楷傳注引謝承書、隸	192	

姓名	籍貫	任職郡國	時間	資料來源	嚴表頁次	附註
				釋馮緄碑		
楊震	弘農	涿郡	安帝	震本傳	262	
		東萊郡			185	
楊彪	弘農	京兆尹	靈帝光和	彪本傳	116	
		潁川郡			126	
		南陽			193	
		京兆尹	獻帝		116	
楊奇	弘農	汝南	靈帝	楊震傳	129	
張猛	弘農	武威郡	建安	張奐傳、魏志龐淯傳注引典略	248	
楊統	弘農	金城郡	桓帝	隸釋統本碑	244	
楊讓	弘農	趙國	順帝	隸釋楊震碑	149	
		常山國			143	
梁湛	隴西	汝南	安帝	獨行繆肜傳	128	
董卓	臨洮	河東郡	中平	卓本傳	113	
趙融	隴西	右扶風	——	新唐書宰相世系表	120	
梁統	安定烏氏	酒泉郡	更始、建武	統本傳、竇融傳	248	
		武威郡			247	
		九江			207	
李恂	臨涇	張掖郡	和帝	恂本傳	248	
		武威郡			247	
梁冀	烏氏	河南尹	永和	冀傳、順帝紀	107	
梁不疑	烏氏	河南尹	永和	梁冀傳、張綱傳、皇甫規傳	107	
梁讓	安定	南陽	順帝	李固傳注引謝承書	191	
梁允	烏氏	河南尹	延熹	梁冀傳、桓帝紀、楊秉傳	107	
皇甫規	朝那	泰山郡	延熹	規本傳、楊秉傳	160	
		弘農郡			114	

姓名	籍貫	任職郡國	時間	資料來源	嚴表頁次	附註
皇甫節	朝那	雁門郡	桓帝	皇甫嵩傳	258	
皇甫嵩	朝那	北地郡	靈帝	嵩本傳	246	
傅育	北地	武威郡	章帝	續天文志、西羌傳	247	
傅燮	靈州	漢陽郡	中平	靈帝紀、傅燮傳	242	
王邑	涇陽	河東郡	獻帝	董卓傳、魏志杜畿傳及鍾繇傳注引魏略	113	
傅幹	北地	右扶風	建安	傅燮傳	120	
傅允	北地	弘農郡	東漢	新唐書宰相世系表	115	
☆黃雋	酒泉	武威郡	中平	蓋勳傳	247	
☆龐淯	酒泉	張掖居延屬國	建安	魏志淯本傳	251	
☆曹鳳	敦煌	北地郡	安帝	隸釋曹全碑、水經河水注	246	
☆蓋進	廣至	漢陽郡	安、順	蓋勳傳注引續漢書	241	
☆張惇	淵泉	漢陽郡	順、桓	張奐傳	241	
☆張奐	淵泉	安定屬國	桓帝	奐本傳、桓帝紀	251	
		武威郡			247	
☆蓋思齊	廣至	安定屬國	桓、靈	蓋勳傳注引謝承書	251	
☆蓋勳	廣至	漢陽郡	靈帝	勳本傳	242	
		河南尹			109	
		潁川郡			127	
☆蓋順	廣至	永陽郡	建安	蓋勳傳	242	
☆索湛	燉煌	北地郡	後漢	氏族典 527 引萬姓統譜	246	

姓名	籍貫	任職郡國	時間	資料來源	嚴表頁次	附註
李翁	漢陽 阿陽	安定屬國	延熹	皇甫規傳	251	
		武都郡			243	
□冑	漢陽	雲中郡	靈帝	隸釋魏元丕碑	258	
令狐子伯	太原	楚國	建武	列女王霸妻傳	172	
王允	祁人	河南尹	中平	允本傳、何進傳、魏志董卓傳注	109	
王澤	晉陽	代郡	靈帝	郭太傳	264	
		雁門郡			259	
溫恕	祁人	涿郡	靈帝	魏志溫恢傳	263	
郭蘊	太原	雁門郡	靈、獻	魏志郭淮傳注引郭氏譜	259	
王宏	太原	右扶風	獻帝	王允傳	120	
		弘農郡			114	
宋翼	太原	左馮翊	獻帝	王允傳	118	
王淩	祁人	中山國	建安	魏志淩本傳	145	
令狐邵	太原	弘農郡	建安末、終漢世	魏志倉慈傳並注	115	
孫存進	太原	安定郡	——	新唐書宰相世系表	245	
鮑永	上黨 屯留	魯郡	光武	鮑永本傳、列女鮑宣妻傳	134	
		東海			168	
鮑昱	屯留	汝南	永平	明帝紀、鮑永傳、方術高獲傳	127	
鮑得	屯留	南陽	明、章	法雄傳、鮑本傳	191	
陳龜	泫氏	五原郡	順帝	龜本傳、南匈奴傳	257	
		京兆尹			116	
仇□	上郡	朔方郡	桓帝	隸釋蒼頡廟碑	259	
賈詡	武威	左馮翊	初平	董卓傳、魏志詡本傳	119	
殷華	定陽	金城郡	靈帝	古文苑殷君本碑	244	

姓名	籍貫	任職郡國	時間	資料來源	嚴表頁次	附註
鮮于冀	西河	清河郡	建武	淇水注	147	
王季然	西河	北地郡	靈帝	郭太傳	246	
相里社	西河	濟陰郡	——	通志氏族略	164	
☆斐遵	雲中	敦煌郡	建武	西域傳、獻帝紀補注引世系	250	
☆斐岑	雲中	敦煌郡	永和	西漢金石記斐岑記功碑	250	
☆張楊	雲中	河內郡	初平、建安	董卓傳、魏志楊本傳	111	
☆張遼	雁門	魯國	建安	魏志遼本傳	135	

刺史

姓名	籍貫	任職州、司隸	時間	資料來源	嚴表頁次	附註
韋康	京兆	涼州	建安年間	魏志9夏侯淵傳卷10荀彧傳、卷25楊阜傳、蜀志6馬超傳	306	
韋端	京兆	涼州	建安十年或稍前	三輔決錄、魏志卷25楊阜傳	306	
趙岐	京兆 長陵	幷州	延熹年間	卷64岐本傳	307	
第五元	京兆	兗州	順桓之世	卷35鄭玄傳補注引玄別傳	294	鄭玄之師
趙□	京兆	涼州	延熹中	魏志18閻溫傳注引魏略	305	
嚴象	京兆	揚州	建安	魏志卷10荀彧傳並注引三輔決錄、卷15劉馥傳、吳志卷1孫策傳		
第五種	京兆 長陵	兗州	延熹	卷41種本傳、卷	294	

姓名	籍貫	任職州、司隸	時間	資料來源	嚴表頁次	附註
				67 黨錮苑康傳		
張既	馮翊 高陵	雍州	建安	魏志 15 既本傳	306	
宣秉	雲陽	司隸	建武	卷 27 秉本傳	284	
楊震	弘農 華陰	荊州	安帝初	卷 54 震本傳	299	
楊秉	華陰	荊州	順帝初、中葉	卷 54 秉本傳	299	
		兗州			294	
		徐州			295	
		豫州			290	
竇融	扶風 平陵	冀州	建武年間	卷 23 融本傳、卷 1 光武紀	291	
		涼州		卷 23 融本傳	304	
郭伋	扶風 茂陵	幷州	建武年間	卷 31 郭伋傳	306	
		涼州			304	光武即位時徵為雍牧
孟佗	扶風	涼州	靈帝建寧	三輔決錄、卷 88 西域傳	305	
楊叔恭	扶風 茂陵	兗州	建寧	濟水注引叔恭本碑	294	
董卓	隴西 臨洮	幷州	中平六年	卷 72 卓本傳、卷 71 皇甫嵩傳、魏志 6 卓傳注	307	
周慎	漢陽	豫州	桓帝	卷 9 獻帝紀、東觀記	290	
李恂	安定 涇	兗州	章帝末	卷 51 恂本傳	293	
皇甫嵩	安定 朝那	冀州	中平元、二年	卷 71 嵩本傳	292	
趙偉璋	天水	益州	靈帝	魏志卷 25 楊阜傳注引列女傳	304	
李傕	北地	司隸	初平三年	卷 72 董卓傳、魏志 6 董卓傳	289	
段熲	武威 姑臧	司隸	建寧三年末、延	卷 65 熲本傳、卷	288	

姓名	籍貫	任職州、司隸	時間	資料來源	嚴表頁次	附註
			熹五年	8 靈帝紀、卷 85 千乘王伉傳、卷 31 蘇章傳、卷 78 宦者曹節傳		
		幷州			307	
浩周	上黨	徐州	建安	吳志孫權傳注引魏略	296	
鮑永	上黨 屯留	司隸	建安十一年至十五年	卷 29 本傳、卷 26 侯霸傳	284	
		兗州	建安十五、六年	卷 29 眾本傳	293	
鮑昱	上黨 屯留	司隸	中平元年至永平五年	卷 29 永本傳、卷 26 侯霸傳	284	
王允	太原 祁	豫州	中平元年	卷 66 允本傳、魏志 6 董卓傳注引張璠漢記	290	
溫恢	祁	揚州	建安二十四年	魏志卷 15 恢本傳、卷 14 蔣濟傳	303	
溫益	祁	兗州	建武中	卷 81 獨行傳序並補注引世系	293	
呂布	五原 九原	徐州	興平中	卷 75 布本傳	296	
宋果	扶風	幷州	靈帝時	卷 68 郭太傳	307	
蘇章	扶風 平陵	幷州	順帝時	卷 31 本傳	307	
		冀州			292	
法雄	扶風 郿人	青州	安帝永初四年	卷 38 雄本傳	297	
魯丕	扶風 平陵	青州	章帝建初	卷 25 魯丕傳	297	
宋梟	扶風	涼州	中平	卷 58 蓋勳傳	305	
敬韶	河東	揚州	光和四年	吳表引金石錄及姓苑	302	
薛季像	河東	兗州	熹平四年	濟水注引季像本碑	294	
斐潛	河東 聞喜	兗州	建安二十四年	魏志 23 潛本傳、卷 15 溫恢傳	295	

西漢巴蜀漢中人士任守相刺史表

姓名	籍貫	任職郡國	時間	資料來源	嚴表頁次	附註
錫光	漢中人	交阯	平帝時	後漢書循吏錫光傳	98	
趙衍	漢中人	河間	漢高祖時	高祖功臣侯表	36	
文齊	廣漢	益州	平帝末	常璩梓橦士女志	74	
楊季	巴郡 江州	廬江	武帝元鼎	揚雄傳	67	
徐誦	巴郡 閬中	京兆尹		華陽志士女目錄	12	
陳立	蜀郡 臨邛	天水	成帝河平	西南夷傳	78	
		巴郡			73	
		牂柯			74	
何武	蜀 郫縣	清河	成帝元延、永始	武傳	34	
		沛郡			28	
		京兆尹			11	

刺史

姓名	籍貫	任職州、司隸	時間	資料來源	嚴表頁次	附註
何武	蜀 郡郫	兗州	成帝	武本傳	280	
		司隸校尉			278	
		揚州			281	
張寬	蜀人	揚州	武帝	華陽蜀郡士女志	281	
楊宣	蜀郡 什邡	交州	成帝	廣漢士女志	283	
趙宏	巴郡 閬中	涼州	元成之世	華陽志士女目錄	282	
楊莽	犍為 武陽	揚州	西漢末	華陽蜀郡士女志	281	

東漢巴蜀漢中人士任守相剌史表

姓名	籍貫	任職郡國	時間	資料來源	嚴表頁次	附註
錫光	漢中 西城	交阯郡	平帝、建武	循吏光本傳、岑彭傳	274	
李法	南鄭	汝南	安帝	法本傳、漢中士女志	128	
李固	南鄭	泰山郡	順帝	固本傳、杜喬傳、崔駰傳	160	
李燮	南鄭	安平國	靈帝	燮本傳	146	
		河南尹			109	
張則	南鄭	桂陽	靈帝	漢中士女志	200	
		魏郡			140	
		牂柯郡			231	
		右扶風			120	
趙瑤	南鄭	蜀郡	靈帝	華陽蜀志、漢中士女志	229	
		右扶風			120	
		廣漢郡			227	
張琰	南鄭	梁國	中平	漢中士女志	130	
陳雅	成固	巴郡	靈帝	漢中士女志	224	
費詩	南安	牂柯郡	與朗相先後	蜀志詩本傳	231	
楊洪	武陽	蜀郡	建安	蜀志洪本傳、華陽蜀志	229	
吳順	僰道	永昌郡	——	犍為士女志	234	
長貴	越雟 邛族	越雟郡	更始、建武	西南夷傳、光武紀	231	
尹貴	牂柯 夜郎	彭城	漢末	華陽國志南中志	173	
		巴郡			224	
高頤	益州 州郡	益州郡	建安	隸釋高頤碑	233	

姓名	籍貫	任職郡國	時間	資料來源	嚴表頁次	附註
何祗	益州	廣陵	——	說郛67引益都耆舊傳	174	
程畿	巴西	江陽郡	劉璋時	蜀志楊戲傳季漢輔臣贊注	231	
郝普	義陽	零陵	建安	吳志孫權傳、蜀志楊戲傳季漢輔臣贊注	199	
魏延	義陽	漢中郡	——	蜀志延本傳	222	
劉邕	義陽	江陽郡	先主定蜀後	蜀志楊戲傳季漢輔臣贊注	231	
樊敏	漢中	巴郡	初平中	隸釋本傳	224	
		漢中郡			222	
程基	漢中	南郡	——	漢中士女志	195	
陳綱	成固	弘農郡	東漢	漢中士女志	115	
趙宣	南鄭	犍為郡	——	漢中士女志	230	
文齊	廣漢梓橦	犍為屬國	平帝	梓橦士女志，見說郛卷58	235	
		益州郡			232	
王卿	廣漢	犍為郡	建武中	廣漢士女志	230	
文屯	梓橦	北海郡	建武中	梓橦士女志	180	
文參	梓橦	蜀郡	東漢初	隸釋高聯脩周公禮殿記	228	
鄭純	廣漢	益州郡	明帝	華陽南中志	232	
		永昌郡			233	
郭賀	雒人	河南尹	永平	蔡茂傳、華陽志	105	
王順	郫人	安定郡	章帝	循吏王渙傳	245	

姓名	籍貫	任職郡國	時間	資料來源	嚴表頁次	附註
王堂	郪人	巴郡	安帝、順帝	堂本傳、華陽巴志	223	
		右扶風			119	
		魯國			134	
		汝南			128	
翟酺	雒	京兆尹	延光、順帝	酺本傳	115	
		酒泉郡			249	
蔡弓	廣漢雒人	廬江	安、順	廣漢士女志	211	
李尤	雒人	樂安國	順帝	文苑尤本傳、廣漢士女志	183	
馮顥	郪人	越巂郡	順、桓	西南夷傳、廣漢士女志	232	
景毅	梓橦	益州郡	桓帝	西南夷傳、華陽南中志、梓橦士女志	233	
董扶	綿竹	蜀郡屬國	靈帝	方術扶本傳、蜀志劉焉傳	234	
劉寵	綿竹	牂柯郡	靈、獻	華陽南中志、廣漢士女志	231	
王商	廣漢	蜀郡	建安	王堂傳、蜀志許靖傳注引益州耆舊傳	229	
成存	廣漢	江陽郡	建安	華陽蜀志	230	
寇祺	梓橦	濟陰郡	——	華陽國志士女目錄	164	
雍勸	廣漢	趙國	漢末	隸釋勸本碑、碑錄	150	
□叔林	廣漢	東郡	——	孫志祖謝氏後漢書補逸	158	

姓名	籍貫	任職郡國	時間	資料來源	嚴表頁次	附註
王阜	蜀郡 成都	益州郡	章帝	西南夷傳、華陽南中志、蜀郡士女志	232	
張霸	成都	會稽	成都	霸本傳、益都耆舊傳、蜀郡士女志	213	
趙戒	成都	河南尹	永建	李固傳注引謝承後漢書	106	
		南陽			191	
		河間國			147	
任循	成都	長沙	順帝	梁冀為大將軍	202	
任昉	成都	梁國	桓帝	蜀郡士女志	130	
		魏郡			140	
		平原國			181	
趙典	成都	弘農郡	桓帝	典本傳	114	
		右扶風			119	
任岐	蜀郡	犍為郡	獻帝	劉焉傳、蜀志焉傳	230	
審長賓	郫人	益州郡	獻帝	隸續高聯石室題名	233	
王咸	蜀郡	巴郡	獻帝	華陽志劉二牧志	224	
常洽	江原	京兆尹	靈、獻	蜀士女志	116	
任嘉	蜀人	長沙	獻帝	御覽259引風俗通	202	
□規	蜀郡 成都	安定郡	靈帝	隸續劉寬故吏題名碑	245	
王謀	蜀郡屬國漢嘉	巴郡	建中	蜀志楊戲傳季漢輔臣贊注	225	

姓名	籍貫	任職郡國	時間	資料來源	嚴表頁次	附註
張肅	蜀郡	廣漢郡	建安	劉焉傳、蜀志劉璋傳、華陽國志劉二牧志	227	
何宗	蜀郡 郫人	犍為郡	建安中	蜀志楊戲傳季漢輔臣贊注	230	
杜伯特	蜀郡	武陵	獻帝	隸續高聯石室題名、華陽國志蜀志	201	
金□	蜀人	鉅鹿	——	韓釋鉅鹿太守金君闕	143	
朱辰	蜀人	巴郡	——	華陽蜀志	224	
張裔	蜀郡 成都	巴郡	劉備定蜀後任	蜀志裔本傳	225	
張化	蜀郡	永昌郡	與鄭純並為永昌名守	華陽南中志	234	
張翕	巴郡 安漢	越雋郡	明帝	西南夷傳、華陽志士女目錄	232	
陳禪	安漢	漢中郡	永初	禪本傳、漢中志	222	
		左馮翊			118	
		遼東郡			267	
玄賀	岩渠	九江	章帝	第五倫傳並注引東觀記	207	
		沛國			131	
張瑤	安漢	越雋國	安帝	西南夷傳、華陽志士女目錄		
陳澄	安漢	漢中郡	安、順	陳禪傳、漢中志、漢中士女志	222	
馮緄	岩渠	廣漢蜀郡	順、桓	緄本傳	234	
		隴西郡			240	
		京兆尹			116	

姓名	籍貫	任職郡國	時間	資料來源	嚴表頁次	附註
馮緄		遼東郡			268	
		河南尹			108	
謁煥	江州	汝南	順、桓	方術廖扶傳、華陽國志士女目錄、廣韻十月引風俗通	128	
丁魴	巴郡	廣漢郡	桓帝	隸釋魴本碑	226	
		蜀郡屬國			234	
馮含	巴人	隴西郡	桓帝	華陽巴志	240	
陳弘	巴郡	上谷郡	桓帝	華陽巴志	264	
李顒	巴郡	益州郡	熹平	靈帝紀、西南夷傳、華陽南中志	233	
龔揚	墊江	巴郡	漢末	華陽志士女目錄	224	
李溫	巴郡	桂陽	靈帝	潛水注、華陽國志士女目錄	200	
沈稚	巴郡	永昌郡	與鄭純並稱永昌名守	華陽南中志	234	
陳宏	安漢	上庸郡	——	華陽志士女目錄	223	
黎景	墊江	日南郡	——	華陽志士女目錄	275	
然溫	江州	桂陽	——	華陽國志士女目錄	200	
趙宴	安漢	魏郡	——	華陽國志士女目錄	141	
費貽	犍為 南安	合浦郡	建武	獨行譙玄傳、犍為士女志	274	
趙松	武陽	上黨郡	明帝	犍為士女志	255	
張皓	武陽	彭城	永寧	皓本傳、蜀志張翼傳注引益部耆舊傳、犍為士女志	173	

姓名	籍貫	任職郡國	時間	資料來源	嚴表頁次	附註
張綱	武陽	廣陵	順帝	綱本傳、順帝紀、三國蜀志張翼傳注引續漢書、華陽蜀志	174	
王升	武陽	漢中郡	桓帝	隸釋石門頌	222	
楊淮	武陽	山陽郡	桓帝	隸續淮本碑	162	
		河南尹			108	
		金城郡			244	
		任城國			160	
		河東郡			112	
趙旂	資中	弘農郡	桓帝	犍為士女志	114	
		甘陵國			148	
楊弼	武陽	下邳國	桓、靈	隸續楊淮傳	175	
錫光	漢中 西城	交阯郡	平帝、建武	循吏光本傳、岑彭傳	274	
李法	南鄭	汝南	安帝	法本傳、漢中士女志	128	

刺史

姓名	籍貫	任職州、司隸	時間	資料來源	嚴表頁次	附註
李法	漢中南鄭	司隸	安順之世	漢中士女志	286	
張琰	漢中南鄭	青州	靈帝末葉	漢中士女志	297	
李固	漢中南鄭	荊州	永和	卷63固本傳	299	
張則	漢中南鄭	涼州	靈帝	漢中士女志	306	
郭賀	廣漢洛	荊州	建武末至明帝	卷26蔡茂傳、益都耆舊傳	299	
		司隸			284	
王渙	郪	兗州	和帝	卷76循吏渙本傳、廣漢士女志	294	

姓名	籍貫	任職州、司隸	時間	資料來源	嚴表頁次	附註
鐔顯	郪	豫州	安帝	卷76循吏王渙傳、廣漢士女志	289	
常洽	蜀郡江原	荊州	靈獻之際	蜀郡士女志	300	
任昉	成都	司隸	桓帝末	蜀郡士女志	287	
任愷	成都	徐州	桓帝中	蜀郡士女志	296	
趙戒	成都	荊州	順帝初或中葉	卷63李固傳注引謝承書	299	
龔調	巴郡安漢	荊州		華陽士女目錄	300	
龔榮	巴郡墊江	荊州		華陽巴志	300	
陳禪	巴郡安漢	司隸	延光四年	卷51禪本傳、卷52崔瑗傳、卷58虞詡傳、華陽巴志	286	
馮煥	巴郡宕渠	幽州	安帝建光中	安帝紀、卷38馮緄傳、卷85東夷傳	308	
		豫州	元初六年	隸釋13馮煥神道、卷15賜煥詔	289	
馮緄	巴郡宕渠	司隸	桓帝中葉	卷38緄本傳	286	
嚴遵	巴郡閬中	揚州	漢末（吳表在順帝世）	華陽巴志、士女目錄	303	
嚴羽	巴郡閬中	徐州		華陽志士女目錄	296	
張方	犍為武陽	冀州	靈帝初	華陽志、張綱傳	292	
		豫州	桓、靈	犍為士女志	290	
楊彌	犍為	冀州	桓靈之際	隸續11楊淮碑	292	
楊淮	犍為漢安	司隸	桓帝	隸續11淮本碑、犍為士女志	287	
楊渙	犍為武陽	司隸	安帝	隸釋4石門頌、華陽志	285	
尹珍	牂柯母歛	荊州	桓、靈	卷86西南夷傳、華陽南中志	300	

西漢荊揚二州人士任守相刺史表

姓名	籍貫	任職郡國	時間	資料來源	嚴表頁次	附註
劉外	零陵冷道	鬱林	西漢中	後漢書光武紀	98	
文翁	廬江舒	蜀郡	景帝末	循吏文翁傳	72	
朱邑	廬江舒	北海	宣帝地節四年遷	公卿表、循吏朱邑傳	57	
何壽	廬江，徙扶風平陵	蜀郡	元帝時	何武傳	73	
嚴望	九江	泰山	成帝末	朱雲傳	42	
沈弘	九江壽春	南陽	昭宣時	宋書沈約自序	62	
召信臣	九江壽春	南陽		公卿表、地理志、循吏信臣本傳	62	
		零陵	元帝初	循吏信臣傳	64	
		河南	元帝竟寧元年遷	公卿表、循吏信臣傳	21	
沈靖	九江壽春	濟陰	西漢末	宋書沈約自序、新唐書宰相世系表	42	
沈勗	九江壽春	河內	宣帝時	宋書沈約自序	23	
番係	九江	河東	武帝元朔四年	公卿表	22	
		右內史	武帝元光五年	公卿表	8	
孫幸	會稽	珠崖	武帝末	後漢書南蠻傳	99	
孫豹	會稽	珠崖		後漢書南蠻傳	99	
孫福	會稽富春	太原	王莽時	新唐書宰相世系表	84	
嚴助	會稽吳人	會稽	武帝建元六年或元光元年	助傳	68	
孫詢	會稽富春	安定	元、成	新唐書宰相世系表	79	
朱買臣	會稽吳	會稽	元朔六年	公卿表、買臣本傳	68	
朱山拊	會稽	右扶風	宣帝本始四年	公卿表、朱買臣傳	17	
		六安		公卿表	69	
陸恭	會稽吳	京兆尹		新唐書宰相世系表	12	

姓名	籍貫	任職郡國	時間	資料來源	嚴表頁次	附註
嚴詡	丹陽陵陽	潁川	哀帝	何並傳	27	

刺史

姓名	籍貫	任職州、司隸	時間	資料來源	嚴表頁次	附註
鄭□	會稽山陰	兗州	昭帝時	後漢書鄭宏傳注引謝承書	280	

東漢荊揚二州人士任守相刺史表

姓名	籍貫	任職郡國	時間	資料來源	嚴表頁次	附註
胡寵	南郡 華容	交趾郡	永平	夏水注（參看胡廣傳）	274	
胡廣	華容	汝南	陽嘉、永和	廣本傳	128	
		濟陰郡			163	
任允	編	桂陽	延熹	桓帝紀、續天文志、度尚傳、隸續任伯嗣碑並洪氏跋	200	
秦頡	郤	南陽	中平	靈帝紀、朱儁傳、羊續傳、襄陽耆舊傳	193	
董和	枝江	巴東屬國	建安	蜀志和本傳	235	
蒯越	中盧	章陵	建安	魏志劉表傳注	194	
鄧方	南郡	犍為屬國	建安	蜀志楊戲傳季漢輔臣贊注、華陽南中志	235	
向朗	宜城	牂柯郡	建安	蜀志朗本傳	231	
霍峻	枝江	梓橦郡	建安	蜀志峻本傳、華陽漢中志	227	
輔匡	襄陽	巴郡	與張裔先後	蜀志楊戲傳季漢輔臣贊注	225	
穀思	穀城	魯國		通志氏族略	135	
董和	枝江	益州郡	東漢末年	蜀志和本傳	233	
劉曜	零陵	蒼梧郡	桓帝	蜀志劉巴傳注引零陵先賢傳	273	
劉祥	零陵	江夏	獻帝	蜀志劉巴傳注引零陵先賢傳	197	
黃蓋	零陵	武陵	建安	吳志本傳	201	

姓名	籍貫	任職郡國	時間	資料來源	嚴表頁次	附註
劉先	零陵	武陵	建安	蜀志劉表傳注引零陵先賢傳	201	
胡紹	桂陽	零陵	安帝	楚國先賢傳	198	
		九真郡			275	
威□	武陵	九江	獻帝	風俗通愆禮篇	208	
康立	武陵	固陵郡	建安	華陽巴志	226	
廖立	武陵	長沙	建安	蜀志立本傳	203	
		巴郡			225	
祝良	長沙	九真郡	順帝	順帝紀並注引續漢書、南蠻傳	275	
吳巨	長沙	蒼梧郡	建安`	吳志士燮傳、浪水注引王氏交廣春秋	273	
桓階	長沙	趙郡	建安	魏志階本傳	150	
向朗	襄陽	巴西郡	劉備時	蜀志朗本傳	225	
習溫	襄陽	長沙		說郛56襄陽耆舊傳	203	
黃香	江夏	魏郡	安帝	文苑香本傳、黃瓊傳	140	
黃瓊	江夏	魏郡	順帝至桓帝	瓊本傳	140	
劉焉	江夏	南陽	熹平	焉本傳	193	
黃琬	江夏	右扶風	中平	琬本傳	120	
張遼	江夏	桂陽	獻帝	風俗通怪神篇	200	
李通	江夏	汝南	建安	魏志通本傳	129	
劉辯	廣陵	清河國	順帝	劉瑜傳	148	
臧旻	射陽	丹陽	熹平	魏志臧洪傳注引謝承後漢書	209	
		太原郡			255	
		中山國			145	

姓名	籍貫	任職郡國	時間	資料來源	嚴表頁次	附註
陳導	廣陵	河南尹	後漢末	河水注引夷齊廟碑	109	
徐璆	廣陵	任城國	靈、獻	魏志武帝紀注引先賢行狀	160	
		汝南			129	
		東海			169	
臧洪	射陽	東郡	袁紹所任	洪本傳	158	
陳矯	東陽	魏郡	建安中	魏志矯本傳	141	
		平原			182	
徐宣	廣陵	齊郡	建安	魏志宣本傳	186	
		魏郡			141	
呂岱	廣陵 海陵	廬陵	建安末	吳志岱本傳	217	
劉景宗	廣陵	山陽郡	漢末	方術華佗傳注引佗別傳	163	
周紆	下邳徐人	齊國	永平	酷吏紆本傳	186	
		渤海			151	
趙興	下邳	潁川郡	章帝	郭鎮傳、東觀記	125	
陳亹	淮浦	廣漢郡	安帝	陳球傳、隸釋陳球碑	226	
趙安世	下邳	魯國	和帝	郭鎮傳、東觀記、趙興傳	134	
徐盛	良城	河內郡	桓帝	宦者單超傳	111	
陳球	淮浦	零陵	桓、靈	球本傳、桓帝紀、度尚傳	198	
		河南尹			108	
		魏郡			140	
		南陽			192	
陳瑀	淮浦	吳郡	桓、靈	陳球傳	215	
徐參	良城	吳郡	桓末	黨錮陳翔傳	215	

姓名	籍貫	任職郡國	時間	資料來源	嚴表頁次	附註
周憬	下邳	桂陽	靈帝	隸釋周憬功銘	200	
衛□	下邳	涿郡	靈帝	全後漢文卷82鄺炎集遺令篇	263	
陳珪	淮浦	濟北國	靈帝	陳球傳注引謝承書	161	
		沛國			132	
陳登	淮浦	下邳國	建安	魏志呂布傳注引先賢行狀	176	
		廣陵			174	
李暠	下邳	汝南	桓帝中	宦官單超傳	128	
周榮	盧江舒	穎川郡	和帝	榮本傳	125	
		山陽郡			162	
周景	舒	河內郡	順、桓	景本傳	111	
范□	龍舒	吳郡	中平	外黃令高君碑並洪氏跋	215	
周瑜	舒	南郡	建安	吳志瑜本傳、孫權傳	195	
召馴	九江壽春	陳留郡	建初、元和	儒林馴本傳	155	
		河南尹			106	
夏勤	九江	零陵	和、安	樊宏傳	198	
陸宏	會稽吳縣	穎川郡	建武	獨行陸續傳補注引謝承書	125	
鍾離意	山陰	魯國	明帝	意本傳、泗水注	134	
焦貺	會稽	河東郡	明帝	鄭宏傳	112	
鄭宏	山陰	淮陽郡	明帝	宏本傳誤作淮陽太守，黃山校補考為淮陽是也	133	
		平原郡			181	
謝夷吾	山陰	鉅鹿	章帝	方術夷吾傳	142	

姓名	籍貫	任職郡國	時間	資料來源	嚴表頁次	附註
沈豐	會稽	零陵	章帝	書鈔74引謝承書、東觀記、宋書自序	198	
陸稠	吳人	廣陵	章帝	獨行陸續傳	174	
許荊	陽羨	桂陽	章、和	循吏荊本傳	199	
陸逢	吳人	樂安國	和、安	獨行陸續傳	182	
顧奉	會稽	潁川郡	安帝	張霸傳、吳志顧雍傳	125	
嚴純	會稽	江夏	安帝	吳志賀齊傳注引虞預晉書	197	
黃昌	餘姚	河內郡	永和	酷吏昌本傳	111	
		蜀郡			228	
		潁川郡			125	
		陳國			133	
孟嘗	上虞	合浦郡	順帝	循吏嘗本傳	274	
魏朗	上虞	河內郡	桓、靈	靈帝紀黨錮傳序、朗本傳	111	
陳修	會稽	豫章	桓、靈	說郛58會稽先賢傳	216	
駱俊	烏傷	陳國	獻帝	陳王羨並注引謝承書、吳志駱統傳	134	
沈□	烏程	梁國	靈帝	隸釋孔耽碑	130	
周昂	會稽	九江	初平中	吳志孫堅傳	208	
韓說	山陰	江夏	靈帝	方術說本傳	197	
朱儁	上虞	河內郡	中平末、初平	儁本傳	111	
		河南尹			109	
楊璇	烏傷	零陵	靈帝	璇本傳	198	
		渤海			151	

姓名	籍貫	任職郡國	時間	資料來源	嚴表頁次	附註
賀齊	山陰	新都	建安	吳志齊本傳	210	
王晟	嘉興	合浦郡	靈帝末	吳志孫策傳注引吳錄	274	
韓崇	吳郡毗陵	汝南	明帝	周磐傳並補注引陶宏景書	127	
沈景	吳郡	河間國	順帝	河間王開傳、沈約宋書自序	146	
嫣昆	餘杭	南郡	順、桓	廣韻五支引風俗通義、竇武傳補注引謝承書	195	
費汎	吳人	梁國	桓帝	隸釋費汎本碑、費風碑、風別碑	130	
費政	吳人	九江	桓帝	隸釋費風碑、費風別碑、費汎碑	208	
陸康	吳郡吳人	武陵	靈帝	康本傳	201	
		桂陽			200	
		廬江			211	
		樂安郡			183	
孫堅	富春	長沙	靈帝	靈帝紀、劉表傳、吳志堅本傳	202	
蘇代	吳人	長沙	獻帝	魏志劉表傳注引司馬彪戰略	202	
孫輔	吳人	廬陵	興平	吳志孫策傳、輔本傳	217	
孫策	富春	會稽	興平中	吳志策本傳	214	
吳景	吳人	丹陽	興平、建安	吳志孫策傳、妃嬪傳	209	
		丹陽			210	
		廣陵			174	

姓名	籍貫	任職郡國	時間	資料來源	嚴表頁次	附註
孫貴	吳人	豫章	興平	吳志孫策傳、貴本傳	217	
孫權	富春	會稽	建安	吳志權本傳	214	
孫翊	吳人	丹陽	建安	吳志翊本傳	210	
孫瑜	吳人	丹陽	建安	吳志瑜本傳、孫權傳	210	
顧邵	吳郡吳人	豫章	建安	吳志顧邵傳、呂蒙傳	217	
陸續	吳人	鬱林郡	建安末	吳志續本傳	273	
左恢	曲阿	會稽		氏族典435引萬姓統譜	214	
徐祖	吳郡	長沙		孫志祖謝氏後漢書補逸卷二輯自書鈔92藝文類聚80及御覽871	203	
甘□	丹陽	蒼梧郡	沖質之世	魏志陶謙傳注引吳書	273	
抗徐	丹陽	長沙	桓帝	桓帝紀、度尚傳	202	
張磐	丹陽	盧江	延熹	度尚傳、陶謙傳	211	
陳紀	丹陽	九江	興平	吳志孫策傳	208	
朱治	丹陽故鄣	吳郡	興平	吳志治本傳、孫策傳	215	
陳重	豫章宜春	會稽	順帝	獨行重本傳	213	
雷授	鄱陽	蒼梧郡	順、桓	獨行雷義傳	272	
張載	豫章	廣陵		說郛67豫章古今紀	174	
羊茂	豫章	東郡		書鈔74謝承後漢書、說郛67豫章古今紀	157	

姓名	籍貫	任職郡國	時間	資料來源	嚴表頁次	附註
☆士賜	蒼梧廣信	日南郡	桓帝	吳志士燮傳	275	
☆士燮	廣信	交阯郡	靈帝	吳志燮本傳	275	
☆士䵋	廣信	九真郡	建安	吳志燮傳	275	
☆士武	廣信	南海郡	建安	吳志士燮傳	272	
☆士壹	廣信	合浦郡	建安	吳志士燮傳	274	

刺史

姓名	籍貫	任職州、司隸	時間	資料來源	嚴表頁次	附註
臧洪	廣陵射陽	青州		卷58臧洪傳、魏志刁洪傳	297	
呂岱	海陵	交州	建安末	吳志15岱本傳	310	
臧旻	射陽	揚州	靈帝熹平元年	卷8靈帝紀、卷31陸康傳、卷58臧洪傳	302	
徐璆	海西	荊州	中平元年	卷48璆本傳	300	
趙峻	下邳徐	司隸		卷6順紀、犍為士女志	286	
趙安	徐	司隸	靈帝	郭鎮傳	288	
趙興	下邳	司隸	章帝	郭鎮傳	285	
周紆	徐	司隸	永元五年	卷77酷吏紆本傳	285	
繁仲星	南郡襄陽	青州		襄陽耆舊傳	298	
李□	襄陽	益州		兩漢金石記卷12、李孟初本傳	303	
劉璋	江夏竟陵	益州	獻帝興平元年至建安十九年	卷75劉焉傳、蜀志璋本傳	304	
張遼	江夏	兗州	順帝	吳表引風俗通	294	
劉焉	江夏竟陵	益州	中平末至興平元年	卷75本傳	304	
		冀州	中平中	蜀志焉本傳	292	

姓名	籍貫	任職州、司隸	時間	資料來源	嚴表頁次	附註
黃琬	江夏安陸	豫州	中平中	卷61琬本傳、卷9獻帝紀、卷75劉焉傳、魏志8公孫瓚傳注引英雄記	290	
		青州	靈帝光和末	卷61本傳	297	
		司隸	初平三年被殺	卷9獻帝紀、卷61琬本傳	289	
祝良	長沙	幷州	永和	卷86南蠻傳	307	
		涼州			305	
劉囂	長沙	司隸	桓帝末	卷7桓紀、風俗通	287	
公孫松	會稽	司隸	和、安之際	卷36張霸傳	285	
揚扶	會稽烏傷	交州	順桓之世	卷38楊璇傳	309	
朱儁	會稽上虞	交州	光和元年	靈帝紀、卷71朱儁傳、卷86南蠻傳	310	
陸稠	會稽吳	荊州	章帝	卷81獨行陸續傳補注引世子	299	
李封	會稽	青州	光武	御覽254引謝承書	296	
謝夷吾	會稽山陰	荊州	章帝	卷82方術夷吾本傳	299	
周景	廬江舒	豫州	桓帝	卷45景本傳，卷51橋玄傳、卷66陳蕃傳	290	
夏方	九江	交州		沖帝紀、卷86南蠻傳	309	
召休	九江壽春	青州	安帝	卷79儒林召馴傳	297	

姓名	籍貫	任職州、司隸	時間	資料來源	嚴表頁次	附註
孫堅	吳郡	豫州	初平中	卷75袁術傳、吳志1孫堅傳	291	
孫權	吳	荊州	建安	吳志2權本傳	301	
陶謙	丹陽	幽州	靈帝	魏志謙本傳	308	
張磐	丹陽	交州	延熹	卷38度尚傳	310	

參考書目

（依作者之 Wade – Giles 次序排列）

史籍

1. 常璩：華陽國志（四部備要本。上海 中華書局據顧校廖刻本刊。）
   又參劉琳：華陽國志校注（成都：巴蜀書社出版，1984 年。）

2. 陳壽：三國志（北京：中華書局標點本，1959 年。）參殿本、百
   衲本。又參盧弼三國志集解（藝文本）。

3. 春秋三傳（台灣 啟明書局景印粹芬閣藏本，1953 年再版）

4. 中央研究院歷史語言研究所藏金石拓本。

5. 廿五史補編（開明輯印，1967 年台 2 版）。

6. 范曄：後漢書（北京：中華書局標點本，1965 年。）參王先謙集
   解。參殿本、百衲本。

7. 房玄齡等：晉書（北京：中華書局標點本，1974 年。）參殿本、
   百衲本。又參吳士鑑、劉承幹晉書斠注（藝文本）。

8. 蕭統：昭明文選（台北：藝文影印本，1971 年。）

9. 蕭子顯：南齊書（北京：中華書局標點本，1972 年。）

10. 徐天麟：西漢會要（歷代會要第一期書第二冊。台北：世界書局，
    1963 年二版。）

11. 徐天麟：東漢會要（歷代會要第一期書第三冊。台北：世界書局，
    1963 年二版。）

12. 徐文範：東晉南北朝輿地表（廣雅叢書本）

13. 荀悅：前漢紀（四部叢刊本）

14. 桓寬：鹽鐵論（四部備要本，上海 中華書局據張氏考證本校刊）

15. 洪邁：容齋隨筆（北京：中華書局標點本，2005 年。）

16. 洪亮吉：補三國疆域志（廣雅叢書本）

17. 葛洪：抱朴子（四部備要本。上海 中華書局據平津館本校刊）

18. 顧祖禹：讀史方輿紀要（廣雅書局刊）

19. 公孫鞅：商子（四部叢刊本）

20. 李昉等：太平御覽，1000 卷（北京：中華書局影印宋本，1963 年。）

21. 李百藥：北齊書（北京：中華書局標點本，1972 年。）

22. 酈道元：水經注（台北：世界書局，1962 年。）

23. 李延壽：南史（北京：中華書局標點本，1975 年。）

24. 李延壽：北史（北京：中華書局標點本，1974 年。）

25. 令狐德棻：周書（北京：中華書局標點本，1971 年。）

26. 劉珍等：東觀漢記（四部備要本。台北：中華書局，1965 年。）

27. 劉向：戰國策（上海：古籍出版社，1978 年。參四部備要本。）

28. 劉義慶：世說新語（楊勇校箋本。台北：明倫出版社，1970 年。）

29. 歐陽詢：藝文類聚，100 卷，明刊小字本。

30. 班固：漢書（北京：中華書局標點本，1962 年。王先謙補注。參
    殿本、百衲本。）

31. 沈約：宋書（北京：中華書局標點本，1974 年。）

32. 司馬遷：史記（北京：中華書局標點本，1962 年。參殿本、百衲
    本、史記會注攷證。）

33. 孫楷著，施之勉、徐復補訂：秦會要（台北：中華叢書委員會出版，
    1956 年。）

34. 宗懍：荊楚歲時記（四部備要本。上海 中華書局據漢魏叢書本校刊。）

35. 王謨（輯）：漢唐地理書鈔（北京：中華書局影印本，1961 年。）

36. 王應麟：困學紀聞（四部備要本）

37. 王應麟：通鑑地理通釋（叢書集成初編本，1936 年。）

38. 魏徵等：隋書（北京：中華書局標點本，1973 年。）

39. 魏收：魏書（北京：中華書局標點本，1974 年。）

40. 應劭：風俗通義（王利器校注本。台北：漢京文化，2004 年。）

41. 楊衒之撰，周祖謨校釋：洛陽伽藍記校釋（香港：中華書局，1976
    年港版。）又參四部備要本。上海 中華書局據吳刻本校刊。

42. 姚思廉：梁書（北京：中華書局標點本，1973 年。）

43. 姚思廉：陳書（北京：中華書局標點本，1972 年。）

44. 嚴可均：全上古三代秦漢三國六朝文（北京：中華書局影印本，1958 年。）

45. 魚豢：魏畧（張鵬一輯，關隴叢書本）

46. 虞世南：北堂書鈔，160 卷（台北：文海影印本，1962 年。）

47. 袁宏：後漢紀（四部叢刊本）

專著及論文

1. 張琦：戰國策釋地（光緒庚子廣雅書局刊本，廣州局本，會稽章氏式訓堂刻本，新陽趙三益刻本）

2. 陳槃：「春秋列國的交通」，中央研究院歷史語言研究所集刊，第 37 本下冊（1967 年 6 月），pp.881~932。

3. 陳寅恪：「述東晉王導之功業」，中山大學學報，1956 年第 1 期，pp.163~175。

4. 陳寅恪：「東晉南朝之吳語」，中央研究院歷史語言研究所集刊，第七本第一分，1936.12

5. 齊思和：「燕、吳非周封國說」，燕京學報，28 期（1940 年）

6. 錢穆：「周初地理考」，燕京學報，10 期（1931 年）又史記地名考香港 龍門，1968。

7. 金發根：永嘉亂後北方的豪族（台北：臺灣商務印書館，1964 年）

8. 金發根：「王符生卒年歲的考證及潛夫論寫定時間的推論」，中央研究院歷史語言研究所集刊，第 40 本下冊（1969 年 11 月），pp.781~800。

9. 金發根：「王導：一個與東晉立國關係極鉅之政治家」，香港大學東方文化第 14 卷第一期，1976.1

10. 金寶祥：「漢末至南北朝南方蠻夷的遷徙」，禹貢，5 卷 12 期（1936 年），pp.17~20。

11. 周振鶴：西漢政區地理（北京：人民出版社，1987 年）

12. 周漢高撰輯：顏氏家訓彙注（中央研究院歷史語言研究所專刊之 41。台聯國風出版社，1960 年初版，1975 年再版）

13. 周祖謨校、吳曉玲編：方言校箋及通檢（科學出版社，1956 年）

14. 屈萬里：「論禹貢著成的年代」，中央研究院歷史語言研究所集刊，第 35 本（1964 年 9 月），pp.53~86。

15. 全漢昇：唐宋帝國與運河（中央研究院歷史語言研究所專刊）1944。

16. 全漢昇：中國經濟史研究上冊（香港：新亞研究所，1976 年）

17. 鍾鳳年：「論秦舉巴蜀之年代」，禹貢，4 卷 3 期（1935 年 10 月），pp.9~11。

18. 中央研究院歷史語言研究所編：陳寅恪先生論集（中央研究院歷史語言研究所特刊之三。台北：中央研究院歷史語言研究所，1971 年）

19. 傅樂成：「孫吳與山越之開發」，台大文史哲學報，3 期（1951 年 12 月），pp.119~128。

20. 傅樂成：「西漢的幾個政治集團」，台灣大學傅故校長紀念論文集（1952 年 12 月），pp.63~80。

21. 傅斯年：「大東小東說」，史語所集刊，2 本 1 分（1930 年）

22. 傅斯年：「夷夏東西說」，中央研究院歷史語言研究所集刊外編第一種（1934 年），pp.1093~1134。

23. 賀昌群：「漢末大亂中原人民之流徙與文化之傳播」，文史雜誌，1 卷 5 期（1941 年）

24. 賀昌群：「兩漢政治制度論」，中央大學社會科學季刊，1 卷 1 期（1943 年 1 月），pp.45~80。

25. 賀昌群：「漢唐精神」，讀書通訊，84~86 期。

26. 賀昌群：魏晉清談思想初論（上海：商務，1947 年）

27. 何炳棣：黃土與中國農業的起源（香港：中文大學，1969 年）

28. 侯仁之主編：中國古代地理名著選讀第一輯（香港：中華書局，1963 年）

29. 夏鼐：「長江流域考古問題」，考古 1960 年第 2 期，p.1。

30. 蕭璠：春秋至兩漢時期中國向南方的發展（台北：國立台灣大學文學院，1973 年）

31. 邢義田：「東漢孝廉的身分背景」，第二屆中國社會經濟史研討會論文集，pp.1~56，中央研究院歷史語言研究所、經濟研究所合辦，1983 年 7 月。又：「試釋漢代的關東關西與山東山西」食貨月刊 13 卷 1、2 期，1983.5。

32. 徐中舒：「古代灌溉工程起源考」，中央研究院歷史語言研究所集刊，第 5 本第 2 分（1935 年 12 月），pp.255~269。

33. 徐善代、高士奇撰：春秋地名考略（清吟堂本）

34. 黃盛璋：「川陝交通的歷史發展」，地理學報 23 卷 4 期（1957 年）

35. 黃淑梅：六朝太湖流域的發展（國立台灣師範大學歷史研究所專刊（4）。台北：聯鳴文化，1980 年）

36. 饒宗頤：「華南史前遺存與殷墟文物」，大陸雜誌，8 卷 3 期（1954 年 2 月），pp.1~3。

37. 饒宗頤：「荊楚文化」，中央研究院歷史語言研究所集刊，第 41 本第 2 分（1969 年 6 月），pp.273~316。

38. 饒宗頤：「吳越文化」，中央研究院歷史語言研究所集刊，第 41 本第 4 分（1969 年 12 月），pp.609~636。

39. 高亞偉：「孫吳開闢蠻越考」，大陸雜誌，7 卷 6、7 期（1953 年 10 月），pp.12
~18。

40. 葛劍雄：兩漢人口地理（北京：人民出版社，1986 年）

41. 谷霽光：「三國鼎峙與南北朝分立」，禹貢，5 卷 2 期（1936 年 3 月），pp.1~17。

42. 顧棟高：春秋大事表（皇清經解讀編本）

43. 勞榦：「漢晉閩中建置考」，中央研究院歷史語言研究所集刊，第 5 本第 1 分（1935 年 10 月），pp.53~63。

44. 勞榦：「兩漢戶籍與地理之關係」，中央研究院歷史語言研究所集

刊，第 5 本第 2 分（1935 年 12 月），pp.179~214。

45. 勞榦：「兩漢郡國面積之估計及口數增減之推測」，中央研究院歷史語言研究所集刊，第 5 本第 2 分（1935 年 12 月），pp.215~240。

46. 勞榦：「論漢代之陸運與水運」，中央研究院歷史語言研究所集刊，第 16 本（1948 年 1 月），pp.69~91。

47. 勞榦：「象郡牂柯和夜郎的關係」，中央研究院歷史語言研究所集刊，第 14 本（1949 年）

48. 勞榦：秦漢史（台北：中華文化出版事業委員會，1955 年再版）

49. 勞榦：魏晉南北朝史（台北：中華文化出版事業社，1959 年再版）

50. 勞榦：「何炳棣黃土與中國農業的起源　跋」，何炳棣：黃土與中國農業的起源（香港：中文大學，1969 年）

51. 李劍農：先秦兩漢經濟史稿（北京：中華書局，1962 年。中國史學社翻印本）

52. 李劍農：魏晉南北朝隋唐經濟史稿（北京：中華書局，1963 年）

53. 李子信：「三國時期孫吳的開發江南」，食貨 5 卷 4 期（1937 年 2 月），pp.14~28。

54. 黎子耀：「補後漢書食貨志」，浙江大學文學院集刊，第 4 集（1944 年 8 月），pp.1~46。

55. 林語堂：「前漢方言區域考」，語言學論叢（開明，1933 年。台灣：文星書店，1967 年台 1 版），pp.16~44。

56. 劉伯驥：春秋會盟政治（台北：中華叢書編審委員會，1963 年）

57. 劉掞藜：「晉惠帝時代漢族之大流徙」，禹貢，4 卷 11 期（1936 年 2 月），pp.11~23。

58. 薩孟武：中國社會政治史（台北：三民書局，1970 年增訂三版）

59. 石璋如等：中國歷史地理（台北：中華文化事業社 中華大典編印會，1968 年第 3 版）

60. 史念海：「兩漢郡國縣邑增損表」，禹貢半月刊，1 卷 8 期（1934 年）

61. 史念海：「關於兩漢郡國縣邑增損表」，禹貢半月刊，1 卷 12 期（1934 年）

62. 史念海：「秦漢時代國內之交通路線」，文史雜誌，3 卷 1 期（1944年）

63. 史念海：「古代的關中」，河山集（北京：三聯，1963 年），pp.26~66。

64. 史念海：「春秋時代交通的道路」，河山集，pp.67~81。刊人文雜誌，1960 年第 3 期。

65. 史念海：「春秋戰國時代農工業的發展及其地區的分布」，河山集，pp.82~109。刊西安師範學院教育與研究 1956 年第 1 期。

66. 史念海：「釋史記貨殖列傳所說的『陶為天下之中』兼論戰國時代的經濟都會」，河山集，pp.110~130。刊人文雜誌 1958 年第 2 期。

67. 史念海：「秦漢時代的農業地區」，河山集，pp.163~195。

68. 蘇誠鑑編：後漢食貨志長編（商務，1947 年）

69. 孫毓棠：「漢代的交通」，社會經濟集刊，7 卷 1 期（1944 年 6 月），pp.23~40。

70. 孫媛貞：「禹貢職方史記貨殖列傳所記物產比較表」，禹貢半月刊，1 卷 3 期（1934 年）

71. 譚其驤：「論兩漢西晉戶口」，禹貢，1 卷 7 期（1934 年 6 月），pp.34~36。

72. 譚宗義：漢代國內陸路交通考（香港：新亞研究所，1967 年）

73. 唐長孺：「孫吳建國及漢末江南的宗部與山越」，魏晉南北朝史論叢（北京：生活讀書新知三聯書店，1955 年）

74. 湯用彤：「王弼之周易論語新義」，圖書季刊，新 4 卷 1、2 期合刊（1943 年 3 月~6 月），pp.28~40。

75. 陶元珍：「三國吳兵考」，燕京學報，13 期（1933 年 6 月），pp.49~87。

76. 陶元珍：「兩漢之際北部漢族南遷考」，禹貢 4 卷 11 期（1936 年 2 月），pp.25~29。

77. 鄒豹郡：「我國文化起源地為甚麼在黃淮平原」，大陸雜誌，5 卷 8 期（1952 年 10 月），pp.7~10。

78. 鄒豹君：「中國文化起源地」，清華學報，新 6 卷 1、2 期，pp.22~34。

79. 董作賓：「中國古代文化的認識」，大陸雜誌 3 卷 12 期（1951 年 12

月），pp.20~32。

80. 王鍾麒：三國之鼎峙（中國歷史叢書之一。商務，1931 年）

81. 王仲犖：魏晉南北朝史，二冊（上海：人民出版社，1979 年）

82. 王霜媚：孫吳政權的成立與南北勢力的興替‧食貨復刊第十卷第三
期，1980 年 6 月 10 日。

83. 嚴耕望：兩漢太守刺史表（中央研究院歷史語言研究所專刊 30，
1948 年）

84. 嚴耕望：「揚雄所記先秦方言地理區」，新亞書院學術年刊，第 17
期（1975 年 9 月）

85. 嚴耕望：「戰國學術地理與人才分佈」，新亞書院學術年刊，第 18
期（1976 年 9 月）

86. 嚴耕望：中國地方行政制度史上編（一）、（二）、（三）、（四），中
央研究院歷史語言研究所專刊之四十五，1953 年。

87. 嚴耕望：唐代交通圖考，中央研究院歷史語言研究所專刊之八十
三，1985 年。

88. 于鶴年：「兩漢郡國縣邑增損表訂誤」，禹貢半月刊，1 卷 9 期（1934
年）。

89. 守屋美都雄：南人と北人（東洋史研究叢刊之 19。日本昭和 43 年
【1968 年】）

90. 岡崎文夫、池田靜夫：江南發展史（東京：弘文堂書房，日本昭和
18 年【1943 年】）

91. Bielenstein, Hans, The Bureaucracy of Han Times. Cambridge:
Cambridge University Press, 1980.

92. Chang, Kwang-chih, The Archaeology of Arcient China, Revised and
enlarged edition. New Haven and London: Yale University
Press, 1968.

93. Chi, Chao-Ting, Key Economic Areas in Chinese History George Allen
and Unwin Ltd., Museum Street, London 1936

94. de Crespigny, Rafe, "Prefectures and Population in South China in the

First Three Centuries A. D." 中央研究院歷史語言研究所集刊，第 40 本上冊（1968 年 10 月），pp.139~154。

95. Eberhard, Wolfram, The Local Caltures of South and East China, Translated by Alide Eberhard Leiden: E. J. Brill, 1968.

96. FitzGerald, C.P., The Southern Expansion of the Chinese People. New York & Washington: Praeger Publishers, 1972.

97. Twitchett, Denis and Loewe, Michael (eds.), The Cambridge History of China, Vol. 1 The Ch'in and Han Empires, 221B.C.~A.D.220.1 New York: Cambridge University Press, 1986.

98. Wiens, Herold J., Han Chinese Expansion in South China, The Shoe String Press, 1967.

國家圖書館出版品預行編目資料

中國中古地域觀念之轉變／金發根 著
——初版——臺北市：蘭臺. 2014.4

ISBN：978-986-6231-74-2(平裝)
1. 中國文化 2.中古史
632   102020141

中國中古史研究叢刊 1

中國中古地域觀念之轉變

作　　者：金發根
主　　編：郭鎧銘
美　　編：林育雯
封面設計：鄭荷婷
出 版 者：蘭臺出版社
發　　行：蘭臺出版社
地　　址：台北市中正區重慶南路 1 段 121 號 8 樓之 14
電　　話：(02)2331-1675 或(02)2331-1691
傳　　眞：(02)2382-6225
E－MAIL：books5w@gmail.com
網路書店：http://store.pchome.com.tw/yesbooks/
　　　　　http://bookstv.com.tw/、華文網路書店、三民書局
總 經 銷：成信文化事業股份有限公司
劃撥戶名：蘭臺出版社 帳號：18995335
網路書店：博客來網路書店 http://www.books.com.tw
香港代理：香港聯合零售有限公司
地　　址：香港新界大蒲汀麗路 36 號中華商務印刷大樓
　　　　　C&C Building, 36,Ting, Lai, Road, Tai,Po, New,Territories
電　　話：(852)2150-2100 傳眞：(852)2356-0735
總 經 銷：廈門外圖集團有限公司
地　　址：廈門市湖裡區悅華路 8 號 4 樓
電　　話：86-592-2230177 傳眞：86-592-5365089
出版日期：中華民國 103 年 4 月初版（平裝）
定　　價：新臺幣 800 元整

ISBN：978-986-6231-74-2